学习评价7策略

支持学习的
可行之道（第2版）

Seven Strategies of
Assessment for Learning
(2nd Edition)

[美] Jan Chappuis 著　刘晓陵 等译

华东师范大学出版社
上海

Authorized translation from the English language edition, entitled SEVEN STRATEGIES OF ASSESSMENT FOR LEARNING, 2nd Edition by CHAPPUIS, JAN, published by Pearson Education, Inc., Copyright © 2015, 2009 by Pearson Education, Inc.

All rights reserved. No part of this book may be reproduced or transmitted in any form or by any means, electronic or mechanical, including photocopying, recording or by any information storage retrieval system, without permission from Pearson Education, Inc.

CHINESE SIMPLIFIED language edition published by EAST CHINA NORMAL UNIVERSITY PRESS LTD., Copyright © 2018.

本书译自 Pearson Education, Inc. 2015 年出版的 SEVEN STRATEGIES OF ASSESSMENT FOR LEARNING, 2nd Edition by CHAPPUIS, JAN。

版权所有。未经 Pearson Education, Inc. 许可,不得通过任何途径以任何形式复制、传播本书的任何部分。

简体中文版©华东师范大学出版社有限公司,2018。

上海市版权局著作权合同登记　图字:09-2016-108 号

译者前言

2015年9月,我从华东师范大学出版社心理教育分社社长彭呈军同志手里接过了Jan Chappuis的《学习评价7策略》(第2版)英文原版书。据介绍,这本书在美国中小学教育评价实践领域颇受好评。初步阅读后,我发现这的确是一本充满实践生命力的学习评价专著,能为我国学校教育研究人员以及教育一线的中小学教师提高学习评价质量、优化教学提供良好的借鉴和指导。首先,《学习评价7策略》在简要介绍形成性评价的基础上,为教师提供了7种重要的能够支持学生学习的评价策略。这7种策略包括:提供清晰易懂的学习目标;用好(strong)作业和差(weak)作业作为范例;有规律地提供描述性反馈;教授学生进行自我评价以及为进一步的学习设定目标;根据学生学习的需求决定下一步教学;设计聚焦性教学并逐步给予练习反馈;给学生提供追踪、反思和分享学习进步的机会。其次,《学习评价7策略》的撰写风格深刻反映了以学生为学习主体的教育理念。其一,所有的策略均以学生为主体通过设问而引出。比如通过"我将去哪里?"引出第一个评价策略,即评价学生的学习目标,到"我现在在哪儿?",再到"我怎样才能弥补与目标之间的差距?",分别引出其他策略。其二,所有评价策略的落实均需要教师引导学生参与到评价中来。从这个角度上讲,学生实际上也是学习的评价者。还有,这本书具有明显的教育实践指导意义。书中采用大量案例来解释各种策略的特点、意义以及如何在不同层次上运用于实际的教学情景,教学对象从幼儿园小朋友到高中学生,内容涉及不同学科。

2016年上半年,《学习评价7策略》的翻译正式启动。全书的翻译工作由我和我的研究生共同完成。其中,赖新蓁负责第1章、序言、致谢、第2版简介、主要内容介绍和封底等部分,张妮婕、高颖、张桂源分别承担第2章、第3章和第4章的翻译,刘路负责第5章、第6章的翻译,陈通承担第7章和索引的翻译。翻译是一件劳动密集的工作,需要译者投入大量的时间和精力。在初稿的翻译过程中,我们首先根据各章的具体内容,对索引部分的初步翻译进行了修改和统一。此外,为了保证翻译质量,我们多次针对遇到的问题组织了小组讨论。在讨论的基础上，各位译者对译稿进行了修改。对于其中的疑难问题，我们还查阅相关文献，甚至向专家请教，力求准确。例如，我们曾就英文原版举例的数学问题向华东师范大学数学系毕平副教授求教。为了更加有利于读者对内容的理解，我们还采用了译者注的方式对个别词语加以解释和说明。至于我个人，除了组织统筹全书的翻译，还承担了审校和修改译稿的工作。在初稿完成后，我前后两次通读了译稿，比对原书、挑错找漏，并结合上下文、逐字逐句地进行推敲和修改。这期间，我组织了王思雨、方优游、张紫薇三位同学通读初稿，从读者的角度检测语言是否通顺、文字是否可读。在交付出版社打印清样之前，翻译人员对各自负责的章节重新进行了编辑，张桂源还逐页对照了中英文两个版本的页码并进行了标记，赖新蓁和我进行了统稿。两次清样先后出来后，我分别又对全书进行了审阅，各章节均做了不同程度的修改。以上工作完成，已经是2018年下半年了。尽管花费了诸多功夫和心血，但限于译者的英语和文字水平，此次出版的《学习评价7策略》中文版必然存有我们未能觉察的瑕疵或错误，恳请各位读者和同行赐教并匡正。

《学习评价7策略》中文版能够出版，不仅是译者辛勤劳动的结果，也离不开华东师范大学出版社的鼎力支持与友好合作。在此，我首先要感谢分社社长彭呈军同志对我的信任。彭呈军同志不仅向我推荐了此书，并在申请中文版翻译版权、签订协议、翻译、清样、校对等所有环节做了相当多的努力和协调工作，为翻译工作保驾护航。其次，还要感谢编辑徐思思同志出色的专业水准，帮助我们勘正了好些难以识别的谬误。

最后，向所有参加翻译的人员以及在翻译过程中向我们伸出援手的所有老师和同学表示由衷的谢意！

刘晓陵

2018年12月2日于俊秀楼

序 言

记得当我刚开始从事教学时,我曾一边在四年级的教室里转悠,一边在想:"我不敢想象他们竟然付钱让我当老师。"我热爱教学的一切,但不包括评分。这就如同我被赋予了教学之手的同时,被剥夺了评分之手。即便后来成为了中学教师,我仍然觉得自己做的一些事情对学生并不够公道,部分原因是我并不知道如何准确地对学生进行评价,除了打分之外,我不知道还可以做些啥。

我第一次接触到学习评价时,正好是一个夏天。那时我参加了普吉特湾写作项目(Puget Sound Writing Project)。在那里,我学会了如何根据同事深思熟虑的反馈来修改我的文章,也学会了如何以一个作者的身份进行反思。然后,我把写作—加工法带进了我的课堂。在我的课堂里,学生有机会在交作业之前打草稿、修改作业、得到老师的反馈并做出回应。这些练习明显提高了他们的写作质量,同时增强了他们对写作的兴趣。自此,我对评价在形成性课堂上的潜力产生了兴趣。

在教学生涯的早中期,我学习了反馈、自我评价、自我反思以及元认知。和许多资历或长或短的老师一样,我通过修改课程和活动等试验来加深学生对内容的理解,并使他们更清楚地认识自己作为学习者的身份。这些观点都是我从 Grant Wiggins、Rick Stiggins 和 Vicki Spandel 的著作中学来的。他们一致认为运用评价能够提高成就,而非仅仅止步于测量成就。随着我的工作从课堂教学转移到课程建设,再转到员工培训,我和老师们一起把工作的焦点放在了帮助学生学习的评价练习上。

2001 年,我的丈夫 Steve 和我一起加入了 Rick Stiggins 和 Judy Arter 所在的评价训练研究所,研究所位于俄勒冈州波特兰市。我们四人通力合作,撰写了一系列的书,旨在促进教师们的课堂评价实践。我们的第一本书是《学生学习的课堂评价:做得对,用得好》(2004,2012),而学生参与评价的理念已根植其中。在那本书中,我们简要地介绍了学习评价的 7 大策略。

本书将这些理念拓展到了实际应用中。7 策略代表了具有高影响力的形成性评价实践领域的最优思想结晶。7策略的形成经过了30多年的教学、阅读、实验,以及向学生和同事的取经,并历经从无数次的专题研讨到学校教师经年实践的锤炼,它们的确提供了一个实用的、运用评价来"培植"学习的课堂框架。

致 谢

就本书的撰写，我要感谢以下这些人的观点、才华和帮助：导师 Bud Creighton 先生，感谢他洞察到了关注学生成功所产生的力量；Claudia Rengstorf 老师，当我们从讲台前转移到教室边上时，感谢她向我们展示了学生的能力范围；作家 Vicki Spandel，感谢她开发了评价这种学习策略在教学和写作中的使用方法；Judy Arter、Steve Chappuis 和 Rick Stiggins 三位同事，我从他们身上学会了很多；感谢 Pearson 公司副总裁和出版商 Kevin Davis 先生，从大纲到最后的印刷成册整个成书过程中的指导；感谢程序经理 Carrie Mollette 对审批程序的专业知识的把握，以及她乐于比别人付出更多的努力；感谢项目经理 Lauren Carlson 一直将项目保持到了最后；还有文字编辑 Karen Bankston，感谢她清晰表述的才华和对细节质量的恪守。我很感激合作完成视频片段的人们：致意协调制片 Eric Farnbauch，感谢他对视频质量的贡献，是他将视频剪接在一起；致意 Cassandra Erkens 和 Kim Zeidler-Watters，感谢他们组织、指导课堂，以及视频采访；致意课堂老师 Shannon Braun、Stephanie Harmon、Ken Mattingly、Jennifer McDaniel、Emily Roberts、Lisa Smith、Crystal Thayer 和 Melissa Vernon，感谢他们容忍我们进入课堂，捕捉与 7 策略有关的行动；致意他们的学生，感谢学生们愿意接受采访，讲述评价实践如何改变他们的学习；致意行政主管 Jennifer Mattingly 和 Becky Smith，以及家长 Judy Ponder，感谢他们反馈了这些实践对学生的影响。

同样地，还需要感谢审阅过第一版的教育家，他们对第一版的优点给予了肯定，也对本书的修改与增补提出了意见，他们是：瓦尔登大学的 Katrina Hunter-Mintz；瓦利市州立大学的 Alan Olson；坎贝尔县学校的 Connie Pohlgeers；西华盛顿大学的 Rosalie M. Romano；吉尔默独立学区的 Sigrid Yates。他们深思熟虑后的反馈对修订来说是无比宝贵的。

最深的谢意要献给我的女儿 Claire，感谢她作为一个学习者，从幼儿园到大学期间一直面对许多相互矛盾的评价练习,还要感谢她愿意深刻表述这些评价的影响。感谢我的丈夫Steve,在写这本书的时候,他的工作和业余生活都缺少我的陪伴,但他对此表达了爱、理解和愉快。最后,我要感谢许许多多的老师和管理人员,是他们分享了自己在课堂或者辖区中使用7策略的例子,他们的工作充实和丰富了本书。

Jan Chappuis

俄勒冈州波特兰市

2014年4月

第 2 版简介

自从五年前《学习评价 7 策略：支持学习的可行之道》的第 1 版问世后，教育者们对形成性评价的实践有了更深入的理解，并且发表了更多关于有效实践的研究。本书的第 2 版在原有的基础上进行了诸多改动，包括更多的新研究、策略的拓展实例，以及补充说明，以便能更好地用于合作学习。所做的改动具体如下。

研究

补充了目标导向研究的信息。这些研究探讨了目标导向对学生动机的潜在影响，以及对课堂学习文化的建设有哪些贡献。

为目标设定的应用提供了研究基础。

根据 John Hattie 解释"反馈回路"（feedback loop）重要性，以及如何用于实践促进学习的两个研究，归纳出了更有效使用策略 5 和 6 的方法。

基于评价项目和任务的教学推动力（instructional traction）研究，更深入地解释了如何叩诊学生的需求。

策略使用的例子

更新了内容和例子，澄清了"形成性评价是什么"和"如何最有效地运用形成性评价"。

提供了更多的不同层面上实施策略的例子。

收纳了一些轶事，是任课老师对运用的评价策略、策略对学习的影响，以及学生反应的介绍。

对评分问题的进一步处理。

一只光盘，载有小学、初中、高中老师运用策略于学生的视频。[*]

光盘还载有可供师生使用的可编辑模板。

---

[*] 中文版不包含光盘。——编辑注

合作学习

每章最后呈现的活动可以帮助更好地实施策略。这些活动可以独立完成,也可以合作完成。

光盘中包含的可编辑表格与章节最后的活动配套使用。

针对同伴学习、学习小组、在职课堂和大学课堂等情境的文本学习,指导师生如何创设和开展合作学习。

简明目录

第 1 章　支持学习的评价 ………………………………………………………… 1
第 2 章　我将去哪里？明确学习目标 …………………………………………… 23
第 3 章　我现在在哪儿？有效反馈 ……………………………………………… 66
第 4 章　我现在在哪里？自我评价和目标设定 ………………………………… 103
第 5 章　我如何缩小差距？诊断聚焦性教学的需要 …………………………… 146
第 6 章　我如何缩小差距？聚焦性练习和修改 ………………………………… 167
第 7 章　我如何缩小差距？追踪、反思和分享学习 …………………………… 192

目 录

第 1 章 支持学习的评价 … 1
形成性评价是什么 … 2
终结性评价 … 3
同一种评价的两种用途：形成性和终结性 … 4
形成性评价影响最大化的要求 … 4
高效的形成性评价实践 … 5
教师手中的形成性评价 … 5
学生手中的形成性评价 … 6
学习评价 7 策略 … 7
我将去哪里？ … 8
我现在在哪里？ … 9
我如何缩小差距？ … 9
策略的系列性 … 10
目标导向、对学生动机的影响，以及与 7 策略的联系 … 10
学习导向 … 11
表现和自我卷入导向 … 12
完成任务导向 … 12
学习评价 7 策略对课堂学习文化的贡献 … 13
形成性评价实践和评分的有关问题 … 13
不给足够的时间练习 … 14
给服从评分，而不给学习评分 … 14
曲解成就 … 14
考虑改变 … 14
结论 … 15
下文提示 … 16
扩展阅读 … 16
第 1 章的理解和运用 … 17

第2章　我将去哪里？明确学习目标 ……23

前提：明确学习目标 …… 24
- 学习目标的类型 …… 24
- 评价方法与学习目标的匹配 …… 26
- 解构复杂的内容标准 …… 27

策略1：为学生提供清晰易懂的学习目标愿景 …… 27
- 分享目标全文 …… 29
- 将学习目标转化为亲学生型的语言 …… 29
- 与学生分享学习目标的方法 …… 31
- 用评价量规传递学习目标 …… 35
- 何时分享学习目标 …… 48
- 监控学生有意学习的意识 …… 48

策略2：用好作业和差作业作为样板和范例 …… 49
- 选择题的好作业和差作业范例 …… 50
- 书面作答题的好作业和差作业范例 …… 50
- 评价量规的好作业和差作业范例 …… 50

策略1和策略2的应用示例 …… 54
- 推理的场景 …… 54
- 策略1和策略2的小学应用 …… 56
- 策略1和策略2的中学应用 …… 56

结论 …… 59
第2章的理解与应用 …… 59

第3章　我现在在哪儿？有效反馈 …… 66

策略3：在学习进程中有规律地提供描述性反馈 …… 66
好反馈的作用 …… 67
注意 …… 67
有效反馈的特征 …… 67
提供反馈的建议 …… 81
- 图片提示或者符号提示 …… 81
- 评价对话录 …… 84

同伴反馈 …… 89
- 搭建同伴反馈会议的"脚手架" …… 90
- 同伴小组回应 …… 92

结论 …… 96
第3章的理解和应用 …… 96

第 4 章　我现在在哪里？自我评价和目标设定 103

策略 4：教学生进行自我评价以及为进一步学习设定目标 103
自我评价对学生学业成就的影响 103
反馈和自我评价相结合的作用 104
同伴评价和自我评价的作用 104
自我评价与有意学习相结合 105
关于自我评价的准确性 106
自我评价、理由、目标设定和行动计划 107
十个快速自我评价创意 108
选择性作答和书面作答的自我评价和目标设定 111
有评价量规的自我评价 122
设立目标与制定计划 131
帮助学生创设目标和制定计划 133
提高持久性，努力实现目标 133
协商学习目标和计划 137
结论 139
第 4 章的理解和应用 139

第 5 章　我如何缩小差距？诊断聚焦性教学的需求 146

策略 5：根据学生的学习需求，确定下一步教学 146
学习需求的类型 148
未完全理解引起的错误 148
推理缺陷引起的错误 149
错误概念引起的错误 150
用以确定学习需求类型的信息来源 151
借助学习轨迹提供诊断性信息 151
使用诊断性评价 152
有可能的话避免重新教学 158
结论 160
第 5 章的理解与应用 160

第 6 章　我如何缩小差距？聚焦性练习和修改 167

策略 6：设计聚焦性教学，配以提供反馈的练习 167
进一步的学习机会有重要影响 168
练习在学习中的作用 169
安排练习时间 169

　　　　用心练习 ………………………………………………………… 170
　　　　难度水平 ………………………………………………………… 171
　　　　渐进式成长的机会 ……………………………………………… 171
　　　　学生-指导练习 …………………………………………………… 173
　　　　互相学习 ………………………………………………………… 173
　　聚焦教学和练习的策略 ……………………………………………… 173
　　　　用知识和推理学习目标支撑教学 ……………………………… 173
　　　　用表现评价任务和评价量规支撑教学 ………………………… 179
　　过早评分 ……………………………………………………………… 181
　　结论 …………………………………………………………………… 185
　　第 6 章的理解与应用 ………………………………………………… 186

第 7 章　我如何缩小差距？追踪、反思和分享学习 ………… 192

　　策略 7：给学生提供机会去追踪、反思和分享他们的学习过程 ……… 192
　　学生追踪自己的学习 ………………………………………………… 193
　　　　记录任务和评价信息 …………………………………………… 194
　　　　坚持写学习日志 ………………………………………………… 197
　　　　用记录袋收集证据 ……………………………………………… 198
　　　　关于比较的几句话 ……………………………………………… 201
　　学生们反思自己的学习 ……………………………………………… 201
　　　　反思成长 ………………………………………………………… 202
　　　　反思项目 ………………………………………………………… 204
　　　　反思成就 ………………………………………………………… 205
　　　　反思作为学习者的自己 ………………………………………… 207
　　学生分享自己的学习 ………………………………………………… 209
　　　　通过写作来分享 ………………………………………………… 210
　　　　参加会议 ………………………………………………………… 211
　　结论 …………………………………………………………………… 215
　　尾声 …………………………………………………………………… 215
　　第 7 章的理解和应用 ………………………………………………… 216

参考文献 ……………………………………………………………………… 223

索引 …………………………………………………………………………… 227

鸣谢 …………………………………………………………………………… 239

第1章

支持学习的评价

> 包括加强形成性评价实践在内的创新,明显给学习带来实实在在的收益。
>
> ——Black & William,1998b,p. 140

在广泛回顾了形成性评价实践的研究之后,Paul Black 和 Dylan William 得出了这个结论。自此,人们开始广泛关注一种被认为是聚焦在教育上的特殊评价方式,即形成性。Black 和 William(1998a)检查了有关一系列研究。这些研究覆盖了从幼儿园小朋友到大学生的人群;它们代表了广泛的学科领域,包括阅读、写作、社会研究、数学和科学;研究来自美国和遍布世界的诸多国家。所取得的研究成果应是最宏大的教育干预成果之一。Black 和 William 以及新近的其他研究者报告了(学业)成就的提高和差距的缩小。不出意外,作为对他们的回应,源源不断的商业形成性评价项目和产品在最近的十年里相继面世。现在,形成性一词频繁地出现在商业性的预备测验和题库、中期和基准测验、短周期评价以及课堂评价的标题里。如 Madeline Hunter(1982)所介绍的,有些时候,这个词已经成为监控学生理解活动的同义词。

但是,如果一项作品或实践活动号称有形成性,那么是否名副其实呢?形成性评价是工具,还是过程?它是测验,还是使用白板、杯子、拇指以及课堂应答系统(clickers)[①]等活动的集合?形成性评价究竟是什么,它如何能促进学习?最重要的问题是,在课堂上,我们应该用形成性评价做什么?本章中,我们将会认识什么是形成性评价、什么不是形成性评价、近期关于支持学习的评价实践研究,以及如何在日常课堂中运用 7 策略实现具有高度影响力的形成性评价。

[①] clicker 同时也被称为 Classroom Response System,是一套用于在课堂中进行实时反馈并支持师生互动的教学系统。它由手持键盘、无线主控基站和数据处理软件三部分组成。在教学中使用该系统,学生可以通过手持键盘对教师的问题进行即时反馈。(陈丽莎,黄致新,李祖燕,谈学婕,雷丹,孙楚钰. (2010). Clicker 在交互式课堂教学中的应用研究进展. 物理教师,31(10),3-4.)——译者注

第 1 章学习目标

学完第 1 章,你将知道以下内容:
1. 理解使用形成性评价的重要性,它满足了老师和学生双方的信息需求;
2. 知道学习性评价的七大策略是什么,以及它们是如何与高影响力的形成性评价实践的研究联系起来的;
3. 理解形成性评价如何把课堂文化导向学习。

形成性评价是什么

首先,让我们看一下什么是形成性评价。对 Black 和 William 以及许多其他该领域的专家而言,形成性评价不是一个简单的工具或者活动,而是包含相同特征的活动集合:它们都能产生促进学习的行为。当教育工作者们描述什么是形成性评价的核心时,都会强调这一点:

- "形成性评价是对老师和同学都必要的反馈,它代表了当前的理解水平和技能发展程度,以便选择合适的发展道路。"(Harlen & James,p. 369)
- "形成性评价指的是一种专门对表现提供反馈,以此提高和加速学习的评价。"(Sadler,1998,p. 77)
- "形成性评价被认为是一种能促进学习或者教学,在教学过程中实施的评价……形成性评价之所以具有形成性,是因为它能立刻用于调整(学习),从而产生新的学习。"(Shepard,2008 或 2009,p. 281)
- 评价具有形成性,"在某种程度上,能够引出学生取得成就的证据并予以解释。老师、学生或者他们的同学据此决定教学的后续步骤。与没有证据时做出的决定相比,前者可能更好,更站得住脚"。(Black & William,2009 p. 6)
- "广义上,形成性评价指的是教育者和学生共同参与的合作过程。它能帮助理解学生的学习和概念框架、鉴别优势、诊断劣势,发现有待提高的部分。老师可以把它作为制定学习计划的信息源,学生可以利用它加深理解和提高学业成就。"(Cizek,2010,pp. 6-7)

所有形成性评价的研究有一个共性,那就是工具本身并不能被称为"形成性"。只有根据需要,运用收集到的信息(不论通过什么方法,正式或者非正式的)来调整教学和学习,才能贴上"形成性"的标签。图 1.1 简要描述了有助于提高成就的形成性评价的内涵。

图 1.1

形成性评价
（形成性评价是）一种正式的或非正式的方法，老师和同学用于收集证据，为学习的下一阶段提供信息。

在课堂里，我们通常用任务、考试、小测试、表现、项目和调查做正式评价。这些工具必须具有很高的质量——也就是说，它们必须能准确测出关于预期所教授的学习成果的信息——并且它们提供的证据必须基于一个合理的"度量尺寸"，才能有助于教学。我们通过提问、对话、观察和记笔记进行非正式的评价。这些问题和活动同样必须小心地设计，才能够得到准确有用的信息。近些年，对于"形成性评价是一种工具还是一个过程"产生了不一致的观点。对我们而言，如果能理解设计良好的工具、问题或者活动对形成性评价的重要性确实可能更好一些。然而，如果不能理解如何有效利用评价程序及其结果，则根本不可能产生"形成性"。即使拥有设计良好的工具、问题或者活动，我们可能依然无法实现形成性评价。（进行形成性评价的）决定性因素不是我们使用的评价工具的种类，而是我们和我们的学生能否利用所得到的信息。

> 测试提供了学习的证据。我们对证据采取什么样的措施，决定了结果是形成性的，还是终结性的。

终结性评价

可以把终结性评价视为一种工具或者任务，其结果是用来对能力或者成就的水平进行判定（图 1.2）。这种评价的结果通常用作评估，而非形成学习。所以终结性评价通常不具有形成性。例如，在项目（program）水平上，如果评价的结果是用来进行判定的，比如出于问责的目的，需要判定多少学生达到或者没有达到某一学科标准，那么评价就是终结性的。基于此目的，这些数据可能会报告给本系统的教育人士，以及学校委员会和更大的社会团体。

图 1.2

终结性评价
为判定学生的能力或者课程效果提供证据的评价。

在课堂上，如果评价是为了确认学生在特定的时间点学了多少，以便向他人汇报学生的成就水平，那么这个测试就是终结性的。通常采用符号的形式向学生和家长汇报，比如采用字母或者数字等级，或者与标准对比，如"达到标准"或者"精通的"。

同一种评价的两种用途：形成性和终结性

一种评价可以拥有两种用途，认为只有一种用途的想法其实是误解。本意为形成性的评价有时可以具有终结性，例如当证据显示学生已经达到了精通的水平而不需要继续指导时。而旨在终结性的评价同样也可以具有形成性，比如当测验发现学生的学习存在严重问题时，我们可以检查测验结果、设计适宜的应对措施。表现评价常常会出现这种情况，即同一个任务会先用作形成性，后用作终结性。比如，有一个写作任务，学生写好草稿，然后修改草稿，再提交给老师或者同学组成的写作小组，得到反馈后再进行修改，最后提交给老师打分。

研究者 Randy Bennett(2011)通过精心设计终结性评价，为支持学习提供了很好的案例：

终结性数据的形成性用途

不要忽视：终结性信息可以产生适当的形成性用途。

- 准备考试可以引出更加深入的学习。它能帮助学生巩固和组织知识，预演步骤和策略，建立与知识运用方法更有力的联系，以及达到知识应用的自动化。
- 参加考试对知识内容的长期保持有帮助。
- 考试的结果可以用来判断学生是马上需要进一步的教导，还是等到下一个教学周期再接受教导。

简而言之，在选择或者设计工具之前，需要慎重考虑评价信息的用途。如果你打算同时使用评价的形成性和终结性，那么在设计工具时就得考虑对两种评价的支持。

形成性评价影响最大化的要求

研究认为，不论评价工具或者活动的最初目的是形成性还是终结性，除非满足相当的条件，否则所产生的影响将无法实现最大化。最初目的是终结性的评价中，至少有一些条件经常未能得到满足；令人遗憾的是，即使目的是形成性的评价，这些条件也时常没有得到满足。这些条件是：

- 与教学一致。设计的评价工具或者活动应该直接与学习的内容标准保持一致。所有的条目或者任务都要与已经教授或者将要教授的知识匹配。
- 有助于老师诊断。工具或活动提供了包含大量细节的准确信息，能够指明具体的问题所在，比如错误理解，以便老师能妥善决定采取什么行动以及行动的对象。
- 有助于学生诊断。如果工具或活动是提供给学生做决策的，那么提供的信息需要给出具体的指导，指明哪些学习目标已经被掌握了，哪些尚需继续学习。
- 确定提供评价结果的时间。应及时提供评价结果，以便学生采取行动。
- 行动的时间。老师和学生有时间根据评价结果采取行动。

如果其中一个或者更多的条件没有满足，我们就失去了提高成就的机会。比如，前四个条件已满足，但是行动指南的进度表中并未提供继续学习的机会，那么即使形成性评价的结果清晰地显示了学生需要更多的学习，这与没有进行过形成性评价的效果一样。有时，常见的形成性评价也会这样，前四个条件都满足了，但是评价流于简单的等级，那么机会同样被浪费。当"信息只是简单地记录下来，传给缺少知识与能力改变结果的第三方，或者信息被过度编码（比如，老师提供总评成绩），以至于不能引导出准确的行动"时，评价不能实现形成性的目标(Sadler，1989，p.121)。没有行动，没有收获。

值得称道的做法是，严格比照有效使用形成性评价的要求，对要做的形成性评价进行审查。也可以参考图1.3，该图列出了许多学校体系目前采用的评价类型，可以辨认它们的最初意图，并对它们的预期用途进行分类。

高效的形成性评价实践

Black 和 William(1998a，1998b)检查了这批研究。这些研究展示了不同类型的干预措施，所有的这些措施都以评价数据或者评价过程的形成性使用为特点。评价实践如果包含以下行动，则可大幅提高学业成就：

- 运用课堂讨论、课堂任务和家庭作业，来判断学生当前的学习和理解状态，并采取行动来促进学习、纠正理解上的错误
- 在学习进程中提供描述性反馈，指导学生如何提高学习
- 发展学生自我评价和同伴互评技能

注意，课堂评价类别对图1.3呈现的这些实践都做了介绍。课堂评价的设计旨在反映学习成果。这些成果与老师、学生们每天做的事情息息相关。只要有时间采取行动，以课堂评价为基础，就最能酝酿出易理解且精确的学习反馈。这种水平的评价也最能发展学生的能力，帮助其监控和调整自己的学习。形成性评价是学生和老师手中都持有的利器，并且它越贴近日常教学，就越有力。

教师手中的形成性评价

Black 和 William(1998b)归纳的第一种形成性评价实践——"使用课堂讨论、课堂任务和家庭作业来判断学生学习或理解的程度，以及促进学习或纠正误解所要采取的行动"——其中，老师是收集信息、分析信息和根据信息采取行动的主体。优质的项目和实践活动能帮助老师获得学生（学业）成就的相关信息，作出解释，并采取行动。与教师决策有关的策略中，知名度更高的是受数据驱动的决策、制定中期评价、对干预的反应、差别化教学、实时评价，以及提问策略。如果你已经熟悉了形成性评价一词，那么你很可能接触过它在以下情景中的运用。它们通常用来帮助教师回答对良好教学至关重要的问题。

图 1.3

形成性还是终结性？

评价类型	目的是什么？	谁将使用信息？	信息将如何使用？	用法是形成性还是终结性的？
州级或省级考试	基于州级或省级标准对成就水平进行测量	州或省	确定每个学生的成就水平	终结性
		区，教师团队	确定项目*的有效性	终结性
	基于州级或省级标准确定学生达标的比例	州或省	比较学校或各区	终结性
		区，教师团队	为团体或者个体制定计划或干预措施	形成性
区级基准，临时的，或普通的评价	根据州级或省级的内容标准对成就水平进行测量	区，教师团队	确定项目*的有效性	终结性
		区，教师团队	分辨项目*需求	形成性
	鉴别尚需进一步教学的学生或课程部分	区，教师团队，教师	为团体或个人策划干预方法	形成性
课堂评价	对已经教过的学习目标进行成就水平测量	教师	确定报告所需的等级	终结性
	诊断学生的强处，以及尚需继续努力的地方	教师团队，教师	为明年或下学期修改教学计划	形成性
			为学生策划后续教学或差异教学	
		教师，学生	给学生提供反馈	形成性
	理解自己的强项，以及尚需继续努力的地方	学生	自我评价，为以后的学习或努力设立目标	形成性

*项目＝课程，教材或资源，以及教学法
确定项目需求：
- 我们的教学是否指向正确的内容标准或学习目标？
- 我们的教材或其他资源足够用吗？
- 我们的教学策略是否有效？

"形成性"不总是快速的

形成性评价不仅仅是菜单式的快速检查活动。

- 谁理解了课堂内容，谁还没有理解？
- 我应该怎样调整教学？
- 每个学生的强项和需求是什么？
- 哪些错误理解需要处理？
- 我该如何给学生分组？
- 我应该准备什么样的差别化（教学）？
- 学生们做好接受反馈的准备了吗？如果准备好了，我应该给什么反馈？

学生手中的形成性评价

毫无疑问，根据从教学中收集到的有益信息采取行动，老师能更好地了解学生学了什么和学得怎么样。形成性评价之所以显著提高成就，是因为它有助于改进提问和对话技术(Black，2013，p.168)。觉察到学习问题和花时间处理问题，两者的价值很难一分高下。然而，如果认为形成性评价就是指教师使用评价信息，那么我们忽略了还有另一个非常重要的参与者，他既不是校长也不是监管者，而是被忽略的学生。可喜的是，近来的形成性评价定义显示，学生作为核心决定者的重要性已被意识到。

Black 和 William(1998b)提出的第二种高影响力实践——"在学习进程中提供描述性反馈以及如何提高的指导意见"——老师收集并解释信息，但是，学生也必须对信息或者是老师重构后的信息进行解释，并采取行动。不是反馈促进了学习，而是学生以行动对反馈做出回应促进了学习。同样的道理，在这里，没有行动就没有收获。

> 不论评价信息是如何收集起来的，把学生看作一个行动的被动接受者都是错误的。
> *Black & Wiliam，1998a，p.21*

第三种高影响力形成性评价实践——"发展学生自我评价和同伴互评的技能"——收集信息、解释信息和对信息采取行动的工作均由学生完成。澳大利亚研究者 Royce Sadler(1989)的一篇文章经常被引用，它阐明了形成性评价如何提高成就。文章指出，形成性评价最大的潜力是因为它发展了学生在生成作品的过程中，对自己的工作质量进行监控的能力(图1.4)：

> 取得进步不可或缺的条件包括学生学会把握和老师大致相当的质量观，学生在生成作品的过程中能持续监控工作质量，有一份步骤集或者策略集供学生随时挑选(p.121，斜体部分与原文一致)。

因此，形成性评价的最终目标就是让老师和学生都清楚，采取什么样的行动才能使学习保持在成功的轨迹上。

图1.4

Sadler 提出的取得进步不可缺少的条件
1. 学生发展出和老师一致的质量观。 2. 学生能够进行学业监控，比如在学习进程中，能对自己的进步做自我评价。 3. 提供一份改进学习的策略集，以便学生随时可以根据需要从中选取适合的策略。

学习评价 7 策略

Sadler 提出的条件成为"学习评价"——形成性评价实践的核心，即让学生刚开始学习时就参与进来，这样的评价才能满足老师和学生的信息需求，以获得最强动机和最大成就(Stiggins，Arter，Chappuis，& Chappuis，2004)。这些实践在 7 策略的框架中得以充实,高影响力的形成性评价行动的应用贯穿了各学科和内容标准。**学习评价 7 策略**为满足 Sadler 的三个条件指明了方向。从学生的角度可以把指导概括成三个问题(图 1.5):

- 我将去哪里?
- 我现在在哪里?
- 我如何缩小差距?

图 1.5

学习评价 7 策略

我将去哪里?
策略 1:为学生提供清晰易懂的学习目标愿景
策略 2:用好作业和差作业作为样板和示范

我现在在哪里?
策略 3:在学习进程中有规律地提供描述性反馈
策略 4:教学生进行自我评价以及为下一步学习设定目标

我如何缩小差距?
策略 5:根据学生的学习需求,确定下一步教学
策略 6:设计聚焦性教学,并配以提供反馈的练习
策略 7:为学生提供机会去追踪、反思和分享他们的学习过程

等你通读了每种策略,你会发现它们大都不陌生。它们反映了实践始终是构成优质教学的一部分。而这些策略的运用可能有点陌生,其重点在于使老师和学生都能从支持学习的目的出发对评价加以运用。

我将去哪里?

策略 1:为学生提供清晰易懂的学习目标愿景

从为学生提供学习目标开始。在刚开始教学时,或者在学生开始单独实践一项活动时,跟学生分享学习的目标或目的。方法有三种:(1)照本宣科地陈述学习目标。(2)把学习目标的描述转换成亲学生型语言。(3)如果学习目标具有(评价)量规,可将规则转换成学生容易理解的语言。向学生介绍质量要求,询问"我们为什么做这个活动,我们在学习什么",确保学生明白课堂关注的学习目标到底是什么。

策略 2:用好作业和差作业作为样板和示范

从匿名的学生作业、校外生活的例子和自己的工作里寻找好和差的范本,帮助学生区分什么作业合格,什么作业不合格。从学生经常碰到的,特别是你最关心的问题中找出能反映学习得好和不好的例子入手。让学生分析这些样例的质量,并解释自己的判断。只用匿名的作业做样板。如果你努力让学生分析例子或样板并且运用得当

的话,学生就会认识到什么才是良好的知识、理解、技巧、作品或者表现。

你需要先示范如何生成作品或者如何表现。把开始时的情况、你一路上遇到的问题和你是如何思考并作出决定的,全都真实地展示给学生。不要遗漏初创和修改的环节,否则在最初比较忙乱的时候,学生们会认为自己做得不对,不懂得如何在磕磕碰碰中工作。

我现在在哪里?

策略3:在学习进程中有规律地提供描述性反馈

描述性反馈可以定义为提供给学生的、能够改善学习的信息。在我们现有的体系中,学生做的大部分作业要接受评分,并且学生收到的唯一正式反馈可能是成绩。不幸的是,成绩传递的是一种被编码过的终结性评价,它并没有包含学生哪些地方学得好,他们下一步应该怎么做的具体信息。

对于既定学习任务的目标而言,描述性反馈可以鉴别出学生在达成目标过程中所具有的优势和劣势。相对于"我需要到哪里",描述性反馈帮助学生回答"我现在在哪里"这一问题。同时它也为"我如何填补差距"指明道路。老师对这些问题的答案要做到心中有数,提供给学生的应是实践作业的反馈而非评分;在学生掌握知识之前,要为学生提供行动起来的机会。给学生行动的时间,使他们在指导下成长。此外,当学生做自我评价和确认下一步骤时,老师提供的反馈应该以自己希望学生能够进行的思考为模型。

让学生相互提供反馈。有研究文献认为,同伴反馈能带来良好的学习收益(参考White & Frederiksen, 1998)。为了相互提供有用的反馈,学生必须理解预期的学习目标或者目的(策略1);明确如何区别不同水平的(作业)质量(策略2);并且在控制的条件下对提供反馈的要领进行操练(策略3)。

策略4:教学生进行自我评价以及为下一步学习设定目标

有了这个策略,我们能够让学生成为学习的主人。本质上,当我们教学生自我评价和设置目标时,实际上是在教他们给自己提供反馈。为了成为准确的自我评价者,学生需要对预期学习有一个清晰的愿景(策略1),练习识别各种例子存在的优势与不足(策略2),然后提供反馈,对如何思考"自我评价"做示范:"我什么地方做得好?什么地方还需要继续努力?"(策略3)

已经证实,本策略能改进学习,同时也是成为自我调节的学习者不可缺少的要件。这些提高不在于我们是否有时间做什么,也不在于我们是否有"对路"的学生——即已经会做的那些学生。所有学生(包括那些有轻度到中度学习障碍在内的学生)都可以学习如何监控和调节自己的学习(Andrade, 2010)。学习吃力的学生尤其适用,他们从学习如何思考自我评价中的获益最大。

我如何缩小差距?

策略5:根据学生的学习需求确定下一步教学

根据这个策略,我们在教学周期中建立了一个反馈回路,可以根据学生已经掌握和尚未掌握的具体情况,指引我们对学生的理解程度进行核查并继续教学。在上完课和学生做出反应之后,我们用学生做的东西来判断他们下一步需要学什么。学生的反应是否揭示了他们存在理解片面、推理缺陷,或者错误理解?他们做好接受反馈的准备了吗?策略5提供了一整套诊断学生学习需求类型的方法,为解决问题做准备。

策略6:设计聚焦性教学,并配以提供反馈的练习

此策略通过汇聚一堂课的焦点,解决策略5识别出来的具体误解或问题,从而支持学习。如果达到学习目标的能力由多个方面组成,那么你可以通过每次解决一个方面,发展一部分的能力。比如,解决数学问题需要选择正确策略的能力,选择策略就是解决数学问题的一部分。一份科学实验室报告需要陈述假设,陈述假设就是实验室报告的一部分。一篇文章必须把引言作为一个部分。老师对能力的组成进行识别,然后每次教一部分,并一定要让学生明白所有的这些部分最终将融为一体。

针对目标领域的教学结束后,先让学生进行实践、做练习,待有所提高之后再作评价,最后给成绩。让学生有机会在获得有针对性的反馈基础上修改作业、作品或表现,这比给成绩更重要。这样能够减少需要进一步反馈的学生数量,尤其是那些需要通过补救才可能达标的学生数量。对你来说这样做反而能节省时间,对学生来说也更具指导性。

策略7:为学生提供机会去追踪、反思和分享他们的学习过程

任何要求学生反映自己所学、分享进步的活动都能强化学习,有助于学生作为一位学习者来洞察自己。这类活动为学生提供了机会,去认识自己的长处,看看自己已经学了多少,感受自己如何掌控获得成功的条件。通过反思自己的学习,学生加深了理解,将知识记得更牢。通过分享自己的进步,学生追求进步的决心会更大。

策略的系列性

尽管这七个策略确实是依次产生的,但它们不是菜谱,不需要一步一步来。策略4和策略7是"目标",策略1到3是"促成因素",策略5和策略6是"浮动"策略。目标策略是我们希望学生在课堂里能学会的最终策略。它们作为基本的大学和职业预备技能,早在幼儿园之前就开始发展了。促成策略经常被低估,特别是策略1和策略2。然而,如果没有促成策略——没有一个我们将去哪里的清晰蓝图——就难以确定我们现在在哪里,填补差距的行动则更加难确定。想象一下,仅仅告诉你现在的位置,让你使用GPS系统从A点移动到B点,这种情况与评分是类似的。浮动策略5和6能在任何时候发生,并且经常结合之前的策略作为课程的一部分。总之,这些形成性评价策略代表着行动,这些行动能够加强学生的自我效能感(对努力带来成功的信念),增加他们的尝试动机,最终提高成就。

目标导向、对学生动机的影响,以及与7策略的联系

如果所有的学生为获得成功而能够下决心付出努力,那么教学就会容易很多。许多研究(Ames,1992;Black & William,1998a;Buter,1988;Halvorson,2012a;

Hattie & Timperley，2007；Schunk，1996)发现，学生坚持任务的意愿会受到目标导向的影响。研究者们用目标导向一词来定义学生对为什么在学校做作业所持的不同观点。可以把目标导向视为学生如何回答"我做作业的目的是什么?"或者"为什么我在做这个任务?"这样的问题。

为了进一步阐释目标导向的概念，让我们假设，你问一位学生今天在学校里学到了什么。她很可能脑中一片空白。她可能会告诉你她做了什么——"我们计算了一个与露营有关的数学问题"或是"我们看老师在科学课上烹饪食物，然后我们把它吃了"——但是她可能无法告诉你为什么。学生的注意力并不在她从这些活动中应该学会什么上，而在她被要求做什么上。她甚至可能不知道，数学课的目标是运用问题解决策略"绘一张"解决问题的"图"来，或者老师烹饪背后的有意学习是让学生推断出物理变化和化学变化的不同。

目标导向一般被分为三类（图 1.6）(Ames，1992；Black & William，1998a；Halvorson，2012a)：

1. 学习导向，指学生们的目标是变得更好
2. 表现导向或者自我导向，指学生们的目标是证明自己的能力，或者遮掩自己察觉到的能力缺陷
3. 完成任务导向，指学生们的目标是完成任务，并得到成绩

图 1.6

三种常见的目标导向

我做作业的目的是什么?
1. 学习导向："变得更好"
2. 表现或自我导向："为了证明能力"或"遮掩自己察觉到的能力缺陷"
3. 完成任务导向："完成任务并得到成绩"

学习导向

持学习目标导向的学生，主要是为提高学习和变得更好而付出努力。他们的目的在于找到自己不懂的，然后掌握它。持这种导向的学生相信，成功意味着他们的能力提高了，他们在学校的任务就是发展新技能、学会有意学习。他们的目标是不断取得进步，渴望成为有能力的人，以及掌握得更好的证据是激励他们的动力。他们寻求帮助更多是为了发展自己的能力，还会为了独立尝试掌握而回避帮助。

学习目标导向会产生以下信念和行为(Ames，1992，p. 262；Halvorson，2012a，pp. 43 - 52)：

- 努力信念：努力带来成功（"如果我不断尝试，我就能做到"）
- 努力方向：发展新的技能，努力理解自己的作业，提高自身的能力水平，获得超

越原有水平的掌握感
- 面对困难时的反应：更加投入，并执行各种努力策略
- 学习的动机，以及进入学习过程的意愿
- "容忍失败"：相信改变策略能克服失败
- 学习的内在价值得到发展

"怎样才是'做得好'？"这个问题是持学习导向学生的典型问题。

表现和自我卷入导向

持表现目的或者自我卷入目的导向的学生，他们在学校会努力维护自身的自我价值感。他们做得比别人好，或者表现相当出色，是为了获得公众的认可。这种导向的学生通常认为，成功是能力所致，而非努力的结果。他们通过做得比别人好或基本不付出努力就能成功，来证明自己的能力很强，据此维系自我价值感。他们的目的是希望被评价聪明；或者与别人相比，自己是有能力的。*自我卷入目的的学生*，他们的努力主要是为了通过证明自己能力强或者掩盖自己察觉到的能力缺陷，从而保持积极自尊。

表现目的或者自我卷入目的导向会产生以下信念和行为（Ames，1992，pp. 262-263；Halvorson，2012a，pp. 43-52）：

- 努力信念：努力了仍不成功，说明能力不足
- 努力方向：超过别人的表现，或掩盖自己察觉到的能力不足
- 面对困难时的反应：焦虑或表现得很差（"我不知道我在做什么，我能力不足"），退出，作弊，或者选择更容易的任务
- 最高价值是没付出什么努力就取得成功，这导致他们不愿意尝试那些努力策略
- 回避求助，掩盖自己察觉到的能力缺陷

"怎么才能得到 A？"或"我怎么避免被认为很愚蠢？"是持表现导向或自我卷入导向学生的典型问题。

完成任务导向

持完成任务导向的学生会集中努力完成任务。他们认为完成任务是他们的职责——搞定它，然后得到分数。这种导向的学生相信，作业的目的是分数和成绩，而不是学习和掌握。

完成任务导向会产生以下的信念和行为（Schunk，1996；Black & William，1998a）：

- 努力信念：付出完成作业或者得到分数所需的努力
- 努力方向：完成任务，而非执行任务的质量
- 面对困难时的反应：努力是为了分数，而不是为了理解；想方设法拿到分数
- 只要能上交作业，作业是谁做的并不重要

"什么时候要完成？"或"它值多少？"是完成任务导向学生的典型问题。

学习评价 7 策略对课堂学习文化的贡献

目标导向是对某种情境的反应：一个课堂有一种情境，另一个课堂有另一种情境。我们的评价实践对学生的目标导向形成影响甚大。以下部分引自一组八年级学生的某科学课堂，他们的老师在课堂中把**学习评价 7 策略**作为常规教学加以运用（Westerville City School District）。

- Jordan："我喜欢 Holman 先生的课，因为他的课更重视你对课堂的理解，而不是仅仅给你一个成绩。他希望确保你理解了他教给你的知识。"
- Emmanuel："我喜欢这样。你做小测试时感觉很好，因为你知道你只是用它找出你哪些地方需要得到帮助，并没有压力。事实上，我很希望在他的课上测试，因为我通常自己不会问很多问题，因此当我测试时……测验能指出你哪些做得不对。所以我喜欢在他的课上测试。这是第一次（我喜欢测试）。"
- Patricia："他教我们，头一次做错没什么关系，下一次做得更好就行。"
- Bintu："我真的把时间花在（作业）上，完成作业并且确信我学到了东西，而不是因为要得到分数才把作业做完。而其他的课，作业意味着分数，我就匆匆做完，得到分数了事。但在他的课上，我会花时间做作业，并从中学到东西。"

把这些学生的观点和九年级学生 Claire 做一下对比，她在学校度过了第一周，回家宣称："我今年注定学不好英语。我犯的所有错误都让人泄气。"虽然 Holman 先生没有教学生如何目标导向，但是学生们的评价清晰地证明了他们对作业采取的学习导向，这是对 Holman 怎样构建学习环境，以及学习环境如何影响学生作为学习者的胜任感的反应。

形成性评价实践和评分的有关问题

基于我个人过去三十年的教学经验、阅读研究以及和老师、学生在课堂中的共事，我相信对所有学生而言，要造就一个公平竞争环境，关键是在学习和评价之间建立一种不同的关系。目标导向对学生动机的影响研究告诉我们，拘泥于传统评分法的评价实践阻碍了学生的学习。

从另一个角度考虑这个问题。想一下篮球。篮球是一项"淘汰"运动：运动员需要经过选拔，不是每个人都能进入队伍。通常来说，我们不考虑把我们学习的课堂当成是淘汰运动的场所。没有老师会在早上起床的时候说："今天，我得赶走一些学生。"但是，我们的一些传统评价实践构成了成功的规则，教育因此变成了"运动"，许多学生觉得自己被"淘汰"了，然后选择了放弃。

为何把评价搞到这个地步呢？在课堂中有三种典型的原因，分别是：(1)没有给学生足够的时间练习；(2)对服从进行评分，而不是对学习评分；(3)采用了扭曲成就的评价实践。

不给足够的时间练习

假设老师拥有这一份职业是因为学生还不清楚我们在教什么,那么,我们就需要一种配以练习的教育,但刚开始不会是完美的。我们希望能通过干预和矫正来调控练习,以免学生把时间花在错误学习上。如果因为行动计划或者要"覆盖"多少内容的要求而缩短了练习时间,那么只有那些最少时间练习就能提高的学生才会成功。而其他人则会倾向于认定自己并不擅长这个任务或者学科。这原本是我们教学的预假设:他们尚不擅长这个。我们的工作是通过教导、练习和反馈,给学生足够的机会来取得进步。如果我们因为草草评价打分而把学习削减得太过短暂,那么从结果上看,我们早已决定放弃那些学生了。

给服从评分,而不给学习评分

给作业打分,可能会造成学生认为他们在学校努力的目的是为了把作业做完、得到分数。当完成作业替代学习成为得分的触发器时,谁做作业或是否产生了学习就不那么重要了。我们原本想让学生做练习,但结果却给他们传递了错误的练习目标——真正目标在于促进学习。当完成作业取代促进学习成为了目标,(学生)就难以成长。此外,如果我们忽视了做作业,就不能把它作为指导未来教学的证据。我们对有关学习需求的信息视而不见,从而将更多的学生排除在游戏之外。

曲解成就

常见的曲解成就的评分法就是把练习作业的分数算进总评。当学生需要操练所学的时候,他们最开始的努力成果通常不如他们之后的表现好。把前期和后期的结果平均起来说明学生掌握得更好了,这样的做法并不能准确代表学生真实的学习水平,并且有些人受最初的不完美尝试的影响,发现自己受不了成绩差的打击时,就会干脆放弃尝试。这也进一步强化了这一有危害的推论,即一个人成绩很不错就意味着用不着去尝试,如果你不得不去尝试,那就说明你不擅长这门课。因此,如果我们的目标就是让学生去尝试,那么请尽量避免过早打出低分,因为这实际是一种惩罚。

另一个比较少见但相当有破坏性的做法,就是当一群学生考试成绩不太好时,重新确定一个低水平的截点分数,对分数进行"变形"。比如说,把 C 变成 A。这种对成就的扭曲掩盖了不良表现的原因。是因为题目的缺陷造成结果不准确吗?考题对考前的教学水平而言太难吗?有考题超出教学内容吗?以上每个问题有不同的解答,都会导致对学生成就水平的误判。而其中,学生作为学习者对自己下的判断产生的危害性可能最大。也有可能考试结果真的准确代表了学生还没有掌握?当我们采用那些歪曲成就的做法时,我们把更多的学生赶出了学习。

考虑改变

以上这些做法的确事出有因,但如果学习变成让人遭罪的事情,那就说明我们人为造成的问题比原来更严重。上述评价实践使我们忽视学生的学习需求,并且无法鼓励学生以学习者的身份看待自己。那么矫正方法是什么？关键的切入点如下：

- 强调学习是教育的目的,并将教学和活动聚焦于明确的学习目标
- 课堂的评价实践务必要体现出学习的循序渐进,错误是学习的一个方面
- 在学习过程中提供无惩罚的反馈,帮助学生进步
- 把评价作为了解学生的工具,指导教师自己的行动
- 运用评价实践,帮助学生认识和理解自己是一名学习者

选用形成性评价实践并不意味着成绩不重要。成绩是重要的。成绩的确有用,只是在指导学习上不太起作用。成绩是问责的手段,应当用在学生拥有(希望的)足够机会提高之后。在学习的文化中,问题不应该是"我如何提高自己的成就",而是"我需要做什么才能掌握"。在这种课堂文化中,学习发生之后,才产生成绩。

通过强调学习是大家共同努力的目标,我们可以在课堂中创造出学习文化。形成性评价本质上并不重视评判,它重视的是帮助学生学习。当我们预先跟学生分享学习目标,并且用宝贵的教导时间帮助学生明白他们要去的地方(策略1和2),我们就朝着关注学习迈出了第一步。当我们给学生的练习作业提供针对学习目标的反馈,而不是给一个等级或者分数(策略3)时,学生就获得了提高学习且不会受到惩罚的机会。当我们使用任务和小测验时,学生就有机会发现他们哪些还没有掌握、需要重新教学(策略4和6),我们强调学习才是目的。当我们进一步考察学生们正在做的作业,从而了解他们的学习需求是什么时,我们是在告诉学生：他们的学习对我们很重要。当我们教学生如何修改作业和深化学习时(策略5),学生得到了在成绩出来之前就能提高自己的机会。当我们提供学生机会去追踪他们的进步,去认识他们已经走了多远,并且分享成功时,我们就帮助他们在成功与努力之间建立起了连接(策略7)。

问责并不能打通学习动机与评价的联系。打通联系的是形成性实践,它让学生搞明白作为学习者的自己是什么样的——为学生前行之路提供了充满希望和前瞻性的站位。如果学习是教育游戏的真正目的,那么所有的学生都能玩得很成功。

结论

学习评价7策略代表了一系列连接评价和学习的教学活动。它们倡导的实践与传统的评价信息运用不同。传统的做法是把评价和测试、测试和成绩联系起来,这些评价实践并不能让成绩册中的记录更好。相反,7策略使我们更多地去思考什么是评价和能够完成什么这两个问题。

这些活动并不能解决课堂出现的所有学习问题。工作中存在太多的因素,不可能仅凭一套策略就能完全克服。然而,有了它们的帮助,你认识到评价是教学和学习不可缺少的一部分,从而把你向更加积极的方向推进。7策略提供了一系列有研究基础的实践活动,是学生发展的、能切实提高成就的思考模式。运用这些策略,就能把掌控

成功条件的动力传递给学生。评价可以成为你的朋友,也可以成为你学生的朋友——评价甚至能变得有趣。

下文提示

后面的章节将详细地阐释每一种策略,提出从研究中得出的运用策略的基本原理,介绍策略如何起作用,并提供可快速上手的课堂活动。每一章都有执行关键步骤的指导和调适的建议,都是经挑选而出,以便让策略的目的和执行尽可能清楚。例子来自从入幼儿园之前到大学水平的广泛内容领域。在大部分环境中,大多数(策略)都能用得很好。即使例子与你的年级水平或者科目不符,你还是会发现它的用处。关键的研究建议对你改良观念、适应情境有益,并且不会稀释它们可能的积极影响。

扩展阅读

以下资源能深化本章议题。

Ames, C. (1992). Classrooms: Goals, structures, and student motivation. *Journal of Educational Psychology*, 84(3), 261–271.
　这篇文章检验了不同目标导向对学生成就的影响,并推荐了最支持发展掌握(学习)导向的课堂结构。

Chappuis, J. Stiggins, R., Chappuis, S., & Arter, J. (2012). *Classroom assessment for student learning: Doing it right — using it well* (2nd ed.). Upper Daddle River, NJ: Pearson Education.
　这本教材告诉老师在课堂里需要知道什么,以及老师要掌握课堂评价的所有方面。第1章定义了评价,并概述了教育者应该具备的知识和技巧,以保证他们在课堂上进行高质量的课堂评价实践。第2章解释了评价信息的形成性用法和终结性用法。余下的章节深入讨论了评价的设计和使用,包括评分问题。

Halvorson, H. G. (2012). *Succeed: How we can reach our goals*. New York, NY: Penguin.
　这本书结合心理学中的趣事和实例来阐释那些能引导学生掌握努力策略、成功实现艰巨目标的思维类型。

Hattie, J. (2009). *Visible learning: A synthesis of over 800 meta-analyses relating to achievement*. New York, NY: Routledge.
　这本书中,Hattie收集了关于学生成就方方面面的元分析研究结果,以确认哪些对学习最有影响。

Hattie, J. (2012). *Visible learning for teachers: Maximizing impact on learning*. New York, NY: Routledge.

作为 2009 年 *Visible learning* 一书的续篇，John Hattie 总结了影响成功的最重要的实践，并对课堂实施提出了建议。

Shepard, L. A. (2008/2009). The role of assessment in a learning culture. *Journal of Education*, 189(1 或 2), 95–106.

这篇文章回答了两个问题：评价最初是怎样从教学中剥离出来，以及把评价实践视为有效教学法的一部分对于每一个课堂而言为什么很重要。

第 1 章的理解和运用

本章末提供的活动有助于你掌握本章的学习目标，并把理念运用到你的课堂上。这些活动的设计是为了加深你对本章内容的理解，为合作学习提供探讨的话题，并且指导如何实施本章所教授的内容和实践。活动所需的表格和材料都列在 DVD 的第 1 章文件里，均采用可编辑的微软文档格式。活动需要的每个图都直接列在活动指导语后面，并用这个符号◎标识：

第 1 章　学习目标

1. 理解使用形成性评价的重要性，它满足了老师和学生双方的信息需求；
2. 知道学习性评价的七大策略是什么，以及它们是如何与高影响力的形成性评价实践的研究联系起来的；
3. 理解形成性评价如何把课堂文化导向学习。

第 1 章活动

讨论问题（所有学习目标）

活动 1.1　坚持写反思日志（所有学习目标）

活动 1.2　定义形成性评价（学习目标 1）

活动 1.3　平衡形成性和终结性的使用（学习目标 1）

活动 1.4　形成性评价影响的最大化（学习目标 1）

活动 1.5　满足教师和学生的信息需求（学习目标 1 和 2）

活动 1.6　总结形成性实践（学习目标 1 和 2）

活动 1.7　更多地思考学生的目标导向（学习目标 3）

活动 1.8　调查学生（学习目标 1 和 3）

活动 1.9　收集学生作业的样本（学习目标 1）

活动 1.10　反思你自己的学习（所有学习目标）

活动 1.11　建立成长记录袋（所有学习目标）

第 1 章讨论问题

讨论问题也是对括号里所列活动的深度探索。

阅读第 1 章之前需要讨论的问题：

1. 什么是形成性评价？（活动 1.2）
2. 你最近用评价信息做了什么？（活动 1.4）
3. 你的学生用评价信息做了什么？（活动 1.4）

阅读第 1 章之后需要讨论的问题：

4. 7 个策略中，哪一个是你最感兴趣，希望多加采用？（活动 1.6）
5. 评价实践的运用如何影响学生的目标导向？（活动 1.7）
6. 本章的哪一个观点对你最重要？（活动 1.10）
7. 以第 1 章的阅读与讨论为基础，你可能会采取什么行动？（活动 1.10）

活动 1.1

坚持写反思日志

这是一个独立活动。如果你选择做，你还可以和学习小组讨论你记录的想法。

1. 阅读第 1 章时，记录你的想法、问题以及任何你尝试过的实施活动。

◎ 活动 1.1　第 1 章　反思日志表格

活动 1.2

定义形成性评价

这是一个独立活动。如果你选择做，你还可以和学习小组讨论结果。

1. 阅读第 1 章之前，写下你对形成性评价一词的定义。当你完成了本章后，重温你的定义。根据需要，在本章信息的基础上做改动，确认你做了什么改动，以及为什么改动。

◎ 活动 1.2　定义形成性评价

活动 1.3

平衡形成性和终结性的使用

这是小组活动。

1. 阅读了"形成性评价是什么"小节之后,与学习小组一起复习图 1.3 的内容。辨别你的学校或者学区现在所使用的是哪种评价方法。

2. 讨论:形成性和终结性的使用是否平衡?如果不平衡,你会推荐什么修改方法?你会和谁分享你的建议?所提建议的理论依据是什么?

◎ 活动 1.3 平衡形成性和终结性的使用

活动 1.4

形成性评价影响的最大化

这个活动可以单独完成,也可以作为小组活动。

1. 通读"形成性评价影响最大化的要求"小节之后,列出你在之前评定期间用过的形成性评价工具或者实践。

2. 根据最大化影响的五个条件,对列出的每一个条目进行评估。

◎ 活动 1.4 形成性评价影响的最大化

活动 1.5

满足教师和学生的信息需求

这是一个独立活动,后面有小组讨论。

1. 阅读了"高效的形成性评价实践"小节之后,列出你在之前的评定期间用过的形成性评价工具或者实践清单。

2. 判断每个实践中,谁收集信息,谁解释信息,谁根据信息采取行动。

3. 和学习小组讨论你的清单。你当前的实践同时满足教师和学生的需求吗?

◎ 活动 1.5 满足教师和学生的信息需求

活动 1.6

总结形成性实践

这是一个独立活动,后面进行小组讨论。

1. 阅读了"学习评价 7 策略"小节之后,列出你在过去评分期间用过的形成性评价工具或者实践清单。
2. 根据 7 策略,对你所列的清单进行分类。
3. 和小组讨论你目前遇到的实践问题:是否有一些策略比其他的更受欢迎?七个策略中,你对哪个最感兴趣,愿意多加尝试?

◉ 活动 1.6　总结形成性实践

活动 1.7

更多地思考学生的目标导向

这是一个学习小组讨论活动。

阅读了"目标导向、对学生动机的影响,以及与 7 策略的联系"小节之后,和你的学习小组选一个或几个问题讨论:

1. 在学生眼中,做学校作业的目的除了学习,还可能有其他什么目的?
2. 偏重其他目的可能对取得学习成功产生什么样的抑制作用?
3. 学生发展出学习目的导向的关键因素是什么?
4. 评价实践是如何有助于课堂文化,如何培养出为大学和就业做好准备的学生?

活动 1.8

调查学生

这是一个独立活动。如果你选择做,你还可以和学习小组讨论结果。

在 DVD 的第 1 章文件夹中,你将会找到两套调查表——一套是小学版,一套是中学版——用来引发学生对评价重要方面的反应。每套都有前测调查表和后测调查表,仅指导语有所区别。采取匿名调查的形式;检查所得的调查情况,并比较班级数据。

1. 根据 7 策略,对你的列表进行分类。
2. 和小组讨论你目前的实践问题:是否有一些策略比其他的更受欢迎?7 个策略中,你对哪个更感兴趣,愿意进行更多的尝试?

3. 比较前后两次调查的结果。所得信息反映了你所做的实践对学生关于评价的态度以及对自己作为学习者的认识产生的影响。

◎ 活动 1.8a　小学生前测

◎ 活动 1.8b　中学生前测

◎ 活动 1.8c　小学生后测

◎ 活动 1.8d　中学生后测

活动 1.9

收集学生作业的样本

1. 记录整个研究过程中,学生在成就上发生的变化,从一开始就收集他们的作业样本。如果你的学生非常多,或者你教的课很多,你可以关注一小部分学生——少数特别好的学生、少数中等学生、少数困难学生。
2. 定期收集他们一年的作业样本。
3. 寻找与你平常希望看到的不一样的变化。
4. 保存这些样本,并添加到你自己的个人成长记录袋中(活动 1.11)。这些物件是你学习的有效证明,因为促进学生成长是你的重要工作目标。

活动 1.10

反思你自己的学习

这是一个独立活动。如果你选择做,你还可以和学习小组讨论结果。

复习第 1 章的学习目标,并从本章中选择一个或多个之前你没学过的或者最有感触的目标。写一小段反思,描述你目前的理解。如果你是和搭档或者小组一块学习,请和他们一起讨论此话题。

◎ 活动 1.10　反思第 1 章的学习

活动 1.11

建立成长记录袋

这是一个独立活动。如果你选择做,你还可以和学习小组分享你选择的材料。

部分 A:成长记录袋

你要把见证你在整个学习的课程中成长的证据挑选出来,并入你自己的成长记录袋——这是展示你随着时间成长起来的物件集——重点放在形成性评价实践上。

你不需要把你学会的所有东西都放进去。你可以缩小焦点。每一章都从学习目标列表开始。如果某一些学习目标是你有待提高的,那么你可以完成相应章节的活动,并将它们和你制作的其他有关物件一起作为记录袋的首批作品。

许多人发现,把阅读每章以及尝试开展活动时的想法和问题记录下来,这对自己的学习和准备小组讨论都很有帮助。因此,每章第一个活动就是写反思日志,记录你的想法、问题和活动。这些也可以作为成长记录袋的一部分。

部分 B:第 1 章的记录袋物件

本章的任何活动都可以作为条目收纳进你自己的成长记录袋。选择你完成的活动,或者你创作的物件,这些都展示了你在第 1 章的学习目标上收获的能力。如果你坚持记录反思日志,你可以把第 1 章的条目放进你的记录袋。DVD 中提供了记录袋条目的封面清单,它能帮助你思考你所选择的每一个物件如何反映出你对本章学习目标的学习。

活动 1.11 第 1 章 记录袋条目的封面清单

第 2 章

我将去哪里？
明确学习目标

策略 1
提供清晰易懂的学习目标愿景
策略 2
用好作业和差作业作为样板和示范

> "学生参与自我评价，意味着他们必须知道他们的学习目标是什么。向学生传达学习目标并不容易，但是如果能够获得成功，回报将是非常可观的，对学生的自我评价及在学习中的自我导向能力都有较大的帮助。"
> ——Harlen & James，1997，p. 372

总的来说，策略 1 和策略 2 使得有意学习更加明确。它们帮助学生更好地理解任务是*手段*，学习才是*目的*。正如第一章中所言，学生往往认为交作业或得高分才是他们努力学习的目的，这种观点对于他们在学校的任务而言是狭隘的。通过建立展示学习的课堂文化，我们帮助他们认识到学习才是目标。第一步就是清除对学习的表浅认识。

学校经常要求老师把学习目标贴在墙上。然而只把目标贴出来，不在课堂中积极地运用，依然不会给成就带来增益。贴在墙上的目标不等于大脑中的目标。有几种不同方式可以将对有意学习的理解引入教学中。在本章中，我们将着眼于策略 1 和策略 2，对这几种方式进行检验。这些活动为以学习为目标的教育取向、重视掌握水平的提高，并致力于运用努力策略实现目标奠定基础——其结果将有助于成就的提升。

此外，策略 1 和策略 2 可以作为策略 3 和策略 4 的*促成策略*：它们可以使学生做好准备，更高效地对反馈做出回应，并且产生准确的自我评价和有效的目标设定。在策略 3 中，反馈的作用是根据学生的目标来确定他们当前的位置。如果学生对他们的目的地并不明确，那么反馈对他们来说就没有多少意义。在策略 4 的案例中，良好的自我评价反映了良好的反馈；学生们进行自我诊断和自我改进。Black 和 William

(1998a)提出,自我评价是高效学习必不可少的条件,但是良好的自我评价离不开对有意学习的效果的准确理解。尽管策略1和策略2有可能被认为不如后面的策略重要,但它们确实是学生建立自主学习能力的基础。

> **第2章学习目标**
>
> 到第2章的末尾,你将清楚如何做到以下几点:
> 1. 与学生分享不同类型的学习策略,使他们建立清晰的有意学习愿景;
>   - 将学习目标转化为亲学生的语言
>   - 鉴别适用于形成性使用的评价量规
>   - 将评价量规转化为亲学生的语言
>   - 向学生介绍评价量规所代表的质量观
> 2. 监控学生有意学习的意识;
> 3. 有效地使用好作业和差作业范例,加深概念性理解,澄清质量的标准。

前提:明确学习目标

学习目标一词指的是作为教学结果,学生最终能够知道或学会做什么。有意学习的表述有很多种形式,比如内容标准、《州立共同核心标准》(CCSS)、基准或目标。学习目标有简单和复杂之分,这种特征有时被称为尺寸。学习目标可以设立在小如卵石的课堂水平上("求一行数字相加的和",《州立共同数学标准》,2010b,p. 48),也可以设立在更大一些的单元水平上("运用集中量和变异量,利用两组随机样本数据对两个群体作非正式的比较推论",《州立共同核心数学标准》,p. 50),还可以设立于大如巨石般的整学年的学习水平上("抽象和数量推理",《州立共同核心数学标准》,p. 47)。

学习目标的类型

学习目标有四种类型:知识、推理、技能和产品(Chappuis, Stiggins, Chappuis, & After, 2012, pp. 44 – 58)。

- 知识水平的学习目标代表了事实知识(存储在记忆中)、程序性知识(知道如何执行一系列的步骤),以及概念理解(能够解释概念)。这里所定义的知识包含程序性知识和概念性知识,所以并非所有的知识目标都是低水平的。
- 推理水平的学习目标界定的是学生学习如何执行的思维过程,比如预测、推断、比较、假设、批判、下结论、判断和评估。
- 技能水平的学习目标往往要求学生实时演示或展示动作。技能的分类可能会让人感到困惑,因为我们经常谈论问题解决技能(推理目标)、阅读技能(也是推理目标)、思维技能(还是推理目标)等等。这种分类,其目的并不是改变你使用技能这个词的方式,而是用来界定一小部分内容标准,其学习的核心是某种表现。有的科目在课程中没有设置技能目标；有的科目则包含不少，例如世界语言、体育和表演艺术。
- 产品水平的目标，其含义正如其名：所制定的内容标准要求创造出一种产品，学习评估的对象就是产品的质量。我们经常让学生创造出产品，以佐证他们实现了其他类型的学习目标，在这种情况下，评估的对象应该是有意学习而不是产品的质量。

图 2.1 为不同类型的学习目标举了一些例子。如果要获得各类型目标更具体的解释，可以参考《学生学习的课堂评价》一书的第三章（Chappuis 等，2012）。

图 2.1

不同类型学习目标的示例

这些例子选自学区级的课程指南。

知识水平目标	知道植物和动物都需要能量和生长资源 领会词汇 解释美国公民的重要特征
推理水平目标	使用统计方法来描述、分析、评估和决策 分析评价的合适性，为个体设置合适的目标 比较和对照对历史事件的观点
技能水平目标	使用简单的设备和工具收集数据 有表情、流畅地大声朗读 运用运动知觉、专注和着眼于展示动作技能
产品水平目标	建立常见物品的物理模型 即兴作业，创作脚本的场景 写出论点，支持自己的主张

清晰的学习目标可以引导教学、任务、形成性评价和终结性评价。学习目标决定了我们要如何追踪成就，最后如何评分。在开始教学之前对目标进行分类有几个好处。首先，有助于我们了解如何建构课程。其次，可以澄清哪些活动和任务最能引导学生掌握目标。第三，目标的类型决定了哪种或哪些评价方法可以得到最准确的成就数据。

例如，你正在计划如何教授学习目标为"了解如何测量心肺适能"的课程，这意味着什么，是"知道测量心肺适能的步骤"（知识目标）还是"准确地测量心肺适能"（技能目标）？如果你把它归为知识目标，那么无论学生是否了解，你都要教授操作步骤并采取笔试考核的方式。如果你把它归为技能目标，那么你要教授步骤并向学生提供实践操作的机会。这时，你要采取的是表现评价而非笔试，因为每一个学生都应该通过准确执行操作步骤来展示他的能力。

> "评价方法不可以随意替换。为了保证评价结果的准确性,选择评价方法时需要严格遵守一条准则,即要考虑评价的学习目标的类型。"
>
> Chappuis 等,2012

评价方法与学习目标的匹配

嵌在7大策略中的形成性评价完全依赖于采用了哪种评价方法,因此我们将简要回顾这四种评价方法,包括选择题、书面作答题、表现评价、个别交流,以及何时使用为好。(Chappuis 等,2012,pp.88-102)

选择题

这种方法包含多重选择、匹配练习、正/误判断和填空。一般来说,这些题目都有一个正确答案或最佳答案(或可接受的少数几个答案)和一个或多个错误答案。学生选择(或提供)正确或最佳答案,其得分往往代表了正确答案的数量。

对具体的某一目标类型来说一种评价方法到底好不好,取决于它产生的结果是否准确瞄准了评价目标。我们通常认为选择题是评价知识目标的好选择,其实它们也是评价一部分推理目标的好选择。在决定是否采用选择题时,并不需要考虑学生做选择题测验的能力到底如何。当学生有足够的阅读能力时,我们要帮助他们学会如何用与高风险测试中所要求的相似形式呈现他们的成果。如果学生阅读能力还不够,无法理解题目,那么我们可以代之以个别交流,换言之,只要不是阅读能力测验,就可以进行口头评价。对低年级的小学生来说,选择题不太适合用来评价推理目标,但是可以用来判断他们是否学会了诸如字母发音之类的知识。除了有限的几种测量技能,比如"用量角器准确量出角的度数",选择题对于评价技能目标来说并不算合适。同样,对产品目标来说,选择题也不怎么合适。

书面作答题

书面作答题通常被作为"结构化回答",该方法要求回答问题或简短的提示。书面作答题有两种:简答和论述。简答题可以简要作答,经常限定了正确答案的范围,往往有一个简单的评分指导,根据已有的可能答案或预设特征的列表进行评分。论述题要求至少要用数个完整的句子来回答题目。这些题目的正确或可接受答案范围往往更大,评分方面既可以参照更宽泛的答案列表评分指导,也可以参照描述不同质量水平特征的评价量规。

如果学生具有足够的读写能力,可以通过写作来展示他们的成就,那么书面作答题很适合评价知识目标和推理目标。如果学生不具备相应的能力,还可以通过个别交流方式实施评价。书面作答题对技能目标和产品目标来说不太合适。

表现评价

表现评价是一种基于观察和判断的评价。它包含两个部分:任务和量规。以技能为目标的任务要求学生即时展示其掌握的目标。以产品为目标的任务要求学生创造出代表核心学习目标的产品。两种任务都需要制定描述不同质量水平特征的量规,教师根据量规对任务进行评估。

表现评价(展示或产品创造+评价量规)可以评估推理目标和知识目标,但使用时需谨慎。表现评价对学生的要求通常会超越知识或推理目标的范畴,因而需要对学生知识与推理的掌握程度有较好的了解。表现评价依赖于知识和推理,但不能说表现较差的原因就是因为缺少基础的知识和推理能力。如果学生无法较好地完成任务,我们也许还不能将其作为衡量他们知识或推理能力掌握水平的证据。简而言之,在使用表现评价对知识或推理目标进行评估时要谨慎。

个别交流

个别交流评价法，就是通过与学生谈话来发现他们学到了什么。做形成性评价时，我们可以较为随意地使用个别交流；做终结性评价时，则需要较规范地使用这种方法。个别交流包括提问、访谈、聆听、口头测验或让学生坚持记日志，以此和教师对话。

个别交流可以获得有关知识目标和推理目标的成就的准确信息。在评估技能目标时，如果该技能为沟通技能，比如"使用目标语言与寄宿家庭进行交流"，那么个别交流是表现评价的手段之一，因此可以说个别交流是一种可选方法。然而当对诸如"正确展示 CPR"①这样的技能目标，仅仅通过交谈并不能提供准确的成就信息。个别交流不太适合产品目标的评价。

解构复杂的内容标准

如果你把像《州立共同核心标准》这样复杂的内容目标作为课程基础，那么你需要对标准进行解构，才能确认课程水平的学习目标，这些学习目标搭建出整个内容标准的支架。实现解构的方法有几种，但是第一步都是要根据目标类型对内容标准进行分类。图2.2展示了一个以"理解"打头的内容标准的例子。在这个例子中，"理解"一词需要进一步阐明和分类。图2.3展示了一位高中生物老师将内容标准解构为指导教学的课堂水平学习目标的例子。要获悉更多如何解构复杂内容目标的信息，请参阅 Chappuis 等人(2012, pp. 60 – 68)的著述。

> "解构标准是一个将宽泛的标准、目标或基准打破，把它转化为更小、更具体的引导日常教学的学习目标的过程。"
>
> Chappuis 等, 2012

策略1：为学生提供清晰易懂的学习目标愿景

一旦有了具体到每堂课的学习目标，就可以用三种方法把目标传递给学生。第一种是简单地与学生分享本堂课的有意学习："今天我们将要学习如何读十分位小数并将它们按顺序排列。"第二种是将学习目标转化为亲学生型的语言，然后与他们分享："今天我们学习如何写摘要，也就是我们要学习如何把我们所读内容的主要意思简洁地表达出来。"第三种是将评价量规转化为亲学生型的语言，然后介绍其代表的质量要

图2.2

> **常见问题："理解"是何种目标？**
>
> 当学习目标以"理解"一词打头时，比如"理解多样性的概念"，你和你的同事必须决定根据所处的环境和年级水平来定义"理解"。作为一个知识水平的目标时，你会让你的学生解释概念的分歧吗？或者你会让学生超越知识水平目标对概念做些什么？如果你选择"超越"，你需要确定所教授的推理采用什么模式（比较和对比？分析和总结？评估？），从而把概念理解转移到相应的应用。

---

① CPR 即心肺复苏术——译者注。

图 2.3

| 解构生物课标准 | 举例 |

1. 描述病毒和细菌的结构

标准中的"描述"一词有些棘手。老师真的希望学生能够描述病毒的壳体或细菌的鞭毛吗？或者他们希望学生能够辨认图中的不同结构(这是更可能的评价)？我期望学生能够识别简单示意图上细菌和病毒结构的基本区别。为了确保最全面地落实这条标准，学生还需要对几种结构的功能进行描述。从字面看，这是一种知识或理解水平的目标。学生还应该利用相关信息来对两者进行比较和对照(多数学生认为它们是一回事)。

2. 认识到病毒尽管缺少细胞结构，但是具有可以入侵活细胞体的遗传物质

阅读内容目标的过程就是学习它的过程。这条标准从侧面点出病毒是否有生命这个话题。尽管病毒并不具有生命体的全部特征(通过标准的定义确定的、用以判断是否有生命的必要条件)，但它们的确具有非常像生命的特征(尤其是遗传物质)。现代科学对此没有一致的见解，这本身就可以让学生自己评估这个问题，并提出结论。这一内容标准是知识或理解目标，但对于病毒生命状态的分析属于推理目标。

3. 把细胞各部分或各细胞器与其功能相联系(受细胞膜、细胞壁、叶绿体、高尔基体、线粒体、细胞核、核糖体和液泡的介绍文本限制)

此内容标准是知识和理解目标。要求学生高效地学会定义不同的细胞结构。在课的后半部分，老师将会要求学生将不同细胞器的功能，以及和后面要学习的加工过程连接起来。此时，做简单的界定即可。

4. 比较和对照植物和动物细胞

这是本单元第一个明确要求推理的课程标准。最基本的，学生应该列出植物和动物细胞各自所特有的细胞器。有时他们需要解释为什么会有这样的不同(比如：为什么动物细胞没有细胞壁或者为什么植物的液泡更大？)。

来源：Used with permission from *Andy Hamilton, West Ottawa Public Schools: Holland, MI. Unpublished classroom materials.*

求。你选择哪种方式很大程度上取决于所教授的学习目标的类型(图 2.4)。采用选择题和简答题评价的知识目标和部分推理目标，你可以制定一个学生容易理解的定义。采用行为展示评价的其他推理目标，以及技能和产品目标，你需要寻找或制定亲学生型的评价量规。

图 2.4

使学生更明确目标：3 种选择

提供一种清晰易懂的学习目标愿景。
- 原封不动地分享学习目标
- 将学习目标转化为学生理解的语言，然后分享
- 将评价量规转化为学生容易接受的语言，然后介绍代表的观点

分享目标原文

当我教四年级时,我可能会这样开始一堂数学课:

好了,同学们,该上数学课了。把数学书拿出来(沙沙,沙沙),你们的数学书。还记得我们已经学习了小数。把书翻到 142 页,读一下这一页的前半部分。读完后,让你的组长来领取材料,我们将进行一个搜寻小数活动。

我告诉了学生什么?科目(数学),主题(小数),资源(第 142 页)和活动(寻找小数)。我没有告诉他们什么?没告诉他们学习目标:"我们将要学习如何读小数和排列顺序。"我可以确定大多数学生都没有花时间从我提供的信息中推论出有意学习。因此,如果他们以完成活动为目标来对待自己的学习,这实际上是我导致的,至少是我促成的。对我来说,分享学习目标曾经也是那么困难。我应该让学生把学习目标和需要认真对待的重要信息一起写在纸的上端,因为从我嘴里说出来的学习目标还不是他们脑海里的学习目标。然后,当我们开展活动的时候,我可以在房间里一边走动一边问每个人:"你为什么要参加搜寻小数的活动?"如果他们回答"因为你让我们这样做"或"为了成绩",我可以问他们:"有意学习是什么?"经常重复这个练习,学生就会认识到我们之所以做一件事情,是因为期望他们应该掌握某些东西。

对诸多知识目标和清晰明确的程序性技能目标来说,采用分享学习目标原文的策略会发挥独特的作用,比如"今天我们要学习如何准备显微镜载玻片",或者"今天我们要学习如何正确地滑行"。

将学习目标转化为亲学生型的语言

将学习目标转化为亲学生型语言尤其适用于推理目标。想一想阅读类学习目标,"总结所读内容"。每个阅读了该段落的学生都知道总结是什么意思吗?如果学生写的总结与文章本身长度相近,那么你可以确定他们没有注意到总结的本质:*简洁*。他们需要知道总结有两个要件:*简洁*和*扼要*。实际上大多数学生忽略的通常不是*简洁*,而是*扼要*。亲学生型的定义可能是这样的:"我可以对文本进行总结。这意味着我可以简要描述所读内容的主要思想和重要活动。"

你可以将学习目标转化为亲学生型语言。这一过程可能会花费一点时间,所以最好记住,不是所有的内容目标都需要这种翻译。比如,"我们将要学习如何用杆秤准确地给物体称重",原句就足以很好地发挥作用。

1. 找出需要搞清楚的词语或短语。哪些是学生难以理解的?假想一下你的讲课从介绍该目标原文开始。然后想象教室里所有人的表情反映出的理解程度。他们不明白的是哪个词?

2. 对找出来的术语下定义。你可以使用字典、教科书、州立内容标准的文件或其

查阅课程安排

在向亲学生型定义转化的时候要查阅你自己的课程安排,以确保你的翻译可以表明该内容标准的意图。

他与该学科相关的参考资料。如果你是与其他同事一起工作，你们的定义应该达成一致。

3. 将定义转换为学生容易理解的语言。
4. 将亲学生型定义的主语变为"我"或"我们"："我要学习_____"或"我们要学习_____"，请同事检查并提意见。
5. 试验该定义，记录学生的反应。根据需要修改。
6. 此时，选用你认为学生能够定义或解释的学习目标，让学生自己尝试一下这个过程。确保他们对学习目标所做的定义与你设想的一致。

图 2.5 展示了将上述过程在二年级学习目标上的应用实例——"说明文或记叙文的进一步推论"。

图 2.5

亲学生型的语言：推论 —— 举例

1. 学习目标："根据说明文或记叙文做推论"（二年级）。
2. 需要定义的词语：推论。
3. 定义：根据证据和逻辑得到的结论。
4. 亲学生型定义：根据线索做的猜想。
5. 亲学生型目标：我可以根据我所阅读的内容作推论。意思是我可以根据文章提供的线索做出猜想。

由于对象是二年级学生，你可能并不想通过语句来定义什么是说明文或记叙文。如果想要对这些术语进行定义，你可能更想使用一些单独的短句，比如，"我可以阅读说明文，意味着我可以阅读那些讲述事实的书或文章"以及"我可以阅读记叙文，这意味着我可以阅读故事"。

图 2.6 展示了另一个例子，对中学的一个推理学习目标，即"对课文之外的信息进

图 2.6

亲学生型语言：概括 —— 举例

1. 学习目标："概括课文之外的信息"。
2. 需要定义的词语：概括。
3. 定义：基于具体案例的观察做出扼要陈述。
4. 亲学生型定义：找出具体样例之间的相似性，并能得到适合这些样例以及与其他相似样例的陈述。
5. 亲学生型目标：我能够概括课文之外的信息。这意味着我可以发现几个样例之间的相似性在哪里，并且得到的陈述对这些样例和其他样例来说都是正确的。

行概括"进行了界定。尽管这个目标的背景是语言艺术，但这种推理能力在其他学科，如数学、社会学、科学中，都具有重要作用。在将推理学习目标转化为亲学生型语言时，如果与负责其他学科的同事合作，效果可能会更好。绝大多数推理模式都被跨学科使用，如果每一种模式具有普遍的定义，那么学生就有机会在多种背景下学习、巩固和应用。

教师在向低年级学生展示学习目标时，为了使学习目标的意思更加明确，可以采用文字和图片相结合的方式。图 2.7 中幼儿园音乐课的教学目标就选用了这种方式。

何时不需要语言转换

对于一些内容标准来说，定义所有的术语可能会延误学习。有时学生在刚开始学习时不理解词汇的意思，但这就是该堂课的中心部分。比如，学习目标是"理解文学技巧"。你可以列举出学生可能要学的文学技巧——明喻、暗喻、头韵、拟声等等——但是学习的关键是让学生能够定义和区分它们。学习容易理解的语言版本应该是"我们要学会区分阅读中的明喻和暗喻"。再举一个例子，学习目标为"理解二项式定理"。你可能想怎么定义"理解"：识别？定义？解释？知道何时用它？你可能会把"二项式定理"这个词语撂在一边，然而学习二项式定理才是本堂课的重点。

 运用专业的判断

并非每个学习目标都要转换成亲学生型语言，且只能在课堂开始时分享学习目标，比如用发现学习的体验来启动教学。

"我能……"或"我要学习……"

一些老师喜欢用"我们要学习……"（或"我要学习……"）来描述学生的学习目标，而不是用"我能……"。当学生已经表现掌握了该目标时，他们会把这个目标转化为"我能……"，并收集证据、放入文件夹，可供分享学习收获使用。第 7 章的策略 7 对这一理念做了更为全面的解释。

与学生分享学习目标的方法

三年级老师 Amy Meyer 将学习目标放在任务这一页上，并且确保写作提示里含有亲学生型定义。（图 2.8）

你也可以让学生自己讨论学习目标的含义，并且他们明白的术语写出来。这可以是一个快捷的"预期设定（anticipatory set）"活动，也可以作为一次深度探索的焦点。例如，中学语言艺术老师 Jessica Hendershot 让她的学生记录他们日记写作的"成人"版指导语（学习目标）。他们以小组为单位讨论指导语对他们来说意味着什么，然后她发起一场全班参与的讨论，得到一个普遍认可的定义。高中科学老师 Stephanie Harmon 每一单元的教学始于与学生一起"剖析"（解构的同义词）学习目标，学生在笔记本上做记录，并供整个单元学习参考。（图 2.9）

图 2.7

| 幼儿园音乐课的亲学生型学习目标 | | 举例 |

		幼儿园音乐课目标
K1	音乐的语言	我可以区分音乐是快速还是缓慢的。这意味着我知道音乐什么时候像 🐰 一样快,什么时候像 🐢 一样慢。
K2		我可以区分音乐是响亮还是轻柔的。这意味着我知道什么时候音乐像 🦁 一样响亮,什么时候像 🐭 一样轻柔。
K3		我可以辨别高音和低音: 如果音乐是高音,听起来就像 🧸 。 如果音乐是低音,听起来就像 🐻 。
K4		我可以听出声音的不同使用方式。这意味着我知道一个人正在用他的声音: 低声细语 唱歌 说话 喊

来源:Used with permission from Jill Meciej, Community Consolidated School District 93, Bloomingdale:IL.

图 2.8

| 印制在任务上的目标 | 举例 |

姓名_____　　日期_____
我能通过反思重要信息来理解我所阅读的内容
我能概括出一篇文章的主要观点
题目_____
你认为你从这本书中学到的最重要的东西是什么？
_____
_____
_____

说说你为什么觉得它重要。
_____
_____
_____

总结这本书的内容主要是什么。（列举与主题相关的主要观点或者重点）
_____
_____
_____
_____

来源：Used with permission from Amy Meyer, third-grade teacher, Worthington City Schools：Worthington OH. Unpublished classroom materials.

图 2.9

| 从课堂中来 |

策略#1：剖析学习目标
我们要做什么
　　在每个单元一开始，我给学生一份本单元的学习目标。我们花一些时间来剖析目标——把关键词圈出来并在动词下面画线。我们针对每个学习目标的要求以及哪些行为可以证明我们掌握了学习目标展开讨论。整个这一单元的学习期间，我们每天的学习历程都从确定课堂要完成的学习目标开始。
　　目标剖析是学生做笔记的内容之一。它特别有助于在学习情景中放入关键词，并可以在整个单元的学习中帮助学生形成问题。此外，我们所做的每一件事都与要达到的学习目标联系起来。每一次形成性或终结性评价也都是围绕学习目标来组织的。学生很快就能了解到学习目标是我们课堂的核心。
对学习的影响
　　学生成为学习的主人。他们知道应该做什么，也知道每天的经历如何与学习目标相连接。他们可以为了掌握目标讨论需要知道什么以及怎样做。这种剖析帮助学生集中关注与特定内容有关的词汇，以及怎样做（根据确定的动词）才能显示他们已经掌握了目标。
我的学生怎么说
　　"我曾经只关注我的成绩。我只在意是否得 A。现在我意识到如果我能关注学习本身，那么成绩并不需要担心。"——Rebekah P.，一位十一年级学生。

来源：Used with permission from Stephanie Harmon, science teacher, Rockcastle County High School：Mt. Vernon, KY. Unpublished classroom materials.

如果你已经解构好了标准，那么你所制定的一系列学习目标就可以构成亲学生型目标的基础。高中生物老师 Andy Hamilton 让他的学生在周记里记录每天的学习目标，使用的是"我能……"句式，但省略了"我能"（为了简洁起见）。图 2.10 展示了他是如何将两个内容目标解构为课堂水平的学习目标，然后再转化为亲学生型陈述。

大学微积分老师 Jennifer McDaniel 在开始每个单元的学习时，会先发一份"目标表格"。这份目标表格中含有五个栏目：学习目标，工作日志，优势，挑战，以及绿/黄/红（图 2.11）。

在工作日志这一栏里，学生记录他们为了掌握目标而进行的活动或采用的资源。在优势一栏里，学生确定他们已经掌握了目标的哪些方面。在挑战这一栏，学生记录自己遇到的困难。在绿/黄/红一栏里，他们评价自己的学习进程。McDaniel 女士和她的学生用目标表格指导学习，并且检查整个单元的学习。

图 2.10

内容标准→学习目标→亲学生型目标	举例

内容标准：解释真核生物细胞内从早期原核生物发展而来的一些结构，比如线粒体和植物的叶绿体。

学习目标：该标准的措辞暗示了这是一种知识/理解。其实学生阅读标准就可以学到这一知识。我希望我的学生学得稍微多一点，能够解释这些结构是如何发展的。这一标准要求首先理解真核生物和原核生物这两个基本术语，线粒体和叶绿体作为二级术语（在学习该标准时，你其实不需要知道线粒体和叶绿体究竟是什么）。学生应该能够陈述一些证据，使科学家能够做出标准是正确的结论。

亲学生型目标：
- 我能给出原核生物和真核生物的定义并举例。
- 我能描述线粒体和叶绿体是怎么来的。
- 我能说出解释线粒体和叶绿体从哪里来的证据。

内容标准：解释细胞膜的作用是具有高选择性的屏障（扩散、渗透和主动运输）。

学习目标：如果你把这一标准的范围限定为字面所表示的意思，那么学生只需要描述细胞膜具有选择性——也就是，细胞膜允许一部分物质进出而阻挡其他物质。我期待我的学生能根据这一目标做更多功课。他们应该能够区分细胞膜不同的运输类型，描述在不同的情境下会发生什么情况。从字面看，该内容标准是知识或理解，但是也适用于推理学习目标。

亲学生型目标：
- 我可以定义渗透、扩散和主动运输。
- 我可以预测细胞置于不同环境中会发生什么。
- 我可以根据物质如何进出细胞来判断这一过程是扩散、渗透还是主动运输。

来源：Used with permission from Andy Hamilton, West Ottawa Public Schools; Holland, MI. Unpublished classroom materials.

图 2.11

	目标表：极限简介			举例
学习目标	工作日志	优势	挑战	绿/黄/红
我能用数值表来估计极限	• 8月10日，# 1-8 • 8月14日，# 1-3 • 8月16日，# 1-3	• 很容易判断极限	• 我发现使用数值表没有任何挑战性	绿
我能用代数方法证明极限：因式分解、有理化，最小公分母	因式分解 • 8月10日，# 1,2 • 8月14日，# 1 • 8月15日，# 1,2 • 8月16日，# 1 有理化 • 8月10日，# 3,4 • 8月14日，# 2 • 8月15日，# 3 • 8月16日，# 2 最小公分母 • 8月10日，# 5,6 • 8月14日，# 3 • 8月15日，# 4 • 8月16日，# 3	• 我认为最小公分母问题是最容易的 • 我擅长有理化 • 因式分解后，问题变得很简单	• 有些问题或因式很难分解（8月16日 # 1) • 最小公分母的负号容易成为目标	我在这儿
我可以根据图像判断极限	• 8月14日，# 1-12 • 8月16日，# 4-11	• 用这种方法我极限相当迅速 • 总体上容易操作	• 带渐进线的图像有点麻烦	绿

来源：Used with permission from Jennifer McDaniel, Clay County Schools; Manchester, KY. Unpublished classroom materials.

用评价量规传递学习目标

一般来说，复杂的推理目标采用书面作答评价，其结果最准确；测量技能目标和产品目标最准确的方法是表现评价法。运用这两种方法时，我们往往用量规来评估学生的回答、表现和产品。采用评价量规的学习目标列举如下：

- 策划并执行一项简单的科学调查
- 搞懂问题的意思并予以解决（CCSS 的数学实践标准，2010b，p. 6）

- 用一个有序量表、表格、树状图等方式来表示复合事件的样品空间（CCSS 的七年级数学标准，统计与概率，8b，p.51）
- 提出主张和发现，有逻辑地对想法进行排序，使用中肯的描述、事实和细节来强调主要思想或主题；使用恰当的眼神交流，音量足够大和吐词清楚（CCSS 的英语语言艺术，说与听标准4，六年级，p.49）
- 朗读声音大且流畅
- 制定个人健身计划
- 参与公民讨论

> "向学生介绍评价作业的标准，能让学生更好地理解优秀表现的特征。"
> White 和 Frederiksen，1998，p.28

是否把这些类型的目标转化为亲学生型术语并不重要，重要的是你所使用的量规能够准确地描述学习目标所要求的学习质量的特征，并且量规要书面呈现给学生，以便理解。

在评价学习环境时，我们一开始教学就要向学生介绍量规包含的观念。有研究为证：许多研究关注在完成任务之前与学生分享评分量规所产生的积极作用，特别是对低成就的学生有效。第 4 章对 White 和 Frederiksen(1998)的基于量规的同伴反馈和自我评价对任务完成的影响的研究结果进行了阐释，可参阅。

前提：恰当的评价量规

> 只有包含定性描述的评分标准，方具有形成性功能，才能用以诊断学生的需求、提供反馈，使他们进行自我评价。

如果学生能完成自我评价，他们必须首先理解定义质量的概念。好的评估量规可以用具体的术语描述给定学习目标的质量的特征，从而回答"我要去哪里"的问题。它的内容来源于学习目标和该领域的专家，由掌握学习目标所需要的特征组成。图 2.12 描述了评价量规的组成部分。

图 2.12

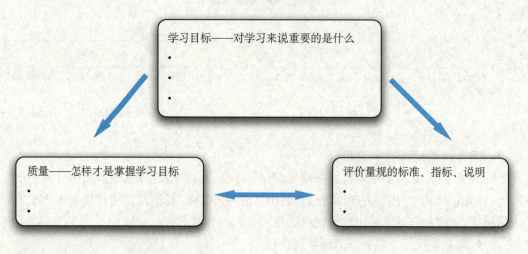

评价量规的组成部分

精心设计的评价量规可以形成性使用,如下:
- 诊断学生的优势和有待提高的地方
- 提供反馈、指导学生修改作业
- 帮助学生培养对质量和自我评价的理解,为进步设立目标

正如你也许经历过的,并非所有评价量规都适合形成性使用。要使评价量规发挥形成性的作用,有三个特征必不可少:(1)对质量的描述;(2)跨任务的通用性;(3)在描述复杂的学习目标时,对结构进行解析,而非整体介绍。

1. 对质量的描述

作为一种形成性评价手段来使用时,评价量规一定要有诊断性,必须描述优和差。就提供诊断信息而言,使用描述性语言的评价量规比使用评估或定量语言的要有效得多。为了说明这一点,我们可以看一下信息展示目标评价量规的三种版本,这是科学探究评价量规的一项标准。

例1:描述性语言
4:信息展示准确、完整和有组织,使信息易于理解。
3:信息展示准确、近乎完整和比较有组织,信息易于理解。可能存在一两处遗漏。
2:信息展示部分准确,部分完整,信息组织可能有问题。
1:信息展示不准确,不完整,组织得不好。

例2:评价性语言
4:出色的信息展示
3:良好的信息展示
2:一般的信息展示
1:不好的信息展示

例3:定量的语言
4:展示了4条信息
3:展示了3条信息
2:展示了2条信息
1:展示了1条信息

三种版本的评价量规,哪一种能够在诊断、提供反馈和指导学生掌握目标上发挥最好的作用?描述性评价量规用具体的术语同时鉴别学生哪里做得好、哪里还需要努力。评估性评价量规简单重述了每个水平如何判分,并没有洞察到已有的或缺乏的质量特征。定量版本用计数代替对质量的不同水平的解释;除非数量能够决定质量的水平,否则这种评价量规无法准确地体现学习目标。

2. 跨任务的通用性

作为形成性手段能发挥最大作用的评价量规应该是普遍通用的,而不是特定任务的。例如,优秀论文的标志之一就是引言质量高。通用的写作评价量规对优秀引言的描述应适用于任何引言:
4:引言吸引读者的注意并对主题进行了介绍,以便读者可以顺利进入主题。
3:引言把读者引入了主题,但吸引读者的注意还不够。

2：引言与主题之间有一定的联系，但不能吸引读者的注意。

1：缺少引言或引言与主题没有联系。

评价量规的结构

评价量规的结构将决定该评价量规作为学习手段的有效性。并非每个评价量规都适合形成性使用。

文体不同（例如，记叙文、说明文、议论文），写作评价量规对这些特征的界定可能略有不同，但你可以使用特定文体的评价量规判断该文体所有作品的引言质量。反过来，特定任务的评价量规仅仅明确了某一写作任务的优秀引言是什么样的。它为某一特定任务提供参考，因此不能用来评估其他类型写作任务的引言。

使用通用的而不是任务特异的评价量规，一个有力的理由是你希望学生能内化具体的学习目标下的用于所有作业的质量特征。另一个理由是任务特定性评价量规会供应"答案"：它们代替了学生思考问题，因此如果提前给出答案，它们就会把论证式学习拉低为依葫芦画瓢、按图索骥的学习。图 2.13 是"解释图表"学习目标的通用性评价量规和任务特异性评价量规。注意，任务特异性评价量规包含了通用评价量规对质量的解释，但前者明确告诉了学生要做些什么。

任务特定性评价量规的优势是在对大量回答进行快速评分时，用起来比较容易，因此，任务特定性评价量规常用于大规模评价。其弱点在于不能提前交给学生、帮助学生理解什么是有质量的作业。

3. 解析结构

形成性使用的第三个关键特征是当评价量规用于复杂的、多维的学习目标评价时，对结构进行解析而不是做整体考虑。术语*解析性评价量规*和*整体性评价量规*指的是评价量规有多少个评分量表——是一个还是一个以上。整体性评价量规只有一个量表，质量包含的所有特征全部合并到一个量表中。解析性评价量规则有两个及以上的量表，质量的特征被划分成不同的类别并分别评分。这些类别常常被称为标准（*criteria*）或特征（*traits*）。

整体性评价量规示例

如果学习目标比较直接，比如"总结课文"，整体性评价量规是更好的选择。总结的简单整体性评价量规如下所示：

3：简要讲解段落中所有的主要观点或者重要事件

2：讲解了段落中主要观点和重要事项的一部分——可能含有无关信息

1：详细叙述段落的细节而未讲解主要观点和事项

把这种评价量规分解成两个类别就可以得到分析性量规吗？这样做很难并且没有必要。如果评价的目的是总结性的，整体性评价量规不仅适用于复杂的学习目标，也适用于简单的学习目标；也就是说，你只需要在教学结束时对学生的掌握水平做综合判断。这类评价量规往往用于大规模评价。

图 2.13

通用性和任务特定性评价量规示例   举例

解释图表的通用评价量规

5：解释图表中的信息，给出正确答案。完整、准确地解释了结论是如何得出的。

4：解释图表中的信息，给出正确答案。准确地解释了结论是如何得出的，但该解释不够完整，需要进一步说明。

3：解释图表中的信息，给出部分正确答案。对结论是如何得出的给出了部分准确的解释，但是含有错误推理。解释是不完整的且需要进一步说明。

2：解释图表中的信息，给出部分正确的答案。如果有解释，该解释由错误的推理组成并且不能支持所得出的正确结论。

1：给出答案不正确。如果有解释，该解释为错误推理的结果。

解释图表的任务特定性评价量规

5：图表所包含的 5 个点都标记正确。指出 Graham 和 Paul 是骑车去学校。准确、完整地解释了结论是如何得出的。解释结论时，指出 Susan 步行、Peter 乘车。

4：图表中的 4 或 5 个点标记正确。指出 Graham 和 Paul 是骑车去学校。对推理的解释是正确的但不够完整，需要进一步解释。解释结论时，可能会指出 Susan 步行、Peter 乘车。

3：图表中有 3 个点标记正确。指出 Graham 和 Paul 是骑车去学校。其他人的交通方式选择错误。对推理的解释部分正确，但包含错误的推理。解释有关 Susan 和 Peter 的信息出错。

2：图表中有 1 或 2 个点标记正确。指出 Graham 和 Paul 是骑车去学校。其他人的交通方式选择错误。如果给出了对推理的解释，该解释也不完整、不正确。解释还可能漏掉了 Susan 和 Peter 的信息或者出错。

1：图表上的点全部标注错误。未正确指出 Graham 和 Paul 的交通方式。如果给出了对推理的解释，解释也是错误的。

来源：Chappuis, Jan; Stiggins, Rick J; Chappuis, Steve; Arter, Judith A., *Classroom Assessment for Student Learning: Doing It Right-Using It Well*, 2nd Ed,© 2012, pp. 184 – 185. Reproduced by permission of Pearson Education, Inc., Upper Saddle River, NJ.

解析性评价量规示例

如果学习目标有几个相互独立的不同成分，那么解析性评价量规就是更好的选择，比如"有效完成口头报告"。这个目标有几个不同的成分：报告的内容，组织性，报告者的表达，以及报告者对语言的运用。个体在每个成分上的表现可能好，也可能差，还可以接受教导、练习和评价。解析性评价量规因其对每个成分都有独立的评分量表（切记，这些是标准），从而非常适合用来做形成性评价：一次用一条标准做诊断、聚焦教学，提供反馈，并作为学生自我评价和设定目标的工具。要了解更多使用评价量规聚焦教学的内容，请见第 5 章和第 6 章。

图 2.14 总结了适用于形成性评价的评分量规的特征。第 2 章的 DVD 文件中列举了这种评价量规的例子。要了解更多关于评价量规类型和质量的内容，请见 Chappuis 等人的论述（2012，pp. 226 – 244）。

图 2.14

适用于形成性评价的量规

适用	不适用
通用性——可以用来评判相似任务的质量。不同的作业可以使用同一个标准。	任务特定性——只能用于一种任务。每项任务需要使用不同的标准。
描述性——语言解释了作业或表现在不同质量水平上的特征。	评估性——语言表达的是对评判某个得分点的复述。 量化性——语言表达的是计算或测量事件的数量。

来源：Arter, Judith A；Chappuis, Jan, *Creating and Recognizing Quality Rubrics*，© 2006. Reproduced by permission of Pearson Education, Inc., Upper Saddle River, NJ.

制定亲学生型评价量规

一旦你找到（或创造）了合适的评价量规，我们就可以准备制定亲学生型版本。制定过程含有几个步骤（Arter 和 Chappuis，2006）：

1. 找出学生可能不理解的成人版词语和短语。
2. 与同事讨论最适合学生的措辞。有时借助字典或教科书查找词语比较有效。
3. （从学生的角度）以第一人称的亲学生型语言改写评价量规。
4. 在学生身上试验评价量规，征求他们的反馈。根据需要做修改。

如果设计或修正评价量规是为了形成性用途，那么把每条标准所包含的质量特征整理成列表可能会有帮助。列表上的条目被称为指标，对每条标准的特征做了总结。例如，《写作六特征评价量规》有六个独立的评分量表，每个量表对应一个特征（标准）：思想与内容，组织性，心声，措辞，句子流畅和规范。如图 2.15 所示的特征列表，可以用来指导诊断、教学、反馈和自我评价。

可以把评价量规的标准和指标贴在墙上。尽管贴在墙上的目标和头脑中的不见得是一回事，但我们很方便就可以走到海报前，指着思想和内容下面的"小焦点"，并说：

> 我们现在学习如何写出评论文章，如何表达自己的观点并用理由和信息来支持。本周我们主要学习的是思想和内容，具体就是如何起草紧扣观点的陈述。

在这个例子中，"如何起草一篇紧扣观点的陈述"是学习目标；"小焦点"是该学习目标在评价量规上的体现。

图 2.16 中的例子是为五、六年级学生设计的数学问题解决的评价量规的标准列

表。评价量规有三个特征或者标准——三个独立的评分量表：数学知识：概念和步骤；问题解决；交流。每条标准下都列有一组特征（指标），可以帮助学生理解标准的内容。

图 2.15

好文章的 6 个特征

思想和内容……清晰的信息
- 焦点小、能把握
- 丰富的细节
- 细节有趣、重要且有益

组织性……内部结构
- 引言可以吸引读者
- 有目的地按顺序呈现观点
- 节奏有控制
- 观点之间有过渡
- 结论使读者满意

心声……文字背后的人
- 使主题富有生命
- 投入
- 为阅读而写作

措辞……简单语言也可以运用得很好
- 动词生动
- 名词准确
- 遣词造句形象，读者在脑海里可以形成一幅画

句子流畅……易于朗读
- 节奏和韵律
- 句子开头有引导性，长度有变化
- 句子的结构有助于增强句意

规范……整洁、经过编辑和润色
- 使用大写字母
- 用法/语法
- 标点
- 拼写

来源：© 1994–2014，Education Northwest. All rights reserved. Used with permission. http://educationnorthwest.org/1.800.547.6339. 6 + 1 TRAIT ® is a registered trademark of Education Northwest.

图 2.16

> **数学问题解决标准**
>
> 数学知识：概念和步骤
> - 理解数学概念和选择的运算
> - 使用恰当的计算方法
> - 选择正确的运算且执行无误
>
> 问题解决
> - 将问题转化为数学语言
> - 选择或设计策略
> - 运用策略解决问题
> - 检查解决方法，确认其能解决问题
>
> 交流
> - 解释使用的策略和程序
> - 解释为什么要这样做
> - 解释为什么答案是对的

来源：Used with permission of General Kitsap School District: Silverdale, WA.

 与目标匹配

评价量规的内容应与学习目标匹配。当你在为某种用途考虑评价量规时，问问自己这份评价量规是否包含了内容标准所列举的质量特征。如果没有包含，就请修订或寻找一个与质量的元素相匹配且受到你所在地区、州或省重视的评价量规。

向学生介绍评价量规的质量观

发给学生一份亲学生型评价量规并与学生一起讨论，这对学生理解质量观而言并不能取得最佳的效果。正如下面这个方案所展示的，我们可以像在任何情境下教学生理解概念那样，来教他们理解评价量规。该方案要求，给出目标之前，首先你要问学生对质量特征已经了解到什么，然后将他们所说的与评价量规所描述的特征（列表）相比较。这个活动可以评价学生的已有知识；使学生将评价量规的概念与他们长时记忆中已有的概念"挂钩"，并觉察出质量特征中自己还不理解的部分——将要学习的内容。这种计划也激发了学生对评价量规的兴趣，提供了关注它的理由。

第一个例子就是"默认"方案，可以用于任何评价量规。第二个例子是数学，展示了默认版本的几种变式。第三个例子是由四堂课组成的系列课程，用以向小学生介绍标准的概念和评价量规的一套标准。对每个方案，你都需要用学生易于理解的语言编写评价量规的副本（就小学水平而言，有一些单词可能需要结合图片或者符号来表示）和附有指标的特征或标准列表。

例1："默认"方案

步骤1：问学生他们所认为（评价量规描述的任何任务，比如口头展示、科学报告、假设等）的好是怎样的_____。在记录纸上记下所有的回答。用学生的语言作记录,请勿改动。

步骤2:分享一个及以上具有一定优势的产品或表现例子(口头展示、评论文章、科学报告、假说等)。这些例子也可以有缺点,这样可以进行一次有趣的讨论。展示例子时,你可以这样说:"让我们来看一下这个例子。你认为这个例子哪里对质量有重要影响?哪里没有影响?"你可以搞大的团体讨论,也可以在班级分享之前,先让学生与同伴讨论或分小组讨论。把学生的反应添加到从步骤1得到的记录纸上,用他们的语言记下他们说了什么。在这一步不必担心产生无关的想法。

步骤3:如果时间允许,将这份列表公示几天。继续让学生讨论匿名学生的作业样例或出版的产品或表现样品。你还可以展示两份不同质量水平的匿名作业样例,让学生选择哪份作业更好。把学生的理由添加到记录里。如果记录里包含了评价量规所描述的一些特征,那么你就可以进入下一步。

步骤4:告诉学生,当他们制定用来判断_____(评价量规的核心学习目标)的评价量规时,他们做的事情与老师和其他内容领域的专家是一样的,这是一份很棒的列表。让学生知道,他们自己的列表含有的很多特征与专家列出的一致。

步骤5:向学生介绍"专家"的列表时,要讲明专家和大家一样也提出了很多观点。专家清楚这些观点太多,没有人可以一次记住所有的观点,因此他们把观点进行分类,其结果称为标准或特征(你自己决定用哪个词)。然后展示你的评价量规里的标准列表。

步骤6:每次展示一条标准的指标列表。当展示每条标准的指标列表时,让学生检查是否可以在课堂上大家得到的列表里找到与之相符的条目。如果他们找到一个,就在记录图纸上把这条标准记在那个词或短语的旁边。如果没有找到符合的条目,就告诉学生,后面会对该标准作更多的学习。按照此方法比配评价量规包含的所有标准。整个过程完成后,学生可以确定哪些是他们已经知道的,将他们对质量的描述与评价量规的用语连接起来,赋予这堂课"我认为我行"的意义。

步骤7:把你制定的亲学生型评价量规版本分发给学生。经历过步骤1到步骤6之后,评价量规就不会再那么让人望而却步。我们希望学生初次看到评价量规时会这样认为:"有一部分是我已经知道的,其余部分我觉得我能够学习。"

例2:数学评价量规方案

步骤1:问学生好的数学问题解决应该是什么样的。在记录图纸上记下学生所有的回答。用学生的语言来记录,请勿改动。

步骤2:让他们解决一个需要推理和使用策略的多步骤数学问题,并交流自己的做法。然后让学生思考在解决问题时他们努力做了什么。是否有其他特征也可以放在列表里吗?用他们的语言记录下他们所说的。在这一步不必担心出现无关的想法。

步骤3：如果时间允许，就将列表公示几天。在学生练习解决问题时，将几个不同的例子添加到列表里。或者在学生已解决的问题中找出质量水平不同的两份匿名作业作为样例，让他们判断哪份作业更好。把他们判断的理由添加到记录纸上。如果列表里包含了评价量规所描述的一些特点，那么你就可以进行下一步。

接着，按照默认方案的步骤4—7进行。

例3：用四堂课向年幼学生介绍评价标准

对于小学生，如果学习明显是发展的，你可以用以下的系列课程对前面介绍的方案进行调整，介绍标准的概念，帮助他们形成课堂关键行为的标准，介绍你评估学习采用的标准。

第1课：介绍标准的概念

在第1课中，你将介绍标准一词和我们在标准的基础上做选择的理念。

其他年级的范例

不要忽视或遗漏其他年级水平或科目的范例。即使这些范例是为特定的教学环境量身定制的，也可能有一些想法可以供你的教学借鉴。

重点理解：

人们使用标准来考虑不同的选择并做出决定。

素材：

- 大声朗读一本关于家庭的书。这本书需要从不同的方面来描述这个家庭，比如成员、家，等等。家庭成员不一定是人类（例如，Mercer Mayer 写的故事）。
- 三到四张常见宠物的图片（例如狗、猫、鱼、沙鼠、仓鼠、鸟、蛇）。选择更适合这个家庭的动物。

过程：

故事可以这样开始："人们每天都要做选择。如何做出正确的选择呢？我们要谈谈人们做选择时用到了哪些步骤。很多人第一步是考虑他们想要什么、不想要什么。比如，很多家庭都养宠物。宠物有很多种类，家庭是如何决定自己想要哪一种宠物呢？为了做选择，一个家庭需要考虑，对自己家里和家人来说，好宠物到底是什么。那么当一个家庭要选择最好的宠物时，需要考虑什么呢？"

然后说："我要读一个与家庭有关的故事给你听。读完以后我们来谈谈这个家庭，还有当他们要挑选宠物（或增添一只宠物）时需要考虑哪些情况。"

让学生大声说出对这个家庭来说什么样的宠物是好宠物，制作一张图表，把学生的所有想法都列出来。给个小标题，比如"为_____（家庭）选择宠物的标准"。列表完成之后，向学生展示宠物的照片，每次一张。针对每一个宠物，核对标准列表，询问学生该宠物是否符合每一条标准。

比如说："用为家庭挑选好宠物的标准以及我们对每只宠物的看法，看看哪只宠物对他们来说是最好的呢？"让学生做选择并给出理由。引导他们使用标准列表来找理由。

尾声：
比如说："列表上的看法都是我们想出来的，用来选择宠物。这些看法叫标准。人们使用标准来帮助他们做出决定或选择。这一年只要我们讨论如何做决定或选择，就会用到标准这个词"。

第2课：为熟悉情境中的决策制定标准

在这个例子中，学生分小组为家庭环境中的决策制定标准。

重点理解：

拥有清晰的标准有助于我们良好地决策。

素材：

以下每个类别的场景均收集三幅图片：餐厅，运动，要穿的衣服，家庭娱乐活动，要玩的游戏，电视节目，或其他学生曾经做过决策的场景。

过程：

1. 每个小组分配一个类别。告诉学生，要制定一个标准列表，以便挑选出该类别里的最佳选项。你可以先用没有分配给学生的类别做一下示范。然后让每个小组列出三到五条标准，用来选择类别中的最佳者。如果可能，每个小组指定一名学生记录标准列表。如果需要，可以轮流补充、协助记录。

2. 告诉学生，要用自己制定的标准来评估选择。用你在步骤1中示范制定标准所采用过的类别和三幅图片来演示评估过程。然后把学生小组的类别的图片发给他们。让学生根据标准列表评估每幅图片。每幅图片都符合哪些标准？根据标准列表判断，哪幅图片可以作为小组的最佳选择？

3. 让小组依次分享他们负责的类别、制定的标准和从给定图片中选择的"最佳"项。让全班考虑还有没有其他符合或不符合该类别标准的选择。鼓励学生参考小组制定的标准来判断他们的决定是否合理。

尾声：

比如说："人们每天都要做很多决定。做决定的时候，思考如何做出最佳选择或决定非常重要。制作标准列表对我们在不同的选项中做出决定有很好的帮助。"

第3课：搭建桥梁，从家庭的例子转移到学校的例子

在本堂课中，学生制定决策标准的背景从家庭转移到学校，并从学生熟悉的学校行为着手。下面介绍的例子中，学生以小组为单位来制定小组作业的标准。

重点理解：

清晰的标准帮助我们决定在学校做些什么。

素材：

给每个小组一份写有"看起来是"/"听起来是"的T图表，并给整个班级也留一份。

过程：

1. 比如说："因为你知道什么样的选择会带来好结果，所以你很擅长作选择。现在我们将以小组工作的形式在学校进行这种思考。我们要考虑的是小组做得好的时候看起来是什么样的或者听起来是什么样的"。

2. 将学生分为三到四人小组。让他们讨论当一组学生合作得比较好时,他们的表现看起来是什么样的。观察这组学生的人会看到什么呢?你可能需要用一个例子来启发学生思考,或者先组织全体学生讨论出一个或两个描述词汇,然后再分小组继续提出三到五个看上去是表示合作好的词或短语,并记在小组的T图表上。如果需要,学生可以轮流记录或者协助记录。

3. 让学生参与小组讨论,合作得好的学生小组听上去是什么样的。当一个人去倾听小组讨论时,他会听到什么?让小组提出三到五个听上去是表示合作好的词或短语,并记在小组的T图表上。如果需要,轮流记录或协助记录。

4. 等所有小组都列完列表,制定一个班级T图表,标题为"小组合作的标准",记录下有多个小组均提到的标准。强化一个观念:他们列在表格里的都是标准——质量的指标。让学生分享他们认为哪些最重要以及为什么。由全班投票,从每个列表("看起来像"/"听起来像")中选出3—5个可以作为本学年的评判标准,用来评价小组合作的效率。

尾声:

比如说:"在学校里,我们用标准来了解我们期望的行为或功课是什么样子。我们整个一年都将用到标准,这样你们就可以明确在课堂上应该怎样做,应该怎样做作业。作为学生,你有责任让自己确实明白做的作业要达到什么样的标准。在你并不确定自己应该做什么时,你可以问我,我会向你解释标准是什么。"

延伸:

学生可以按照这个过程为任何期望的行为制定质量标准,比如在过道行走,排队买午餐,或者做准备回家。你可以示范一些好的行为或者不够好的行为来帮助他们思考。你可能想公开列表,让学生在有过特别成功或棘手的体验后进行补充。当你对这个列表比较满意时,就可以告诉学生,他们可以使用这个列表来了解自己哪里做得好,哪里还需要改进。

第4课:介绍既有标准

在本课中,学生可以将他们制定标准的技能应用于学业学习目标,这类学习目标主要用评分指导或描述不同熟练阶段的发展序列来测量。以"口头报告"为学习目标的示例。

重点理解:

对标准的提前了解可以让我们做得更好。

素材:

● 图表纸

● 要提前准备你的报告或演讲

过程:

1. 比如说,"今天我们考虑的是作报告的标准。你们都见过别人做报告。当报告做得确实棒时听上去像什么样呢"?把"口头报告的标准"(或者任何其他描述口头报告这一学习目标的表述)作为图表的标题。把学生所说的记录下来。

2. 比如说,"我要做一个简短的报告,然后我们要把一开始没有想到的标准添加到列表里。所以,要注意观察我,听我讲,并琢磨我什么地方做得好"。做一个简短的口头报告,示范你要教的一些特征,比如眼神交流、声音大小和口齿。请学生将这些特征添加到列表上。

在这个学习目标的案例中,你还可以模仿一些不怎么样的特征,比如背向观众,用书挡住脸,还有喃喃自语。(你这样做是为了扮演一个报告新手。你采用这种方式时,要确保学生不会认为你是在跟他们开玩笑。)你可以问:"我刚才是怎么做的?"让他们回答。再问:"如果我想做得更好,应该怎么做?"将学生回答添加到列表上。

3. 当你的学生提交的列表至少包含几项你想让他们了解的标准时,请告诉他们:"这份列表做得很好。你们所提到的一些内容与专家所说的一致。你们想看一下专家的列表吗?"分享"专家"列表——你评分指导上的标准列表,也是你想要教学生掌握的。这份列表可以用他们理解的术语,也可以用他们需要学习后才能理解的术语。

4. 每展示一条标准,就问学生是否与他们列表上的内容相似。把相似的内容标记出来。(当你帮助学生培养口头汇报技巧时,他们提出的任何无关想法都会帮你了解他们可能产生的错误想法。)当你完成的时候,一定要确认,已经通过检查学生自己的列表和"专家"列表中的相似之处,来展示他们对标准已经懂得了多少。

尾声:

分发一份适合你学生阅读和理解的评价量规或列表。告诉他们,所有人都要使用这份"专家"标准列表来帮助自己完成练习并成为作报告的专家。

与学生合作制定标准

许多老师发现与班级一起制定标准对教学非常有效。要执行的方案与向学生介绍标准的方案相似。

- 问学生质量由哪些因素构成并记录他们的回答。这一步,需确保学生关注的是学习目标,而不仅仅是活动。例如,如果他们想制作海报来描述食物网络中的相互关系,引导他们把注意力放在信息的准确性和完整性上,而不是使用了几种颜色、整洁程度,或者其他与学习内容无关的海报特征。如果你还想教授如何形象地、高效地展示信息,那么它本身就可以作为一个学习目标,需要另外专门制定相应的标准。
- 分享一些与该学习目标相关的特别好或特别差的例子。让学生对样品进行讨论并补充列表。
- 把学生集思广益的列表汇总。寻找相似的模式和特点。同时你自己也要记住质量标准,因为你需要查看他们有没有遗漏成功实现学习目标所需的重要特征。
- 如果学生遗漏了重要特征,你可以选择一到两个凸显遗漏特征的例子和他们分享,引导他们意识到这些特征。或者你可以让学生指导你要把他们的想法与专家的想法合并从而制定出评价量规。
- 根据本章大纲的要求之一,将特征列表转化为准确描述质量水平的评价量规,然后与学生分享评价量规。

何时分享学习目标

介绍目标的时间点可以不同。有时,你可以把它作为一堂课或一个单元(或者你要教授的任何内容"模块")的预期设定:"今天我们要学习如何写假设。"其他情况下,比如评价量规中会包含质量的元素时,你可以几天或几周以后再来解释目标。

另一点需要注意的是,或许你已经制定了一项在课程期间揭示学习目标的活动,比如学生要进入发现学习,即通过开展一系列结构化的探索活动来培养对有意学习的理解。这种情况下,你可能不想提前公布学习目标。只要确保学生在持续进行独立练习之前,以及准备终结性评价之前,他们能够描述出有意学习就可以了。

无论你怎样组织教学,你都需要确保在学习过程中安排合适的时间点,让学生知道他们的目标是什么:"我们要学习_____"或者"我要练习去做_____",并且在学生进行终结性评价——让学生展示他们的所学、最后得到成绩之前,他们必须能够讲清楚有意学习:"这次评价,我是用_____来证明我的理解(或能力,或熟练)水平。"

监控学生的有意学习的意识

定期检查学生是否能够讲清楚学习目标。这与检查他们对学习目标的掌握程度是不一样的。此时,你要确定的就是所有学生是否都知道他们要学习什么。你可以在他们执行任务时在房间里走动,问:"我们为什么要做这个活动?"你也许会听到任务完成型目标的回答,比如"得到成绩","解决所有问题",或"这样我们可以早点离开"。或者你可以听到一些评论性回答,比如"能够学会更好地选择词语,这样可以在读者脑海中画一幅画"或"了解物理变化和化学变化之间的差异"。如果你听到的是前者,就用这个问题来重新引导学生:"我们正在学习什么?"如果他们回答不出来,那说明他们还不太清楚学习目标,让他们继续做后面的作业可能并不会对学习有帮助。

要为学生理解有意学习开启一扇窗口,策略就是让学生完成"出关条",这是学生结束一堂课或一段课时当作出关门票来用的便签。出关条作为一种圆满完成课程的方式,已经使用了很多年。为了使出关条聚焦到学习目标上,你可以让学生把他们认为要在课堂上学习什么记录下来(Harlen, 2007),或回答这个问题:"我们今天为什么要做_____(活动)?"紧接着让学生快速评价他们在哪儿。

还可以在一堂课结束时检查学生对学习目标的掌握程度。思路是把学习目标改写为学生在这堂课结束时能够回答的问题。("你如何找到两个分数的最小公分母?""什么是勾股定理,它的用处是什么?")让学生在下课离开教室前在出关条上写下他们的回答(William & Lee, 2001)。然后你可以阅读出关条,找出学生的误解并对下节课的计划作相应调整。

中学老师 Laura Grayson 运用"思考、配对、分享"和"一分耕耘、一分收获"这两种合作型学习策略,帮助学生检查自己对正在学习的概念和学习目标的理解(图 2.17)。

策略 2:用好作业和差作业作为样板和范例

州立共同核心标准的特征之一就是,所有学科都强调要教会学生表达自己的观点,为自己的推理辩护,评论他人的推理。策略 2 通过让学生慎重地选择评价项目和范例,来练习对准确性或质量水平做判断,从而增强了学生评判方面的思维。其目标就是帮助学生在进行针对学习目标的拓展训练之前,获得与你对准确性或质量相近的理解。这一策略有几种不同的用途,如何使用取决于你正在教授的学习目标类型和你要采用的评价方法。

"优秀作业的特征应该是显而易见的,这样学生就可以学着用老师的方式对他们的作业进行评价。"

Frederiksen 和 Collins,1989,转摘自 Shepard,2001,p. 1092

图 2.17

来自课堂

策略 #1:一分耕耘、一分收获

我们要做什么

为了帮助学生检查他们对当前学习的理解,我经常使用两种合作型学习策略:"思考、配对、分享"和"得到一个、给予一个"。使用"思考、配对、分享"策略时,学生有 1 至 2 分钟时间自己加工信息,然后与自己的邻桌分享想法。当整个班级分享想法时,我会让学生介绍邻桌的想法。这个活动可以帮助学生培养加工个人想法的能力,主动听取同伴想法的能力和将自己听到的内容进行概括和分享的能力。运用"一分耕耘、一分收获"这种方法,学生可以把他们对讨论、阅读和学习内容的想法写在索引卡上,然后组建一个小组,每个人都要分享一条自己的想法——"给予一个"。没有想到这个想法的组员可以把它加到自己的列表上,从而"得到一个"。

学生练习过这些策略之后,我把这些策略应用到所有学业领域,让学生把注意力集中到学习上。这两种策略不需要事先铺垫,因此便于在任何可教授的时刻或学生明显需要时间来加工信息的时候使用。有时,我收集得到一个、给予一个索引卡片作为"出关条"。索引卡片还可以作为自制的学习指南让学生带回家。

对学习的影响

一旦学生开始习惯用这两种策略来加工信息,就会经常在学习中用到它们。这两种策略可以帮学生将他们自己的想法与同龄人的作比较,加深对自己的学习行为和想法的理解。在接下来的课堂讨论中,我发现了他们思想发生改变和成长的证据。当学生能够独立完成一张出关条、一份书面作业或终结性评价时,这种影响就会出现,此时他们能够解释自己的想法。

我的学生怎么说

我听到过学生这样说:"我从来没有那样思考过,感谢你的分享。""得到一个、给予一个帮我为即将到来的考试做复习和准备。"他们会描述一些细节,比如"我原来认为这_____,在与_____谈过之后,我意识到可以把那个添加到我自己的理解中"。

来源:Used with permission from Laura Grayson, middle school teacher, Kirkwood School District:Kirkwood, MO. Unpublished classroom materials.

选择题的好作业和差作业范例

正如本章前面所述，对大多数知识学习目标和部分推理学习目标来说，选择题在形成性评价（用于诊断和训练）和终结性评价（用于给分或等级）上都能发挥作用。一个设计良好的多项选择题，错误答案，即干扰项，可以显示出典型的错误概念、片面理解，或错误推理。换言之，对于任何给定的知识或推理学习目标，均可以找到不同途径来制造错误，质量好的多项选择题通常把典型的错误答案纳入选项。有一种简单的方法可以挑选多项选择题来做好和差的例子，就是让学生两人一组，请他们找出错误选项并解释为什么认为该选项是错的。正确选项也可以这么做，但学生往往觉得错误选项更为有趣。他们通过找出错误选项学到的不亚于找正确选项，甚至更多。（见第5章对制定干扰项的讨论和第6章有关使用选择题的教学深思。）

> "那是一个5。我不知道它是啥意思。我的作业得到过几次。我想这是成绩之类的东西。"
> Harlen, 2007, p.126

书面作答题的好作业和差作业范例

如果你所教的是中学，那么你可能经常用书面作答题评价概念理解和推理。同样也会有一些途径来预计偏离既定学习目标的解答。可以让学生在掌握学习目标的过程中检查这些错误，这对教授学习目标非常有帮助。

评价量规的好作业和差作业范例

采用评价量规评价推理、技能或产品目标时，你可以用各种作业样品来展示不同的质量水平，教学生辨别完成得好的作业是什么样子，有瑕疵的作业又是什么样子。这种"前工作（prework）"思维可以帮助学生避免出现刚开始学习时容易犯的典型问题，让他们的作业在一开始就达到较高的质量水平，具备一定的基础理解你给予的反馈。此外，学生对好作业和差作业进行甄别，也是给同伴提供反馈和自我评价的指导实践。（见图2.18，使用差作业范例的基本原理。）

图2.18

常见问题解答：使用差作业是好办法吗？

分享差作业可能会使学生困惑，还可能导致他们上交相同的作业。这种担心也是合理的。可以通过以下几种方式分析作业样品，避免潜在问题的出现：

1. 你选择的样品包含学生们出现过的典型问题；
2. 当学生阅读评价量规时，他们能注意到评价量规描述了不同种类的质量，而不仅仅是最高水平。你应该指出，他们要评判的作业样品能够展示各种质量水平；
3. 根据评价量规上所列的指标，学生自己判断一个例子是好还是差，然后小组讨论他们的判断，这样做，可以增强他们对作业质量特征的意识。

作业抽样

用表现评价落实策略2,可以先着手搜寻(或创作)匿名的好作业,以及你希望学生在一开始就能注意并订正的问题作业。这会帮助学生同时关注到你想要他们表现出来的优势和存在的典型问题。不能用该班级学生的作业,并且所使用的作业需要匿名(图2.19)。

匿名

向学生提供范例来练习评价时,只能使用非本班同学完成的匿名作业。如果让学生用在场学生的作业来做练习,即使没有人知道这是谁的作业,也是有风险的。

图2.19

收集匿名样品

- 到州或省的网站上寻找带有注释的样品。
- 用学生作业作为教学示例需要事先征得他们的同意,然后放至第二年,与其他老师交换使用,或在其他班级使用(作业是学生所有,因此你在使用或与其他老师交换之前应确保征得学生的许可)。
- 自己创作范例,加入学生会犯的典型错误。

记住,这还不是一种向同伴提供反馈的练习,而是能够对自己和他人的优势和弱势做出准确评价的练习。

教学生评价匿名样品

学生需要进行评价性思考才能内化评价量规的概念,为了使内化的概率最大,可以用一个引导学生讨论你收集的匿名样品的方案。如果采用的是分析性评价量规,你可以每次关注一条标准。你可以考虑学生们首先需要知道什么,以此确定首先关注哪一条标准。例如,对于数学问题解决的评价量规,你可以先关注问题解决特征,再关注数学交流特征。因为如果学生没有先学会如何选择恰当的策略并用来完成任务,他们要交流的内容就不可能丰富。

接下来,根据评价量规选择一个或者更多可以分别归于优秀、差劲和中等等级的样品。如果采用的是分析性评价量规,那么每条标准的不同等级均要挑选一个样品。同一个样品可以用于多条标准——有时在同一等级内,有时在不同标准下的不同等级内——一定要用几个词对每条标准的每种范围进行简要标注,解释为什么把样品这样归类。该方案刚开始时使用优秀等级和不好等级的样品。如果学生完成了练习并开始理解他们需要作的思考类型(评估推理),那么你可以采用一些中间等级的样品。提前准备好样品,放映在屏幕上或分发给每位学生,确保每个人都能够看清楚。

简单地开始

前几次学生尚在学习方案,所以要选择相对不那么复杂的例子。

按照下面这个使用五点评价量规的方案,用优秀作业样品开展教学:

1. 展示或分发样品。如果需要，可以大声朗读。不过多数情况下，大声朗读既没有用也不可行。比如，对于像科学地准确地展示数据、数学的问题解决或写作的惯用表达这些学习目标，大声朗读并没有什么用。对于不需要写出来的产品学习目标，比如展示绘画中透视的使用和所有的表现类任务（比如演奏乐器或篮球运球），大声朗读显然不可行。在一些案例中，比如数学问题解决，学生需要先执行任务，再浏览要评估的样品。

2. 让学生独立进行下列思考过程：

- 阅读评价量规。（所有学生读完评价量规之后才展示或分发样品。）
- 阅读样品并判断该样品就我们关注的标准而言是优秀还是不好的。在心里做分类：优秀或不好。
- 如果你认为样品是优秀的，就请阅读水平 5 的评价量规。如果该样品符合第 5 水平的描述，那么就给他 5 分（或者评价量规中的最高水平得分）。
- 如果你认为样品可能不那么优秀，就请阅读水平 3 的评价量规。（如果使用的是四级水平的评价量规，就阅读次一级水平的评价量规。）如果样品完全符合第 3 水平的描述，就给样品 3 分（或者四级水平的评价量规中的次高分）。
- 如果你认为该样品具有一些符合水平 5 的优点和一些符合水平 3 的缺点，把两种水平中适用该样品的评语标记出来，并给样品 4 分。（在四级水平的评价量规中，如果该样品展示了来自相邻水平的混合特征，可以使用一半分数或者一半的水平数。）
- 如果你认为该样品差，就请阅读水平 1 的评价量规。如果该样品符合水平 1 中的描述，就给它 1 分（或者评价量规中最低水平的标签）。
- 如果你认为该样品不是那么差劲，阅读水平 3 的评价量规。（四级水平评价量规，学生应阅读次低水平的评价量规。）如果样品完全符合水平 3 的描述，就给它 3 分（或者评价量规中的次低水平）。

如果样品具有水平 1 所述的一些缺点，也有一些符合水平 3 的优点，把两种水平中适用该样品的评语标记出来，并给该样品 2 分（同样地，对于四级水平的评价量规，如果该样品可以展示相邻水平准则的混合特征，那么应该使用 0.5 分，如果使用的不是分数，那就是 0.5 水平）。（见图 2.21 对评价量规不同水平数的解释。）

3. 学生全部练习过独立打分之后，让他们以小组为单位用评价量规的语言对自己的判断结果及原因进行讨论。评价量规的语言和概念的运用对于该活动的有效性至关重要，能够加深对评价量规的理解。当学生进行讨论时，教师在教室里巡视，督促学生使用评价量规语言和概念来支持他们的判断。

4. 接下来，让全班同学一起投票。记录他们的选择：多少人给 1 分？2 分？3 分？4 分？5 分？然后，请同学自愿分享自己的评分及原因。听他们对评价量规语言的使用。不要担心学生的观点会有分歧，这项活动的目的主要是鼓励学生互相交流。此时你要限制自己表达观点，只针对他们在评分时对评价量规概念的使用作评价："很好地使用了评价量规语言来判分。"如果有学生评分的理由在评价量规之外，你可以说："你能在评价量规中找到对应的描述来支持你的分数吗？"或者"你意识到了符合其他特质的特点，我们后面会讲到。"

5. 你可以分享你想给的分数（如果你使用的样品已经有其他人评定的等级和注解，你可以直接采用），不过，与其进行冗长的解释，不如让他们在另一个样品上重复评分过程。这次提供的样品可以比前一个差很多，这样学生可以探索并内化不同质量水平的实际表现。

6. 重复上一过程，直到学生熟悉评分量规的语言和概念。等学生能够熟练区分优秀作业和差作业后，开始使用中等水平的样品。

学生参与过几次活动之后，你可以让小组承担更多的责任。图 2.20 展示了一个小组方案——你可以给学生一些指导，每组安排一名学生担任讨论的主持人，这也是你在他们学习如何评分时曾担任的角色。如果学生轮流担任小组的主持人，那么每个学生都有机会听到评价量规语言在评分中的运用。

图 2.20

分析作业样品的小组方案

学生们以小组为单位，按照方案体验根据评分量规的标准分析样品的整个过程。大家轮流担任主持人。

1. 每个人都按照以下顺序阅读_____（具体标准）：最高水平、最低水平，然后是中间水平。
2. 主持人大声阅读样品或者向其他同学展示样品。
3. 在听或看样品时，其他人都思考："按照_____（具体标准），该样品是优秀还是差？"
4. 每个人（包括主持人在内）默默地独立阅读评价量规中对应自己判断"好"或"差"的高水平或低水平标准。如果高水平或低水平标准不能较好地描述样品，再阅读中等水平（或是向中等过渡的水平）标准，直到你找出能够准确描述样品质量的短语。每个人都要记下自己的评分。
5. 一切准备就绪时，主持人实行投票并记录评分。
6. 主持人组织讨论——"你给的评分是多少，为什么？"——鼓励使用评分量规的语言和概念。

运用课堂作业示范好作业和差作业

如果你能够营造这样一种课堂环境，即学生在课堂上把犯错误视为学习过程中自然发生的事情，也许你就可用他们自己的作业当教学范例。请一些自愿的同学处理家庭作业出现的问题，和大家分享回答的问题或文章的草稿，或者回顾做过的但还没有完全掌握的作业，对于这些自愿的同学和其他同学来说都是深刻的教学体验。然而，注意保持秩序。即使是在支持度较高的学习环境中，在同龄人的众目睽睽之下展示自己的错误也会令学生感到不舒服。因此，只能使用自愿者的作业并且要认真考虑你该怎样回应他们所作的分享和展示。自愿者为全班同学提供了从他/她的思考中学习的机会。老师要帮助同学们认识到,我们既可以从彼此的优点中学习,也可以从彼此的错误中学习。有一个将这种策略使用得非常好的例子。请观看来自教育频道的视频"我最喜欢的数字",它展示了一位八年级老师如何挑选学生作业的错误来教学。(http://www.teachingchannel.org/videos/class-warm-up-routine)

图 2.21

> **常见问题解答:一个评价量规应该制定几种水平?**
>
> 评价量规到底有几种水平取决于被评价的学习目标和评价量规提供信息的用途。尽管你看到的评价量规的平均水平数比较固定(通常是 4 个),但是奇数水平(3 个或 5 个)在形成性应用中比较有效。
>
> 有一些比较简单的学习目标在熟练程度上的确只能分三种水平,因此如果评价量规的目的只是准确地描述熟练程度,那么无论是用于形成性评价还是用于终结性评价,分 3 种水平都是有效的。其他情况的学习目标一般分为 5 种水平。
>
> 任何评价量规,如果在同一类别中有几个不同指标,采用五点评分会更准确。原因如下。在典型的五点评价量规上,只有三个水平是有定义的——水平 5、水平 3 和水平 1。我们经常会遇到这样的情况,学生的表现符合水平 5 的一些指标和水平 3 的一些指标,或者分别符合水平 3 和水平 1 的一些指标。当一种表现落在两种计分之间,你可以从有定义的每个水平中标出与之相符合的描述,然后给它一个折中的分数,如 4 或 2。
>
> 用这种方法,你所给水平分的描述符就能够准确地刻画学生作业的优点和不足。评价量规如果无法准确地描述作业的优点和问题,就不能有效地制定下一步的教学计划,为学生提供反馈,或引导学生自我评价。

来源:Arter, Judith A.; *Chappuis, Jan, Creating and Recognizing Quality Rubrics*, 1st Ed., © 2006. Reproduced by permission of Pearson Education, Inc., Upper Saddle River, NJ.

策略1和策略2的应用示例

下面记录的是一堂示范教学课的场景,作为如何以亲学生型的推理学习目标为课程基础的例子。例中,老师正在向四年级学生介绍阅读学习目标:"基于所读内容进行推理。"当你阅读该方案时,找出介绍推理定义的策略1和使用好作业和差作业范例的策略2。

推理的场景

老师:你们有谁曾经在打开包裹前就知道自己会得到什么礼物吗?(有人举手。)那是什么呢?LUKE?

LUKE:是篮球。

老师:你是怎么知道是篮球的?标签上写着"送给Luke——篮球"吗?

LUKE:不。我知道是因为我曾经表示想要,并且它是圆的,有弹性的。

老师：所以你根据这些线索做出了猜测。

LUKE：是的。

老师：你呢，Sarah？

SARAH：自行车。

老师：你的线索是什么？

SARAH：我妈妈说是一匹小马，但是我知道是一辆自行车。

老师：你怎么知道不是小马？

SARAH：它太瘦了。

(然后老师询问其他例子"你得到了什么礼物"、"你是怎么知道的"，反复强调学生基于线索做出了正确猜测的观念。)

老师：你们都做过猜测，并且因为你们有线索，所以你们猜对了。当我们根据线索作猜测时，可以称之为推理。

(她把单词推理及其定义——基于线索的猜测，写在一张纸上)让我们一起多练习几次推理。(她走向一位穿着松绿色毛衣的学生)我推断 Maria 最喜欢的颜色是松绿色。

老师：Maria，你最喜欢的颜色是松绿色吗？

MARIA：哦，不是。

老师：怎么回事呢？我做了猜测，并且是根据线索作出的。哪里出错了？

学生1：你的线索不够。

学生2：她仅仅是今天穿了松绿色毛衣，并不意味着她喜欢这个颜色。

学生3：Maria 很少穿松绿色颜色的衣服。

老师：为了使她最喜欢的颜色是松绿色这一推断可信，我必须看到什么线索呢？

学生1：她所有的铅笔都是松绿色的。

学生2：她柜子上的镜子是松绿色的。

学生3：她每天得穿松绿色的衣服。

老师：所以要得到可靠的推断，仅凭一条线索是不够的。我可能需要三到四个线索。

JAMAL：好吧，如果她每天都穿松绿色，这是一条线索，但是它天天重复出现。

老师：那我们可以称之为重复性线索吗？一个推论，如果想要令人信服，需要基于足够的线索——一个以上证据或同一证据重复出现？

JAMAL：是的。

老师：我们称之为第3水平的推理(在推理的定义下面，她写上：3 = 以足够线索为基础的猜测)。现在，想一想 Maria 最喜欢的颜色是松绿色这个猜测。我们称之为第2水平的推理。我们怎么给它下定义？它是猜测,但是它的问题出在哪里？

JAMAL：没有足够的线索。

(老师写2＝猜测,但没有足够的线索。)

老师：好的。现在如果我猜测Jerome最喜欢的颜色是橙色,你们会把它称为什么？是推理吗？应该是猜测,难道不是吗？(Jerome没有穿戴任何橙色的东西。)

学生：是猜测,但是你没有任何证据。

老师：那这属于什么样的推理？

学生：糟糕的推理。

老师：所以,我们把糟糕的推理称作无效猜测,因为它没有线索依据。我们称之为第1水平的推理。(老师写：1＝胡乱猜测——无线索。)

此例中,老师使用好作业和差作业的例子帮助学生搞清楚推理问题的高质量回答是怎样的,从而引导学生们建立简单的推理质量评分量规。图2.22展示了他们建立的评分量规,以及老师用来说明定义的海报。将这堂短课与告诉学生推测就是"体会言外之意"做一下对比。定义本身就需要通过推理来理解。

策略1和策略2的小学应用

小学老师Amy Meyer运用策略1和策略2来介绍一个写作项目的学习目标(图2.23)。

这是她对自己所做的以及对学生所产生的影响的介绍(个别交流,2008)：

在一堂微型课上,我一个一个地介绍写作目标。我提供了每种文章的例子和模型,因而学生可以看到我希望他们完成的作业是怎样的。作为一个团队,我们一起审查好作业和差作业的例子。学生非常明确他们要怎样完成写作项目。范例和具体目标的运用可以帮助学生更清楚地理解我的期望。相比以往学生在没有目标和范例活动中的表现,这次完成的作业要好得多。

策略1和策略2的中学应用

高中科学老师Stephanie Harmon与她的学生一起制定描述好作业和差作业的标准。学生用这些标准来评价匿名的作业样品,然后运用所学为同伴提供反馈并进行自我评价。图2.24解释了她做了什么以及对学生的影响。

图 2.22

| 简单推理的评价量规 | 举例 |

推理：基于线索的猜测
3 = 基于足够线索的猜测
2 = 猜测，但线索不够
1 = 胡乱猜测，没有线索

我们正在学习……
做出优秀的推理

我们在寻找……
基于线索的猜测

胡乱猜测
没有线索

第 2 章 我将去哪里？

图 2.23

| 我如何增强故事的可读性？ | 举例 |

- 我可以为故事搞一个计划，包括一位主要人物、一个问题和一个解决方法。
- 我可以大声地向参加写作的伙伴详谈或讲解我的故事，以找到不足。
- 我可以写一个醒目的开头来吸引读者的注意力。
- 我可以描述故事中的人物。我可以在故事里讲述人物的外表和性格特点。
- 我写的故事有清晰的开头、中间和结尾。
- 我可以描述人物遇到的问题并用细节来支撑他解决问题的过程。
- 我可以用生动的词汇和精彩的句子让读者感到故事有趣。

来源：Used with permission from Amy Meyer, Olentangy Local School District: Lewis Center, OH. Unpublished classroom materials.

图 2.24

| 来自课堂 |

策略#2：好/差范例的标准

我们做什么

上课初期，学生和我讨论有质量的作业是怎样的。我们分成小组，讨论是什么让优秀的作业优秀，糟糕的作业糟糕，并制定出标准。然后在整个班级里，我们根据各小组的讨论制定出好/差范例的公用标准。

继续上课，并用该标准来评价我们的作业，同时我们也可以对标准进行再评估，根据需要进行修改。我们让全班一起讨论匿名学生的作业样品是优秀的还是差的。我们强调讨论需要使用与标准有关的语言，这样讨论可以聚焦在作业质量上。

对学习的影响

这一环节属于学生。学生开始熟练地评价自己及同伴的作业样品。他们可以做出深刻的评论，并且他们作业的质量也提高了。他们使用课堂标准里描述好作业的语言，也就是我所说的"质量语言"。这在他们的评论反馈和自我评价中都显而易见。

我的学生说了什么

"我曾经习惯认为同伴评价是为了让我的朋友们对自己的作业感觉更好些。现在我知道评价并不是指我们对作业的感觉，而是作业是否满足了任务的要求，以及我们怎样互相帮助完成作业。观看其他人的作业有助于我改进自己的作业——不是因为我在抄袭，而是因为我必须更多地去思考怎样才能做好作业。使用好作业的标准并不意味着所有人的作业都会雷同，但是确实有某些特点是每个人都需要具有的。"——Brian M.，十一年级学生

来源：Used with permission from Stephanie Harmon, science teacher, Rockcastle County High School: Mt. Vernon, KY. Unpublished classroom materials.

结论

通过让学生在开始学习时就明确学习目标,我们树立起学生的信心并提高了他们最终掌握学习目标的概率。在策略1中,我们用学生可以理解的语言向他们提供有意学习的描述性陈述。在策略2中,我们让学生们评估不同质量的作业范例,帮助他们识别"好作业"和"尚需修改的作业"之间的差别。必须采用策略1和策略2,才能使学生内化如何到达目标的愿景——驱使学生从练习到最终考试始终不断努力的愿景。如果你要从本书推荐的活动中挑选一个去践行,那么先挑选本章的活动是最有裨益的。

第2章的理解与应用

本章最后提供的活动旨在帮助你掌握本章的学习目标并将这些理念应用到你的课堂中。设计的这些活动是为了加深你对本章内容的理解,为合作学习提供讨论的主题,并指引本章所授内容的实践。每个活动所用的表格和材料都以可编辑的微软文档格式储存在第2章的DVD文件中。活动需要的每一张表格都列在活动指导后面并用 ⊙ 做标记。

第2章的学习目标

1. 与学生分享不同类型的学习策略,使他们建立清晰的有意学习愿景;
   - 将学习目标转化为亲学生的语言
   - 鉴别适用于形成性使用的评价量规
   - 将评价量规转化为亲学生的语言
   - 向学生介绍评价量规所代表的质量观
2. 监控学生有意学习的意识;
3. 有效地使用好作业和差作业范例,加深概念性理解,澄清质量的标准。

第2章活动

讨论问题(全部学习目标)

活动2.1 坚持写反思日志(全部学习目标)

活动2.2 明确学习目标(学习目标1)

活动2.3 分享学习目标(学习目标1)

活动2.4 把学习目标转化成亲学生型语言(学习目标1)

活动2.5 修订形成性使用的评价量规(学习目标1)

活动2.6 制定亲学生型评价量规

活动2.7 选择应用策略1(学习目标1)

> 活动 2.8　监控学生有意学习的意识(学习目标 2)
> 活动 2.9　收集学生的作业样品(学习目标 3)
> 活动 2.10　采用小组方案,练习分析作业样品(学习目标 3)
> 活动 2.11　选择应用策略 2(学习目标 3)
> 活动 2.12　第 2 章记录袋条目的封面清单(全部学习目标)

第 2 章　讨论问题

通过活动对讨论的问题进行了深度探究。

阅读第 2 章之前需要讨论的问题

1. 你如何向学生传递一堂课、一个活动、一个任务、一个项目或一个单元的有意学习?通常在什么时候传递?(活动 2.3 和 2.7)

2. 你目前用什么方法检查学生对一堂课的有意学习的理解?(活动 2.8)

3. 你如何用示范和样例来教学生?你是怎么做的?对学生有什么帮助?(活动 2.10 或 2.11)

阅读第 2 章之后需讨论的问题

4. 你清楚字面上的学习目标吗?如果不清楚,需要做什么?与同事讨论?解构?请其他专家讲解?(活动 2.2)

5. 哪一条学习目标照原文也可以清晰地分享给学生?哪一条需要改写或转化成亲学生型语言?(活动 2.3 和 2.4)

6. 你使用的评价量规中,哪一条需要转化成亲学生型语言?(活动 2.5 和 2.6)

7. 你如何确定学生在任何时间都知道他们所努力的学习目标是什么?(活动 2.8)

8. 哪一条学习目标可以从策略 2 的活动中受益?你首先在哪里发现了好作业和差作业的例子?(活动 2.9 和 2.11)

9. 你怎样让你的学生参与到样品分析中来?你计划要投入多少时间?(活动 2.10)

10. 你在课堂上尝试过第 2 章的哪一种活动?它们效果如何?你感受到成功了吗?你可能会做什么调整?(活动 2.7,2.8,2.11 和 2.12)

> ### 活动 2.1
>
> **坚持写反思日志**
>
> 　　这是一个独立完成的活动。如果你完成了这个活动,还可以与你的学习小组讨论你记录的想法。
>
> 　　在阅读本章时,将你的想法、问题和所有你尝试做过的活动记录下来。

第 2 章活动 2.1 反思日志表

活动2.2

明确学习目标

　　这是一个独立完成的活动。如果你独立完成了活动,还可以与你的学习小组讨论活动的结果。

　　在阅读完标题为"前提:明确学习目标"部分之后,使用DVD中的表格列出既定单元或阶段的每个学习目标。然后反思每个学习目标:你清楚它的字面意思吗?你需要与同事讨论或者获取其他帮助来搞清楚该目标吗?

◎ 第2章活动2.2明确学习目标

活动2.3

分享学习目标

　　这是一个独立完成的活动。如果你独立完成了该活动,你还可以与你的学习小组讨论活动的结果。

　　在阅读完策略1部分之后,用DVD中的表格清晰列出每个既定单元或阶段的学习目标。然后对每个学习目标思考进行考问:我要照原文分享学习目标吗?需要改写为亲学生型语言吗?需要用亲学生型评价量规来定义目标吗?

◎ 第2章活动2.3分享学习目标

活动2.4

把学习目标转化成亲学生型语言

　　该活动需要与同伴或学习小组合作。

　　与同伴或学习小组合作,选择一个或更多的需要学生修改的学习目标。利用DVD中的表格,遵循本章介绍的程序,制定出亲学生型定义。

◎ 第2章活动2.4把学习目标转化成亲学生型语言

活动 2.5

修订形成性使用的评价量规

该活动需要与同伴或学习小组合作。

收集评分量规或你会在既定单元和阶段用到的量规。与同伴或学习小组合作,将每一个评价量规与"前提:恰当的评价量规"部分所描述的特征比较。评价量规如果要发挥形成性工具的作用,你需要利用 DVD 中的表格来检测有待调整的地方。然后修改评价量规,使它们从结构和内容上都能支持更高效的形成性评价。更多关于调整评价量规的指导,请参考 Chappuis 等人(2012)著作的第 7 章,评价量规的量规。

◎ 第 2 章活动 2.5 修订形成性使用的评价量规

活动 2.6

制定亲学生型评价量规

该活动需要与同伴或学习小组合作。

如果你找到或自创了适用于评价学习应用的量规,就请与你的同伴或学习小组合作,利用 DVD 中的表格,制定本章所介绍的亲学生型评价量规。

◎ 第 2 章活动 2.6 制定亲学生型评价量规

活动 2.7

选择应用策略 1

这是一个独立完成的活动。你如果独立完成了活动,你也可以与你的学习小组讨论活动的结果。

阅读完本章对策略 1 的诠释之后,请选择一种方式分享学习目标。在学生身上尝试之后,利用 DVD 中的表格对活动进行反思:你尝试了什么?结果发现了什么?如果有的话,你在这次经历的基础上已经采取或者将要采取什么样的措施/行动?如果你正在与学习小组合作,可以考虑跟他们分享你的反思。

◎ 第 2 章活动 2.7 选择应用策略 1

活动 2.8

监控学生有意学习的意识

　　这是一个独立完成的活动。如果你独立完成了活动,你也可以与你的学习小组讨论活动的结果。

　　在阅读标题为"监控学生有意学习的意识"部分和图 2.17 之后,选择一种策略,原封不动地按原文加以运用或者做调整,以便适用于你的教学情境。在学生身上尝试之后,利用 DVD 中的表格对活动进行反思:你尝试了什么?结果发现了什么?如果有的话,在这次经历的基础上,你已经采取或者将要采取什么样的行动?如果你正在与学习小组合作,可以考虑跟他们分享你的反思。

◎ 第 2 章活动 2.8 监控学生有意学习的意识

活动 2.9

收集学生的作业样品

　　阅读本章阐释策略 2 的部分后,与同伴或小组合作,收集一个或更多的能够展示评价量规所定义的优势和问题的匿名样品,并进行编号。需确定样品的优势和问题与评价量规的描述有直接的联系。如果你的样品涉及分析型评价量规(分别对两个或更多标准进行评价),找出该样品能够显示的标准。用 DVD 中的表格来记录你的选择。如果你把自己学生的作业也收录在内,切记把学生作业作为匿名教学案例使用需要获得学生的书面同意,且不能用于他们所在的班级。

◎ 第 2 章活动 2.9 收集学生作业样品

活动 2.10

采用小组方案,练习分析作业样品

　　此活动目的是让学习小组实践小组方案,即用小组方案评估匿名的学生作业样品。它还能帮助你的小组熟练地开展整个班级的活动。在所有组员都熟悉要采用的评分准则时,该活动可以发挥最佳作用。

　　1. 阅读本章阐释策略 2 的部分后,进行以下活动,练习运用图 2.20 中描述的小组方案:

- 选择两三份学生作业的样品并进行复印,发给学习小组成员,每人一份。

- 复印评分准则,小组成员每人一份。如果是分析性评价量规,选择一条标准。你只需要复印该标准。当然,复印整个的评价量规,也是有利于参考的办法,以备有人对样品在选定标准之外的其他特征有疑问。

自行调整:
- 组员可以提供样品,所有的样品都针对同一条评分准则。
- 不同组的组员可以提供针对不同评分准则的样品。

2. 以小组为单位,回顾本章标题为"教学生评价匿名样品"的部分。

3. 执行图2.20中描述的方案。每个作业样品都让不同的人担任主持人。你可以用DVD中的表格记录你的回答。

4. 与学生讨论你如何使用以班级为单位的和(或)以小组为单位的方案。如果你已经用过其中一种或两种方案,那么讨论你是怎么做的,以及你所察觉到的学生在理解质量特征上的变化,这正是采用方案的结果。

第2章活动2.10 采用小组方案,练习分析作业样品

活动2.11

选择应用策略2

这是一个独立完成的活动。如果你独立完成了活动,你也可以与你的学习小组讨论活动的结果。

阅读本章解释策略2的部分后,选择一种情况来运用好作业和差作业这一教学工具:选择题、书面题,或者评价量规。在和学生尝试之后,使用DVD中的表格对活动进行反思:你尝试了什么?结果发现了什么?如果有的话,你在这次经历的基础上,已经采取或者将要采取什么样的行动?如果你正在与学习小组合作,请考虑跟他们分享你的反思。

第2章活动2.11 选择应用策略2

活动2.12

第2章记录袋条目的封面清单

这是一个独立完成的活动。

本章的任何活动都可以作为项目添加到你个人成长记录袋的:选择你已经完成的

活动或你的作品,且活动或作品能够展示第 2 章学习目标描述的能力。如果你写了反思日志,你可能需要把第 2 章收录为记录袋的条目。DVD 中提供的记录袋条目的封面清单将促使你思考:你选择的每一个项目是如何反映出你对本章学习目标的学习?

◎ 活动 2.12 第 2 章记录袋条目的封面清单

第3章

我现在在哪儿？
有效反馈

策略 3
在学习进程中有规律地提供描述性反馈

> 形成性评价的确非同一般。它作为一种反馈，最值得我们关注的是其质量，而非其数量。基于对反馈质量的要求，我们认识到对反馈的理解不能局限于它的技术性结构（诸如准确性、广泛性和适宜性），还应该包括对学习者而言的可获得性、它的催化和教练（coaching）价值以及鼓舞信心和激发希望的能力。
>
> ——Sadler，1998，p. 84

运动员学习一项体育运动，在他们参加正式比赛之前会定期训练并获取反馈。教练的教学不是安排 20 场比赛，然后在运动员参加比赛的过程中指出他们的错误，而是安排尽可能多的练习，让运动员们先学会基础技能。在常规演练和训练赛中练习基础技能，及时反馈他们做得好或需要改进的地方。课堂中的有效反馈也是如此运作：其作用是帮助学生在练习中取得进步。

本章节的第一部分，我们将考察反馈的特点以及其在多大程度上影响课堂学习。第二部分，我们将深入研究提供反馈和简化这一过程的不同方法。第三部分，我们将着眼于如何让学生给同伴提供反馈以及依据同伴的反馈采取行动。

> **第 3 章学习目标**
>
> 在结束第 3 章的学习时，你会知道如何做以下事情：
> 1. 理解有效反馈的特点；
> 2. 有效率地提供有效反馈；
> 3. 选择适合学生年级和学习类型的反馈方法；
> 4. 让学生们为彼此提供有效反馈做好准备。

好反馈的作用

反馈的益处不止是对即时学习有影响,如果做得好,反馈还将对学生产生长期的影响:牢固的自我效能感——对自己的信念,相信只要付出足够的努力他们就能且必将成功——对不断努力的承诺。反馈得好还是差,对塑造学习态度以及学生作为学习者的自我认同直接有影响。反馈具有培养学生自我意识、责任感和自我调节的效力。我们提供的这种反馈可以改变课堂文化,使学生能像学习者一样思考和行动,而不是挖掘分数或完成作业的机器。

有效反馈鼓励学生像学习者一样思考和行动,从而引发深度学习。

注意

"既然反馈有这么多好处,那我们给更多的反馈吧。"实际上,事情并不是这么简单。策略3蕴含的不仅仅是提供反馈。给予反馈不会带来进步,基于反馈采取行动才能进步。学习好需要学生的自我意识和主动性。研究者Kluger和DeNisi(1996)对超过130个关于反馈的研究进行了分析,发现近三分之一的研究中,反馈使得随后的表现更差;三分之一的研究结果是反馈对随后的表现没有显著影响;只有三分之一的研究表明反馈带来了与之一致的进步。反馈会让成绩更好还是更差,关键在于反馈是让学生的注意力集中在自身还是在以学习为中心的任务上(Shepard, 2008, pp. 284 - 285)。

回顾在第一章讨论的目标导向研究,消极反馈引发自我卷入导向,积极反馈引发学习导向。正如Sadler(1998)提醒我们的,反馈的力量来自"催化和教练的价值以及鼓舞信心和激发希望的能力"(p.84)。换句话说,如果我们提供的反馈导致学生放弃,停止尝试,说明反馈让行为走错了方向。

有效反馈的特征

众多关于反馈的研究表明,有效反馈之间存在很多细微差别。但是经过元分析,它们之间的一些共同点显现出来,这里介绍其中的五个特征(图3.1)。首要特征是有效反馈将注意力导向有意学习,指出优点,以及为进步提供具体的指导信息。反馈要有效,则必须提供精确的指导,只有如此,学生的努力才能带来进步。如果反馈与学习之间没有直接联系,就不可能提供所需的指导。有效反馈的第二个特征也同样重要:在学习期间产生,且学生有时间据此行动的反馈是最有效的。还有三个特征能够促进反馈对学习产生积极影响:面对学生理解片面时,不要代替学生思考,提供的修改信息的数量要控制在学生能够行动的范围内,这样的

> "有效反馈是由与前进和如何前进有关的信息组成。"
> Hattie & Timperley, 2007, p.89

反馈是最有效的。

图 3.1

> **有效反馈的特征**
> 1. 将注意力导向有意学习,指出优点并为进步提供具体的指导信息。
> 2. 在学习期间,且尚有时间采取行动的时候提供反馈。
> 3. 重视片面理解问题。
> 4. 不代替学生思考。
> 5. 将修改信息的数量控制在学生能够行动的范围内。

1. 有效反馈将注意力导向有意学习

反馈通过关注学生已完成任务或所用方法的相关特征,从而将其注意力导向有意学习。它指出了学生做得好的地方(成功反馈)并为如何进步提供具体的指导信息(反馈下一步或干预反馈)。图 3.2 总结了成功反馈和下一步反馈的可选方法。

图 3.2

成功反馈和下一步反馈的可选方法

成功反馈的方法	肯定哪些是做对了。 描述作业呈现出的质量特征。 指出运用得当的策略或方法。
下一步反馈的方法	确定有待改正的部分。 描述尚需努力的质量特征。 指出策略或方法中存在的问题。 给予提醒。 提供具体建议。 提问。

成功反馈

学生有必要知道什么时候做得好,什么时候做得对。只要反馈与有意学习之间有准确且明确的连接,即使发现的是相对的成功("你的答案中做得最好的部分是……")也能起作用。这对成就水平低或任何一个尚在练习过程中的学生特别有帮助。成功反馈鉴别学生什么地方做得对,描述作业呈现出的质量特征,或指出运用得当的策略或步骤。例如:

- "你对平行线和垂线问题的解答都正确。"

- "你发现的信息对主题很重要并且回答了读者可能有的疑问。"
- "你画的表格的确有助于解决问题。"
- "我发现你在修改的时候注意到,要收集更多关于审查制度的信息才能继续修改。我认为这么做能加强你的论证。"
- "你铅笔打的记号与尺子的刻度对得很齐。"

用赞扬作为成功反馈

尽管很多学生喜欢得到赞扬,不少老师也想赞扬学生,但是,如果赞扬针对的不是作业或所用方法的特点,而是针对学习者的特征,那么赞扬作为提高成绩的激励及中介因素,其有效性将打折扣。一般而言,赞扬作为激励因素的效果不可预期,而且经常适得其反。

赞扬对学习可能带来消极影响,主要是因为它将学生的注意力从学习本身转移到老师对他们的看法上:"老师认为我聪明(或者不聪明)。老师喜欢我(或者不喜欢我)。"一些研究比较了自我导向(ego-oriented)反馈和学习导向(learning-oriented)反馈,发现所有个案中,学习导向反馈对成绩的影响作用均更强(Ames, 1992; Black & William, 1998a; Hattie & Timperley, 2007; Shepard, 2008)。赞扬过于频繁,并不能提供对强化学习和采取行动、改变学习有价值的信息。除此之外,学生的经历和自我概念使得他们对赞扬的反应大不相同。学习导向的反馈能更好地促进学生形成学习—目标导向,这种导向能够培养学生的信念——努力会带来成功,从而许下不断努力的承诺。

> "然而,强化学生的动机不是对自我能力概念的强化……强化动机意味着提高学生对努力的重视度,以及采取努力策略的承诺……"
> Ames, 1992, p.268

对智力进行赞扬会带来一些令人惊讶的消极结果。Blackwell, Trzesniewski 和 Dweck(2007)的研究对比了赞扬努力和赞扬智力对学习者毅力和成绩的影响。结果发现,赞扬努力("看你多么努力!")——学生将努力看作自己可控的变量,比赞扬智力("看你多么聪明!")——学生倾向于将智力看作个人无法改变的特质,前者对学习者毅力和成绩的益处更大。如果学生认为进步可由自己掌控,研究者称这些学生拥有**成长型思维**(growth mindset)。如果学生认为进步是能力发挥作用的结果,就称这些学生拥有**固化型思维**(fixed mindset)。Dweck(2007)这样解释:

> 对于[固化型思维的学生],错误会打击他们的自信心,因为他们把错误归因于缺乏能力,觉得自己无力改变。他们逃避挑战,因为挑战可能带来更多的错误并且让自己看起来不那么聪明。[他们]在信念上回避努力,因为努力工作意味着他们是笨蛋。[成长型思维的学生]认为智力是可塑的,可以通过教育和努力得以发展。他们认为学习高于一切。毕竟,如果你相信可以发展自己的智力技能,你想要做的仅此而已。因为错误来源于不够努力而不是能力,错误可以由更多的努力去补救。挑战给我们带来了学习的机会,是鼓舞人心的,而不是令人害怕的。(p.2)

学习评价 7 策略 支持学习的可行之道

> **赞扬与内在动机**
>
> 一个学生的努力水平是由其内在对成功的渴望所驱使,而不是对赞扬或高分等奖励的渴望。我们要注意不要削弱学生的内在动机——因为事情本身而或因为内驱力去做——以为奖励或赞扬等外在激励因素会强化内在动机。外在动机会降低学生去做起初由内在动机驱动的事情的渴望。我们可能会让学生依赖奖励,尽管本意是想促进学习,实际上却对学习有害。

本章的图 3.5 是对 Blackwell(2007)等人的研究总结。另一方面,对学生努力的认可能够通过帮助学生把所做努力与取得成功相联结,从而将他们的注意力带回到学业中:"这次比上次做得好,因为你……"当学生的努力并未带来成功时,用"指导订正"让持续努力取得满意结果的可能性最大化。你可以提供想法("设想一下……")、进一步学习的建议("阅读这个……")或信息("增加这个……")。

对努力的反馈应该诚恳,教师需要铭记在心的是,学生是唯一真正知道自己在任务中付出了多少努力的人。你或许应该用这样的措辞来认可学生付出的努力,例如"看得出你付出了很多努力,请告诉我你是怎么做的。"尽管认可努力和赞扬努力之间界限分明,但这里还是需要提一下:"你很努力。做得好!"这样的赞扬并不能激发和诱导学生去思考他做过哪些努力。

"我喜欢你这样做……"

很多人听过或使用过以这种句式开头的成功反馈,"我喜欢你这样做……",这种开头可能导致学生推断出取悦老师的关键是质量。如果你的学生反复提问:"这是你想要的吗?"可能他们已经内化了"质量等于取悦老师"这一规则。质量的确能够取悦我们,但是用得最好的反馈是提供帮助学生内化质量方面的信息,让他们学好。再者,以赞扬式的评语为开场白,这会降低随后的提供信息的影响。学生很可能只记住"我干得不错"或者"老师喜欢这样",不太会记住我们本想强化的质量特征。

当你思考自己在课堂上的做法时,用一些话贴标签式地赞扬学生要格外小心,例如"你很出色"。如果你要在与学生的对话中很自然地真实表达赞赏,那么将赞扬指向学生的功课以及其中值得赞扬的闪光点:"你数学的解答很棒,因为……"

下一步反馈

下一步反馈也称干预反馈,识别学生需要改进的地方,并提供足够的信息让学生了解接下来做什么。同样,连接有意学习目标的干预反馈最有效。下一步反馈可以做一件或者多件事情:确定有待改正的部分,描述尚需努力的质量特征,指出策略或方法中存在的问题。除此之外,它通过提醒、给出具体建议或用提问开启行动之旅,从而指出了进一步行动的方向。例如:

- "你在区分等腰三角形和不等边三角形上还有困难。请重新阅读第 102 页,然后再试试看。"
- "回忆一下,我们曾学过如何将带分数转换成假分数。在做减法前先试着把带分数转换成假分数。"

> 强调学习目标的评价总是比强调自尊的评价带来更多的学习收获。
>
> Ames, 1992; Buler, 1988; Hattie & Timperley, 2007

- "你还没完全理解第三段所述信息的意思。请试着划出原文中的关键观点,然后用自己的话描述。最后再来理解第三段。"
- "你画的图看来对你解决问题没有起到作用。尝试画一下韦恩图并在上面标注信息。"
- "试着把自己的观点转化成结构图,并检查是否有不足,这样会更有说服力。"
- "你得用铅笔做标记,这样他们才能与尺子上的刻度对齐,否则你画的线不会平行。"
- "这把尺子太短了,画不出你需要的线。试一试 12 英寸的尺子。"

请注意上面的例子中,给予学生的信息都能促使他们采取行动。我们不一定提供完整的解决方案,我们可以通过提问帮助学生思考要做些什么:

- "你还没有完全理解第三段所述信息的意思。你可以做些什么来弄清楚呢?"
- "你画的图看来对你解决问题没有起到作用。其他哪种图可能有用呢?"

如果学生没理解下一步反馈的内容,就会产生大量问题。例如,下列的修正性反馈缺少了什么?会对学生的努力产生什么影响?

- 再试一次
- 不完整
- 继续学习
- 需要更多的努力

在对有效反馈的综合研究中,Hattie 和 Timperley(2007)对危险的情况做了归纳:

> 如果学生不能将反馈与表现不佳的原因联系起来,就会对自我效能感和表现产生有害的影响。评价性反馈不清晰,就无法细致地澄清学生取得成就和成功的基础,或者可能加剧消极结果,产生不确定的自我意象,导致表现不佳(p. 95)。

如果学生不理解反馈或不知道据此如何采取行动,就会破坏他们的*自我效能感*——相信努力能够带来成功的信念——阻碍他们形成以努力策略为本的承诺。关键的问题是:"这个学生能够根据这个评语采取行动吗?"

图 3.3 提供了成功反馈和下一步反馈的诸多例子。这些评语直接与学习目标关联,也与学生已完成的作业或使用方法相关联,还指出了优点,并为下一步行动提供了具体指导。请注意每一个例子中使用的干预类型:提醒,建议,和(或)修正。这就是我们所说的反馈要具体化。

对于小学生,成功反馈和下一步反馈可以分别采取"做得好!"和"接下来!"这样的方式。例如:"我看到你已经……"(做得好)。"现在我们看看你……"(接下来)。图 3.4 是给年幼学生反馈的例子。

图 3.3

| 成功反馈和下一步反馈的评语 | 举例 |

社会研究：

比如，你的内容标准是"理解本地文化和移民文化对美国文化形成的影响"。你已经将这一标准转化成一系列"我可以"的句式，其中之一是"我可以描述英国定居者与法国、西班牙定居者的异同点"。当学生做达到这一目标的作业时，作业本身应该明确你需要他们去收集与每种文化有关的准确信息和重要细节，以及将信息精确地区分为相似与差异两类。

强调学习目标的反馈，通常与你要学生归纳的一个或多个特征有关："你提供的英国定居者的所有信息都是准确的。"或"请再次核查这些情况。"或者"你提供的关于英国定居者的信息并不符合所有英国定居者的情况"。

（建议＋修正）

科学：

假如，你的内容标准是"理解如何计划和实施科学研究"，为了澄清内容标准，你对包含科学探究需要建立一个好假设等内容的评价量规做了介绍。具体而言，就是陈述一个有理由支持的预测因果效应的强假设。

反馈可以用这样的语言来强调学习目标："你写的是一个假设，因为它预测了将会发生什么。你可以提供理由，解释为什么你认为会发生这些，从而改进假设。"

（成功＋建议）

数学：

假定，你的内容标准是"运用问题解决策略建构解决方案"，你已经介绍的评分量规的诸特征中包含数学问题解决。

你可以用这样的语言来提供反馈："你采用的策略能够解决一部分问题，但是对其他部分并不管用，这是你没有做对的原因所在。你可不可以用其他策略来处理剩下的这组人呢？"

（成功＋订正＋引出学生的建议）

建立对学习的前瞻性立场

通过运用成功和下一步这两个术语来描述反馈的类型，学生可以避免将反馈解读为积极或消极。即使我们经常听到人们把成功反馈称为积极的，也不要这样称呼它，因为这样会显得下一步反馈好像是消极的。孩子们关于对立面早就有认识，会不由自主地认为：如果一种反馈是积极的，那么另一种一定是消极的。因为"非成功"反馈关注学生下一步需要做什么，一旦学生认为这种反馈是消极的，就无法从中受益。例如，当你注意到学生正在用逗号来分开一个句子中的两种观点时，你的下一步反馈可以是"你试试看用分号"。这是对错误的前瞻性立场，在这种情况下，或许还可能是一种新的学习。下一步反馈的作用是提供信息——提醒、建议或修正——或提出问题，以便让学生付出进一步的努力，逼近成功。反馈的目的是激励不懈的努力，而不是阻碍努力。

请记住，不是每个反馈评语必须提到优点才有效，也不是所有的反馈都需要包括成功反馈和下一步反馈。你的评语没有必要显得言不由衷和刻板;你要自行判断,斟酌这个学生在他/她此时此刻的学习中需要什么。

此外,也没有规定反馈必须限定于评论具体的课程目标。如果学生正在练习课堂上所学的内容,评论紧扣上课重点的做法是明智的,因为这样学生能够充分利用机会来提高自己。但是,如果学生在准备期末的表现或作品,针对他们以前所学的概念或技能提供相关成功或修正意见,则更为合适。要相信你的专业判断。要注意,反馈不能过度关注与学习目标无关的琐事。

图3.4

| 对年幼学生的成功反馈和下一步反馈 | 举例 |

应该怎么给年幼学生提供反馈?这可以和指出书写的哪个字母"J"符合标准一样简单:"这个'J'写得好。你知道为什么说这个写得好吗?"或者你指出写得最好的"J",然后建议怎样写得更好:"这个'J'写得好,因为钩的方向正确。再写一个'J',看是否能写在线上。"

或者,你正在教学生如何在作文中描写细节。一年级学生描写的是"帐篷"(看附图)。强调学习目标的反馈可以是这样的:"请看这些细节!我敢说你已经检查到拉链是怎样工作的,因为你画的所有锯齿都朝一个角度。好作者会注意到细节,就像你这样。而差作者可能会忽视这些。"将这种描述性反馈与没有给出任何具体信息的赞扬反馈进行对比:"哇!这是一个多么棒的故事!"

或者,如果你想描述成功或指导下一步:"我们读过的故事有开头、中间和结尾。我看到你写的故事有开头和中间,与那些好作者做得一样。接下来,看你是否能写出(或画出)结尾。"这个反馈指明了学习目标,并采用了描述质量的语言("我们读过的故事有开头、中间和结尾");展示了学生做得好的地方("我看到你写的故事有开头和中间,与那些好作者做得一样");还为下一步提出建议,这些建议依然与学习目标有关("接下来,看你是否能写出或画出结尾")。

用等级作为对练习作业的反馈

用记号或等级作为练习作业的反馈,其问题在于无法传递学生理解和未理解的详细情况。等级不是真正的反馈,而是成就水平的终结性评价和判断。等级没有描述作业的质量。仅仅一个"C"级能够告诉学生他哪里做得好吗?能够告诉他在学习的哪些方面还需要继续努力吗?

为了帮助学生理解为什么等级在练习作业中不能起到作用,你可以按照下一做法开展课堂讨论:

- 分发半张草稿纸。让学生们在纸张顶部写下句子"对我来说,C 意味着_____",然后在横线上填写这个等级对于他们各自的意义,从而完成句子。这个任务只能花几分钟。
- 收集这些纸条然后隐去姓名,大声朗读学生完成的句子。
- 请学生们分享他们听到这些回答时的想法和疑问。
- 以学生的评论为跳板,询问当他们在练习自己不擅长的事情时,什么样的反馈是最有用的。
- 介绍你打算用什么方法来评价练习作业,同时介绍作业上交的要求。合适的话,也可以介绍如果不照此做的后果(不包括得低等级)。

人们或许以为在给练习作业打等级的同时配上评论,应该能够解决问题。然而研究表明,在学生们尚且处于学习中期时即评估等级,高成就和低成就学生都会产生问题(Black & William, 1998a)。在一个经常被引用的有趣研究中,Butler(1988)发现给练习作业指派标准等级(使用计算机画出的曲线,用来表示学生们的表现在班级的排名)阻碍了进一步学习,因为有标准等级,学生们忽略了评论。你自己的经验也应该能够证实,即使是练习作业,相较于老师给的评论,学生们会更关注记号或等级。当任务的目的是形成性的时——为了帮助学生提高——添加终结性的记号或等级是对反馈和学习机会的浪费。

以下建议可供选择:

- 在学生尚未按照反馈采取行动之前,请不要给练习作业评估等级或打记号。
- 用铅笔写下评估分数或等级,作为他们"可能的"成绩。告诉学生如果他们根据反馈采取行动,就可以涂改这个等级。如果他们未采取行动,那么这就是他们的等级,但由于他们的学习并没有结束,所以这不是他们的最终等级。最终等级用钢笔写在学生完成的作业上。你也可以用这种"铅笔或钢笔"法将形成性评价分数和终结性分数分别记在你的记录本上。
- 找到其他办法激励学生完成练习作业,同时提供机会,让他们可以提前来学校或放学后留下完成作业。

刚开始时,很多学生不会去做作业,除非你说作业是要给成绩的。请参看第 6 章标题为"过早评分"的部分,这部分提供了老师怎样运用聚焦学习的策略处理学习动机问题的例子。

图 3.5

研究简介
"智力的内隐理论预测整个青少年过渡期的成绩：纵向研究和干预"——Blackwell, Trzesniewski, & Dweck, 2007

假设：
那些认为智力具有可塑性(智力能够通过教育和努力得到发展)的青少年在面对挫折时会展示出坚韧性，他们的表现会比那些认为智力是固定特质(智力的水平在出生时就已确定)的青少年更好。

研究对象：
连续四年追踪市区初中每年升入七年级的学生(共 373 名)，从七年级到八年级两年时间的表现。这些学生被称为"中上水平学生"。

研究内容：
在七年级刚开始的时候组织学生回答问卷，题目诸如"你的智力是很基本的东西，本质上无法改变"或其他有关智力是否能改变的信念问题，从而鉴定出学生是智力渐变观(成长型思维)还是智力实体观(固化型思维)。他们还要回答一些问题，测量他们的学习目标、努力信念和对失败的反应(失败归因和随后采取的策略)。

学生数学的基线成就由他们在六年级春季参加的标准化数学成就测验决定。研究期间的成绩用七年级秋季、春季学期成绩和八年级秋季、春季学期成绩来测量。(本研究同一年级的所有学生所上的课程和授课老师都相同。)

研究发现：
在研究开始阶段，"成长型思维"和"固化型思维"学生的数学成绩相类似。在第一学期末，成长型思维学生的数学分数比固化型思维学生的高。两年内，两组学生数学成绩的差距拉大。我们发现成长型思维的学生比固化型思维的学生拥有更积极的动机和信念。成长型思维的特征包括重视的是学习而不是取得好成绩；相信只要越努力就会变得越好；面对诸如成绩不理想这样的挫折，会更加努力学习或尝试不同的策略。固化型思维的特征包括通过学习来评价人的聪明；认为努力学习是能力低下的表现；面对诸如成绩不理想这样的挫折，会减少学习，避免再次学习这个科目，考虑随后的任务作弊。

来源：Summarized from L. Blackwell, K. Trzesniewski, & C. Dweck, Implicit theories of intelligence predict achievement across an adolescent transition: A longitudinal study and an intervention. *Child Development* 78(1), 2007, pp. 246-263.

2. 学习期间的有效反馈

在我教学生涯的第一年，我打算张贴这样的标语："在这个房间可以犯错误。"(It's okay to make mistakes in this room.)当我写这句话时，纸上留给"房间"一词的空间已经没有了。我重新写，每次重写都让字母更紧凑一些。最后，我把第三个版本挂起来了，句子中末尾的字母被挤到了边上，这样做是因为能表达了句子的意图(图3.6)。

即使我们对学生说，"我们能够从错误中学习"，仍然很少有学生会把错误视为他们的朋友。一个紧张的高中新生说："我完蛋了，我在课堂上犯的所有错误都怪我自己。"我们应该怎样向学生表明，犯错误不仅没有关系，而且当它出现的时候，我们还应该表示欢迎，因为它提供的信息告诉我们下一步应该怎么做。

图 3.6

> **It's okay to make mistakes in this room.**

> "如果认识到评价是为了不断推进学习,而不仅仅为了衡量到现在为止已经学习了多少,那么评价应该在教学期间进行,而不可仅限于期终……"
>
> Shepard, 2001, p. 1086

如果在学习期间提供反馈,以便学生有机会改进学习,我们就能培养学生建立成长导向的思维模式。学生在得到反馈后,只有在评分之前有时间采取行动,反馈才能最大程度地提高成就。倘若把练习作业记上标记或等级,作业的错误则会让学生反感。比如,学生进行了课堂小测验,并不一定要用分数来评等级;小测验的妙处在于能为你和学生提供他们已经理解了什么以及哪里还需要改进的信息。你和学生可以记下这个分数,但是如果把它作为最终成就的依据,实际上就是对那些尚未掌握的学生的惩罚。如果希望小测验的结果能够促进学生的学习,更好的做法是引导学生检查小测验,并问自己:"这次测验告诉了我什么?我仍需要在哪些方面继续努力?"第四章提供的例子将告诉我们如何设计考试和课堂测验,帮助学生进行自我评价并为进一步的学习设立目标。图 3.7 是高中科学老师 Stephanie Harmon 介绍她如何想办法区分练习作业与终结性评价。

在学生展示他们的成就水平以获得分数或等级之前,如果给予学生反馈,并留出时间让学生们根据反馈采取行动,那么这样的反馈会鼓励学生将错误视为迈向优秀的自然而然的必经之路。如果我们没有给学生采取行动的时间,那么我们还浪费了提出反馈所花费的时间。这里的问题在于,"练习在哪里"这个问题的答案为我们指明了最恰当的反馈是什么样的。第 6 章着重介绍为学生提供多样化的练习机会。

图 3.7

来自课堂

区分练习作业与终结性评价

我用数字给终结性题目评定等级,给形成性题目的评价则是反馈而非数字等级。这么做的目的是给出的反馈,能够在终结性评价之前帮助学生进步。有一些练习作业,学生先对着答案自行评价作业,然后来问我问题。我每一周会安排好几次答疑,学生可以来寻求个别帮助。他们还可以把已经得到反馈的题目带来,以便把反馈中还不明白的地方搞清楚。

我会尽可能与家长沟通,这样他们可以了解课堂上发生了什么。我尽量不用过多的学校语言,但我想让他们理解他们读到的班级进步报告以及这份报告对学生的意义。

显然,反馈的具体性十分重要。我发现当我关注提供描述性反馈时,与十年前批作业时力求评分公平相比,现在在试卷评分占用的时间减少了。当我关注帮助学生理解作业的质量要求并努力达到时,对所有人来说,学习的进程都更有成效了。

来源:Used with permission from Stephanie Harmon, Rockcastle County High School; Mt. Vernon, KY.

3. 处理片面理解的有效反馈

反馈并非适合所有的教育干预。反馈在处理错误理解方面可能最有用，不过无法解决完全未理解的情况。例如，请看这个评语：

> 记住，概括是对手中证据的准确陈述，并能够应用于更广泛的系列实例中。你的概括没有考虑所有食肉植物的特点。你认为你需要怎么改动一下？

如果学生看不懂这段评语，他就不太可能理解干预反馈的指导；这段评语甚至会使他感觉更加糟糕，因为他已经失败两次：“我不知道应该怎样做，我理解不了你告诉我要做的那些。"

请看图3.8的学生解答数学题目的两个样例。两个学生都试图运用画图的策略：一个学生画算术式，另一个学生画简笔人物画。哪一位学生表现出部分掌握？哪一个学生的基础知识不牢固，尚未理解作为问题解决策略的以图片的形式展示并不能描绘问题？哪一个学生能从反馈中受益？哪一个学生可能需要进一步的指导才能进步？其中一位学生画了三行人，每行八个人，然后每五个人圈成一组，采用这种策略来解答问题，最终会剩下四个人没水喝，忍受口渴。老师可以这样反馈学生：“你采用的策略对绝大部分问题有用，但是没有完全解决问题，因为这部分人的喝水问题没有解决。有其他什么办法来解决这部分人没水喝的问题吗？"而画算术式的那位学生则连部分策略都没有掌握。尽管要解决问题的话，一开始可以用12.5除以5，但没有证据表明他知道下一步应该怎么做，所以即便努力提供反馈给他，也未必奏效。因为他需要更多的教学指导。

如果学生的作业表明他们对概念的意思没有一点掌握，就得准备重新教授。如果你完全无法提供任何方面的成功反馈——或你发现自己在对大部分学生反复提供相同的订正反馈，那么从长远来看重新教学是节省时间的，而且可以避免你的反馈变成无谓唠叨。

> "如果订正反馈做得很差，或者学生们已有的知识尚不足以吸收额外的反馈信息，学生们就会无视订正反馈。"
> Hattie & Timperley, 2007, p.100

4. 有效反馈不能代替学生思考

下一步反馈如果过了头，可能会削弱任务的认知挑战，以至于学生下一步完全不再需要思考——而是仅仅听从指挥。当这种情况发生时，我们是把难关移走而不是帮学生去攻克难关。

想象你在家对孩子说："请打扫你的房间。"然后说："请打扫你的房间！"后来又说："立刻打扫你的房间！"最后进房间帮她打扫。我们有充分的理由不打扫房间：如果我们去打扫房间，等于是在训练她等着别人打扫。这个例子与反馈有什么关系呢？我们是否曾提醒过学生如何订正，然后等他们还没完成工作时，我们接过来替他们完成？在我早年教学时，我就这样处理过学生的写作。我要求学生修改作文中的拼写、大写和标点等错误。他们提交的作文订正了部分错误，然后我修改了他们没有发现的错误。我这样做是"过度反馈"——我替他们做了功课，原本只需指出取得成功的途径。这与我打扫孩子的房间有颇多的相似。从这些经历中我知道，我做得越多，她会做得越少。图3.9呈现

110 图 3.8

学生数学解答　　举例

问题：八个人要一起去野营三天，需要自己带水。他们阅读的指导手册上说，12.5 公升的水足够五个人喝一天。请根据指导手册计算，这八个人最少得带多少水才够喝？解释你的答案。

例 1

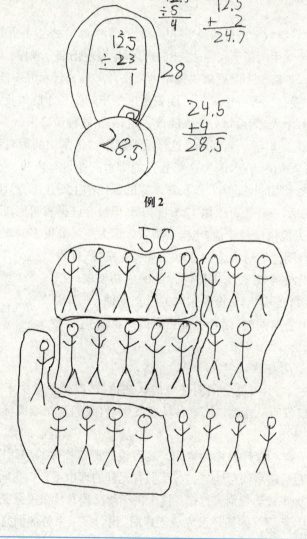

例 2

来源：Stiggins, R. J.；Chappuis, J.；Arter, J. A., *Classroom Assessment For Students Learning：Doing It Right—Using It Well*，© 2008. Reproduced by permission of Pearson Educatin. Inc, Upper Saddle River, NJ.

图 3.9

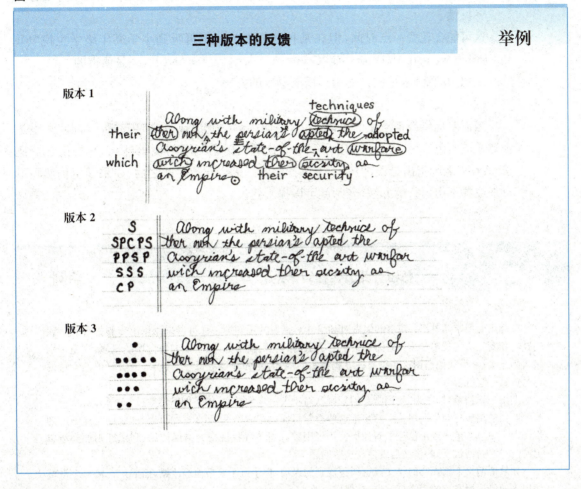

三种版本的反馈　　举例

了对十年级学生一段作文的三种反馈。版本 1 标记了每个错误，这是过度反馈的例子。版本 2 用代码进行反馈，版本 3 在纸的边缘打点作为反馈。在纸的边缘记上代码或点，不仅可以防止我们包办代替，而且仍然提供了下一步如何做的指导。本章后半部分将进一步介绍这两种方法。

作为前提条件，确保学生理解学习目标，并且在他们依据反馈行动之前进行练习至关重要。下面是关于学习目标"正确使用主语和宾语代词"的教学例子，在练习过后给反馈：

- 教学生什么是主语代词和宾语代词。
- 让学生多加练习，做到不用查字典就能识别主语和宾语代词。
- 教学生在句子中正确使用代词的规则。
- 让学生练习使用规则。
- 给学生含有主语和宾语代词用法错误的文章，两人结伴，一起识别和订正错误。
- 当他们能够识别错误时，让他们校订自己的文章，订正主语和宾语代词的用法。如果他们仍旧出现主语和宾语代词的错误，就在页边用代码或点进行反馈。

这可能会花费一点时间，但在某种程度上为了不再听到小学高年级学生说"Me and Robin went to the store"或"Give the tickets to her and I"，还是值得的。

图3.10总结了把校订能力传授给学生的方法。

提问式反馈

当需要提供修正意见的反馈，而不是提供解决方法或策略时，你可以询问学生是否知道应当怎么做。前面运用画简笔人物解决野营问题的例子（图3.8的第二个例子）表明：老师指出错误，但让学生思考如何订正错误。在此之后，如果学生仍然画不出来或提不出可行的办法，老师就可以提出建议。

图3.10

把校订能力传授给学生	举例
校订正确要求两件事：知道如何做对和培养对错误的感知力。你可以采用以下步骤把寻找错误的技巧和责任心传授给学生：把你希望学生展示出的规则教给他们；教他们校订用的符号，这是识别错误的方法；然后让他们用这些符号去寻找错用的规则，先分开学习每一个符号，最后将他们学过的符号放到一起练习。 贴出一张清单，标题为"我们学会的规则"（对于大一点的学生，如果你早已教过"句子开头字母大写"和"句子结尾打句号"，但是仍然想把这些教学目标放在清单里，那么标题可以是"我们曾经学过的规则"）。一旦学生表现出已经了解如何使用规则并练习了寻找规则的错误使用，则把规则加到清单上，并让学生查找自己的作文是否存在这些问题。 如果他们接下来提交的作文没有纠正规则的误用，你千万不要帮他们改错，而应该在每一个没标注出来的错误所在行的边缘打上点，让他们再改。 这个反馈实例指明了通往成功道路且没有过头：手持校订之笔者恰恰在学习。	

为了使学习最大化，当你识别了学生思考或者作业中的错误后，先让学生自己探索如何修正错误、解决问题，然后再分享你的解决办法，但也可以不分享。如果他们的思考或作业表现出片面理解，他们或许知道如何解决问题。他们真正需要的干预只有一个，即用一两个精心设计的问题引导他们的思维加工。

发现学习任务的反馈

不是所有的学习任务都需要外部干预的指导。有些任务，尤其是科学领域的任务，它们被设计成一系列发现学习的任务，学生经历的整个过程就是改正错误的过程。学生唯一需要的反馈是提出一两个精心设计的问题，让他们研究先前理解与当前经验不一致之处。这类问题可以提供给个人或者整个班级讨论。

从错误中学习

如果是建构性的任务，请不要用反馈来缩短从错误中学习的过程，否则学生就不能够自己分析错误并采取行动改正错误。

好反馈的标志是它能激发思索周全的行动。它应该引起学习,而不是仅仅按部就班或者复制他人的想法。任何时候,如果我们在评语中代替学生做了原本能让他们受益的思考活动,我们就是在"过度反馈"。

5. 有效反馈需要限定学生改进的量

在指出哪些地方需要改进后,教师先要检查学生是否明白应该按照下一步的指导做什么。然后考虑学生在规定时间内,真正能够落实于行动的建议有多少条。超额的建议无法落实。多少量的反馈就是过度的,这需要专业的判断。有一些学生面对大量的建议能够做出回应,并锲而不舍。以下建议帮助你区分提供所有的改进建议从而使作业质量最高,并根据学生能够采取的行动量提供下一步反馈。

 提供的订正反馈太少

不要因为低估学生采取行动的能力而"反馈不足";把你认为学生在给定时间内能够采取行动的修正建议反馈给他们。(记住,对于正在争取进步的学生们而言,帮他们找出所有的问题未必最有帮助。)

如果学生的作业暴露出大量的问题,你可能想将每次反馈的重点集中在质量的某一个标准或某一个方面上。当然,这种做法可能会限制你和学生的处理范围。我们有时提供大量的反馈给正在争取进步的学生们,但是如果他们不清楚按照反馈指导要做些啥,或者反馈提供的下一步指导太多了,反馈就不会起作用。如果把每一个问题都指点出来并附上建议,这种做法实际上过了头,限制了学生改正的余地。我们还要考虑给学生按照进一步指导进行练习的机会。

提供反馈的建议

有时候,我们需要的仅仅是迅速反馈,而有时候需要的是密集劳动的加工。以下的建议提供了符合有效反馈要求且省时的策略。

图片提示或者符号提示

可以用一幅画、一个符号或者一种图示比喻,帮助我们提示学生如何使用反馈。以下介绍了应用于小学和中学的四种案例。

1. 星形和台阶

这个例子采用星形和台阶两种图形象征来提供反馈。你可以画一个像图 3.11 的图。在"星形"区域里记录学生们做得好的地方,在"阶梯"区域列出具体的干预反馈。你也可以在他们的作业上写下成功反馈和下一步反馈,并在旁边画星星和台阶的符号。图 3.12 展示了 Amy Meyer 老师如何给上阅读课的二年级学生写附有"星形和阶梯"的评语。2013 年,Meyer 老师还采取与学生个别交流的形式,利用免费的 iPad 应用程序"印象笔记"①来写带有星形和台阶的评语。

图 3.11

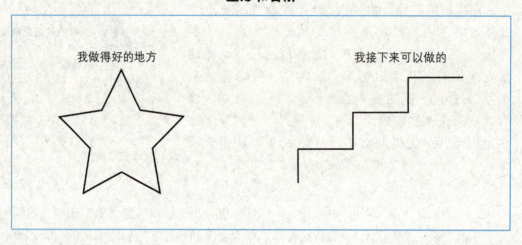

星形和台阶

我现在用"印象笔记"为每位学生建立一个笔记本。我给他们的作业拍照、记录他们的声音,并将这些作为笔记保存在各自的笔记本中。在与学生们开会时,在思考学生们处于学习进程的哪里,以及他们要去哪儿时,我常常使用这些观察所得来给予反馈。学生们笔记本中的信息和视觉资料在家长会中也发挥着作用,可供老师和家长讨论学生的学习进展和进步之处。

2. 那很好!现在这里

在图 3.13 例 1 这样的图表中记录对成功的反馈和下一步做什么的反馈。如果学生重新提交了作业,你可以使用例 2 中的表格。学生基于你的反馈订正了作业后,请给他们的修改附上表格,对他们已经完成的进行评论,对他们希望你特别注意的地方提出建议。这可以帮助你追踪他们是怎样理解你的评价,以及他们几次作业之间的差别。

3. 代码

你可以发明一些代码来提示修正,将这些代码写在学生作业相应的空白处,提醒他们此处需要修改。举一个例子,世界语老师可以列出一个常见错误的清单,编写代码,然后将它贴在墙上(比如,G = 性别,T = 时态,P = 复数,WO = 词序)。正如图 3.10 所解释的那样,语言艺术老师可能想使用首字母缩写,比如 CUPS(大写、用法、发音、

---

① 印象笔记(Evernote)是一款可应用于电脑、手机端的应用程序,有类似电子笔记本的功用。——译者注

图 3.12

Meyer 老师阅读课的观察记录 　　　　　　举例

┌台阶：需要努力达到的目标　★星星：你做得好的地方

Gabriela	Zoe	Keegan	Chaim
┌重新阅读章回体故事，以便更好地理解	★重新阅读的书 ┌尝试读一些新书	┌选择的书"太简单" ★流畅性，复述	结局→老鼠和摩托车 ★书选得好 ★非常棒的小说 ┌故事开头的大写字母
Gael	David	Brendan	
★拼出单词 ★钻研一本书，记录下一步反馈中的重要事情 ┌理解到了什么？	★提问题 ┌采用一种策略，拼读出一个单词 ★表达流畅	★坚持学习章回故事，提问题，推理 ┌记录思考，阅读布置的任务	Colin 讨论确定下一步反馈的要点
Aisha		Carmen	Eli
★阅读不同风格的图画书 ★提问题 ┌写下各种思考	Charlie ★推理出色和运用理解技巧	★表达流利，在我朗读时提问题 ┌试着运用技巧跳过生词	┌没有理解时能重新阅读 ★表达好，模仿角色说话
		Marcos	Julian
Oscar 杰罗尼摩·斯蒂顿① 从哈依姆获得建议	Katherine 许多非小说网页记录数据	★从下一步反馈中记录新的学习 ┌下一步反馈里的复杂单词（"发音帮助"）	★探查故事讲的是什么使用了策略！ ┌继续在表达上下功夫 ┌重新读，直至能流利
Abby		Austin	
┌体裁 1 Miley/高中音乐 ★优秀的理解，流利	Sophia Amber Brown 具有哪些特点？	★分析和理解能力正在提高 ┌流畅性、表达	Peter 下一步反馈消防员 ★重新阅读

来源：Adapted with permission from Amy Meyer, Worthington City Schools: Worthington, OH. Unpublished classroom materials.

---

① 意大利作家。——译者注

拼写）。编写你所在学科领域的代码，列出学生常犯的错误，这是一种提醒，有利于反馈指导。找出每种错误类型的关键词，看看你的关键词是否容易编入能读出来的字母缩写中。如果不行，就请创作简笔画，记住每一个符号，或者采用关键词的首字母。张贴一张表格或者给出一个关键词，以便学生能够快速将字母或者符号翻译出来。

图 3.13

做得好！现在这样做：

例1

做得好！

现在这样做：

例2

我老师的意见：
　　做得好！

　　现在这样做：

我的意见：
　　我已经做了什么：

　　请特别注意：

4. 适合年幼学生的即时反馈

学前老师 Susan Luengen 制作多层次的图表来检测学生达到学习目标的情况，比如对数字、形状和颜色的识别（图 3.14）。她将 Velcro ® 牌小圆贴贴在表中每一个数字、形状或颜色上方标着"正确"的栏里。她径直坐到一位学生对面，当学生回答正确时，就递给学生一个背面是笑脸的 Velcro 贴。然后学生将这个开心的笑脸贴在数字、形状或者颜色上方的"正确"栏里。当学生成长袋的"数学中心"页面上的图表全是笑脸时，她就让他们各自在布满笑脸的图表前拍照留念。Luengen 老师报告，她的学生主动要求做这个活动，并且做了一遍还想再来一遍，这说明学生亲眼目睹自己的成长是多么鼓舞人心的事情！她的同事把这些表格用在特殊教育的幼儿园，也获得了成功。

评价对话录

前面介绍的建议都是相对快捷的反馈形式。当你教授推理、技巧和产品等学习目标时，反馈过程将会耗费大量的时间。为了提高效率，你可以先让学生自我诊断，过后

图 3.14

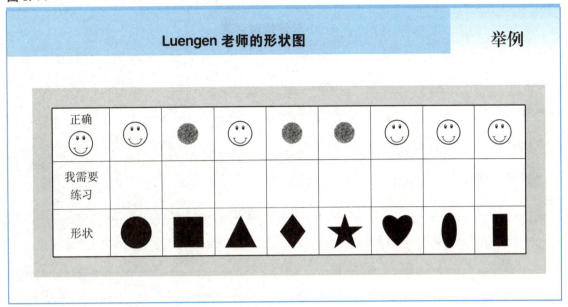

来源：Used with permission from Susan Luengen, Central Oahu School District; Mililani, HI. Unpublished classroom materials.

再提出你的看法。然后，你可以把你的点评控制在学生真正需要的指导数量内。这种评价对话录能够帮助你削减形成评价的时间，因为你仅仅需要指出他们忽视的成功或者问题。评价对话录有三种方法，分别是书面评论、双色标记和三分钟会议。

书面点评

以下的书面评价对话录专门为表现的评价任务和评价量规而打造。它涉及两种反馈记录，图 3.15 用于小学生，图 3.16 用于初中生。

1. 确定反馈的焦点。基于你刚完成的教学内容，挑选出相关内容标准的评分量规所代表的一个或者更多的质量要素。（切记，对学生还未练习过的技巧或者操作步骤的反馈收效甚微。）有些时候，如果你刚刚教授了质量的不同方面，你可以让学生决定他们打算接受哪个或者哪一些方面的反馈。

2. 学生的自我评价就是使用评分量规确定自己成功的地方（他们从自己的解释、表现或者产品中看到质量的诸方面），以及他们遗漏掉的或者有待努力的地方。鼓励他们使用评分量规的语言和概念。

3. 学生们完成图 3.15 和 3.16 "我的观点"部分，然后与作业一起提交。

4. 检查他们的作业并在"反馈"部分写下你的反馈，同样需要运用评分量规的语言或概念。如果你同意学生的"自我评价"，你可以写"我同意"。通常你还会发现了一些

图 3.15

小学评价对话表

姓名：_____   日期：_____

任务：_____   反馈重点：_____

我的观点

★ 我的优点是_____
_____

▟ 我认为自己还需要努力的地方是_____
_____
_____

老师的反馈

★ 优点：_____
_____
_____

▟ 还需要努力：_____
_____
_____

我的计划

💡 我从现在起要做：_____
_____
_____
_____
_____

图 3.16

初中评价对话表

姓名：_____　　日期：_____

任务：_____　　反馈的中心：_____

我的观点

我的优点是_____
_____

我认为自己还需要努力的地方是_____
_____
_____

反馈

优点：_____
_____
_____

还需要努力：_____
_____
_____

我的计划

我从现在起要做：_____
_____
_____
_____

来源：根据 Chappuis, S., Stiggins, R., Arter, J., and Chappuis, J. *Assessment FOR Learning：An Action Guide for School Leaders*, Second Edition. Pearson Assessment Training Institute：Portland, OR.

他们没注意到的优点,请把它们加进"长处"点评里。如果有学生的评判与你的明显不同,你可以和这些学生单独开会,或者计划给一小组学生开一门课程。

5. 收到你的反馈后,学生将自己的评判与你的点评结合起来思考,决定下一步怎么做,针对改进文章、产品或表现的想法或者策略制定出未来工作的具体计划。有一些学生可以自己完成计划,也有一些学生在刚开始时就需要你的帮助。

6. 如果你的学生倾向于设立不够具体的大目标,抑或设立的目标是完成任务、以成绩为基础的,而不是确定下一步("我的计划是做得更好"或者"我的计划是得A")做什么,就请再次指引他们接受你提供的含有下一步指导或者其他建议的干预反馈。

双色标记

这个方法是(与 Shannon Thompson 的个别交流,2008)依靠评价对话表,让学生用黄颜色把与自己作业质量相符的评分量规的相关字句标记出来,然后将标记过的评分量规与作业一起提交。你用蓝颜色标记确实与他们作业质量相符的句子。这样,你与学生达成一致的句子就是绿色的。余下的黄色或者蓝色部分则是你和学生有分歧的内容。

和你的判断有明显分歧的学生,你可以另外给他们书面点评。你也可以根据他们需要的指导与他们单独见面或小组见面。学生们也可以把描述质量要素的发展轨迹或者其他图形标记出来,只要采用适合他们的词汇(他们能理解,这些术语和文本并没有用到诸如"失败"或者"远远不达标"这样的消极评估标签)。

三分钟会议

你可以使用评价对话录方法为学生提供个别的口头反馈。一些老师,尤其是小学老师,会安排固定时间与学生定期见面。如果做不到定期见面,你或许可以利用其他同学自修或者同伴会议的时机与某些学生见面。为了尽量减少个别会议的时间,你可以在会议前让学生先进行自我评价,填写评价对话录表中"我的观点"部分(图3.15 和 3.16)。

基于评分量规提供反馈

请确认在用评分量规提供反馈之前,已经介绍了量规的语言(策略1)。如果你让学生练习策略2,即评估典型和非典型匿名的样例,以帮助他们更好地接受评分标准中质量的概念,他们可以更好地理解你的评论。

会议开始之际,让学生分享自己的观点。然后分享你的反馈。如果合适的话,可以指出被学生忽略的优点。如果需要的话,添补或修改学生认为自己需要继续努力的地方。分享了你的观点后,让学生写在评价式对话表上,以示总结。

最后一步是指导学生书面总结你给予的反馈,这样可以确保他们理解你的点评。为了有助于他们保持注意力,在反馈之前告诉他们需要把你的点评写下来。无论你如何进行描述性反馈,请考虑在学生们接受反馈之前,让他们先自我评价。学生对自己作业进行反思,有助于理解反馈并据此行动。实际上这是在评价先前知识,能够帮助学生理解新知识,记忆保持的时间更长。此外,让学生进行自我评价,传递着一种思想:对质量的思考亦是他们的责任。此举也让学生懂得他们的观点是受欢迎和尊重的。还有,学生自我评价在前,有利于老师找到学生存在误解的地方,并点评学生自身无法觉察的问题。最后,如果学生在得到反馈之前首先思考他们的作业,就可以在三分钟甚至更短的时间内完成反馈会议。

如果学生不习惯在得到反馈之前展示自己对作业的看法,那么请提前告知他们将让他们这么做。有些学生不喜欢搞突然袭击——尽管你认为他们应该乐意接受这样的挑战。请参看图13.7,这是Amy Meyer与三年级学生进行反馈会议时使用的表格样例。

同伴反馈

White 和 Frederiksen(1998)研究了同伴评价和自我评价在科学成就上的作用,发现:学会理解评判作业的标准,以及学习用这些标准评价自己和他人作业等过程对所有的学生都是有益的,并且有助于缩小低成就学生和高成就学生之间的差距。(参看第4章,图4.1,White 和 Frederiksen 的研究节选。)

尽管要找到时间、让学生能够相互反馈并不那么容易,但是它所具备的、能够促进学习的诸多优点值得我们为之努力。

1. 当学生练习为同伴建构描述性反馈时,他们同时加深了自己对作业质量的理解。
2. 如果训练学生去识别和描述作业质量的特点,那么他们可以相互提供建设性的批评,这其实是最大程度地为所有人提供反馈的机会。
3. 因为与教师相比,同伴并非站在"评估者"的立场,因此有些学生面对同伴时更放松,也更容易接受他们的反馈。
4. 由于学生自己也在努力完成任务,所以他们常常能够想出办法解决同伴遇到的问题。
5. 经过与同伴讨论,他们更有可能会尝试从他人的角度看待问题,这能够在重做作业时激发出更多的想法和领悟。
6. 同伴反馈利用了社会互动促进学习的优势。

White 和 Frederiksen(1998)根据他们对科学课堂里的反思性评价(reflective assessment)(同伴反馈和自我评价)研究,提出了让学生参与同伴反馈的两个前提:

1. 所有的参与者必须理解,评估的是表现,而不是人。所谓表现是他们事实上做了什么,而不是他们能做什么。
2. 必须告知学生正确理解如何表现好的方法,否则表现评分可能会挫伤学生(p.80)。

White 和 Frederiksen 对上述条件的重要性做了如下解释:

> 如果学生对怎样高质量完成课题一无所知,那么他们对评价结果归因很有可

能退回到自身能力上,也就是说,他们会认为自己科学课的表现不够好是因为"不够聪明"。很明显,这个问题亦涉及公平性。这是因为,如果评价标准和怎样才能做好均未能得到理解,就更容易给那些能力平平,不明白如何高质量完成作业的学生带来负面影响,原因在于这种情况很可能引发一种不良的认识,即认为自己的表现是能力的反映。因此反思性评价(同伴反馈和自我反馈)不应该是课程的附属品,而应该作为课程的组成要件,去支撑起所评价技能的发展(p.80)。

搭建同伴反馈会议的"脚手架"

可以让学生在控制情境中练习,教他们如何给彼此反馈。变量的减少有助于学生在正式操作之前专心体验如何掌握具体的步骤和过程。

有一个方法可以实现这个目标。让学生结伴参加一个三分钟的模拟会议,这期间他们可以轮流扮演老师和学生。选择两份质量中等的匿名学生作业样品,这两份作业能够展现出与质量有关的优点和你认为需要注意的地方。将样本标记为"A 学生"和"B 学生",如果学生没有评分量规,就请给每人准备一份。他们还需要一份图 3.15 或者 3.16 那样的对话评价表和草稿纸。然后按照以下步骤做:

1. 让学生找一个同伴。手指更长的人为"同伴 A",另一个人是"同伴 B"。告诉学生第一次活动时,"同伴 A"做学生,"同伴 B"做老师。

2. 分发评分量规(如果学生已经有了,则让他们拿出来)。如果评分量规是分析性的,请指导学生关注应该重视的标准。告诉学生要在模拟情景中依据评分量规给对方反馈,然后给他们一些时间复习量规。

3. 发放标记为"样本 A"的作业,告诉他们同伴 A 刚刚完成了这份作业。然后给一些时间,让他们各自通读作业样本,并与评分标准比对,找出与他们所看到的情况相符的词汇和短语。给学生阅读作业样本和评分标准的时间必须充足。同伴 A 在评价对话录表中(图 3.15 或 3.16)写下他的想法,同伴 B 在草稿纸上写下他的想法,也可以在评分量规相应的措辞上做记号。

4. 所有人准备好后,让他们与同伴进行三分钟的会议。同伴 A("学生")先说。当同伴 B("老师")开始说时,"学生"在评价对话录表中写下"老师"的评价。

5. 为会议计时——两分钟时给予提醒,三分钟时间到时也告诉他们。让他们在三分钟结束时感谢对方。

6. 如果三分钟的时间对他们很充裕——让人惊讶的是,常常如此——让同伴们讨论接下来学生应该怎么做,一起想办法填写评价对话录表中"我的计划"部分。

7. 在学生相互交谈时,请在教室里巡视,看看哪些学生正在使用质量语言,哪些学生看起来还有困难。把学生完全没有搞懂的问题记录下来。

8. 三分钟到了的时候,如果你发现操作过程存在问题,就请组织一个全班的汇总讨论,用一般的术语提出问题:"我注意到同学们在_____方面有一些困难。你们注意到什么吗?""我们应该怎样解决这个问题?你们可以做些什么?"

9. 你也可以把改善作业的策略运用于规模大一点的小组。

10. 让学生交换角色,用标记为"B 学生"的第二个作业样品重复上述过程,这一次同伴 B 是"学生",同伴 A 是"老师"。

11. 让全班报告任务执行情况并讨论以下问题:
- 哪些容易做?哪些做起来困难?
- 你担任学生角色时发现了什么?你担任老师时发现了什么?
- 你学到什么(他们所关注的质量要素)?
- 你怎么描述有用反馈的特点?

在像数学问题解决这样的具体背景下,学生应该在开展三分钟模拟会议之前,先尝试自己解决问题。然后把自己的作业放一旁,参加针对匿名样本的模拟会议。讨论完两个样品后,他们最后可以检查自己的作业,并按照自己的思考修改作业。

图 3.17

三年级个人记叙文会议表		举例
_____的个人记叙文		
我可以写一篇记叙文,能使用有效技巧、描述细节和清晰的事件顺序来讲述真实发生的或者想象的经历或事件。	我的分数	Meyer 老师的分数
我的故事是围绕发生在我身上的一件事或者一个片段展开的。		
我对故事做过组织。我在开始的时候介绍了人物和背景。各事件的发生有先后顺序。		
我用了细节描述来讲述故事中的"重要时刻"或者故事的"中心"。情节里有我的想法和情感。		
我的故事运用了恰当的对话。		
我用了过渡词或短语来标志事件的发生顺序。		
我故事的结尾有完结感(让读者知道故事结束了)。		
我写的句子完整: 1. _____有意义和妥当; 2. _____正确使用了大写字母; 3. _____正确使用了标点符号; 4. _____拼写正确(表明具备规则和格式知识)。	1. _____ 2. _____ 3. _____ 4. _____	1. _____ 2. _____ 3. _____ 4. _____

来源:Used with permission from Amy Meyer, Worthington City Schools: Worthington, OH.

参加这样的模拟会议对学生有什么用处？它可以向学生传递和强化一个观念——在别人检查之前，自己应该对作业先做思考。它还可以让学生为其他同学提供准确而有用的反馈做好准备，并促使他们对当前学习的质量要素进行更深入的思考。

学生可以按照相同的步骤向其他人寻求反馈。DVD里的《评价对话表》同伴会议版专门有一行指出，根据你的意愿，学生可以要求某人，也可以从"老师"和"同伴"（你安排的搭档）里选择一人提供进一步的反馈。

证据显示，在同伴反馈的情境下，学习吃力者能从不同水平的搭配或者小组中受益，而较为优秀的学生在水平相当和不同的小组中都能做得好（White & Frederiksen, 1998）。您可以考虑安排水平不同的学生组成同伴或三到四人小组，至少要保证学习吃力的学生也能取得进步。

确保学生们理解质量的语言

如果学生们对你评分标准（或其他会被你最终用来对他们作业进行评分的质量的定义）中的言语感到不适，他们将无法给予彼此真实可信的有用反馈，因此，在让他们开始进入策略3前，请确保他们已经参加过策略1和策略2的某些形式。

关于同伴校订

如果你让学生们相互校订作业，请要求他们先检查自己的作业、尽量找出错误。有关同伴校订的争议（在我看来确实存在）在于，学校外的生活中，只有当确实需要校正时，我们才会让别人检查我们的工作。然而，不妨考虑建构一种完全反映出校外生活实践的同伴校订：不是让别人替我们做作业。我们需要自己先检查作业。让学生们将校订工作完全交给别人会滋生一个坏习惯——指望别人为自己做事。学生们只有在改正了所有他们发现的错误后，才可以与同伴交换活页，并使用校订者记号和你使用的反馈代码，或者用"空白处打点"策略在别人作业上标记错误。要保证学生们承担修改作业的初始责任。

在某些情况下同伴校订并不适用。当教授写作规则时，你需要评估每个学生在写作的拼写、标点、语法/惯用法、字母大写上表现出来的熟练情况。如果让学生进行同伴校订，你就无法准确掌握他们个人的成就情况。如果你教英语，请记住，我们的校外生活时常需要独立完成能力范围内的没有错误的最佳文章，而不依赖他人。教学生学会独立校订，帮助他们发展能力。学生掌握了写作规则后，方可以鼓励学生运用同伴校订。

同伴小组回应

你可能想通过将同伴反馈扩展为团体反馈，以扩大同伴反馈的经验。请考虑在团体情境下把同伴反馈作为学生之间的会议评价。为了搭建起会议，需确立会议的标准或者原则：学生要遵循什么规则，哪些建议可能最有帮助，如何提供反馈，以及收到反馈后如何回应。团体成员最好三到四人，这种规模既足以得到不同的观点，又能够在20到45分钟之内完成（具体时间视反馈要求的范围而定）。

在开始之前，确定学生们如何在团体内分享自己的作业。如果学习目标的实现需要用一篇文章来证明，建议让学生们先在团体内大声地朗读自己的文章，这样有助于团体成员关注他的观点。如果学习目标是展示一件作品，比如图表、问题的解决，或者一种产品，那么让学生交换作品。如果学习目标需要通过表演来证明，就让学生现场表演或者播放录制的视频或者音频。

以下步骤基于写作互评团体的运作方式，包括了适用于所有内容领域作业样本的小组互评方法：

1. 所有成员做好准备，分享自己正在做的作业。若以作文为例，那么学生需要准备解释性地朗读作文，以便尽可能清晰地展示观点。如果以作品为例，就要求作品易于理解，精心制作而成，或者标签清楚，能让别人很好地理解作品并能够提供反馈。如果可能的话，每一位组员最好都有作品的复件。如果作品是三维物体，小组就一起讨论原件。如果是录制的视频或者音频，那么需保证所有人都能够清楚地看到或者听到。

2. 在分享之前，每个人都要确认自己想要反馈质量的哪些方面。理想的情况是，这些方面应该与评分量规包含的概念或者其他对质量特征的成熟的理解有关。成员们应该具体注意什么？

3. 如果是作文，那么当有人在朗读时，其他人都要倾听。如果是一件作品，那么所有的组员均分别独立地检查这件作品。如果小组观看录像或聆听录音，则看的或听的应该是同一个记录。

4. 面对一篇作文，由作者通读一遍。其间，其他人只听，不做评论。朗读快结束时，组员们花几分钟简略写下自己的想法。面对一件作品，每一个组员在查看的时候不要大声评论，记下自己的观点，待所有人都看完后再分享。按照处理作文的步骤来处理一段录像或录音，所不同的是用观看录像或聆听录音取代了大声朗读。

5. 如果是作文，就由作者再次通读一遍。组员边听边做笔记，笔记的重点是老师要求的反馈。如果是一段录像或录音，组员再观看或聆听一次，然后各自独立写下反馈。如果是作品，你可以跳过这一步。

6. 组员可以口头或者书面等形式分享自己的观点。他们可以在其他组员分享完毕后再提供自己的观点。图3.18展示了同伴回应反馈记录表的样例。

对在同伴小组回应中接受反馈的学生的建议

在学生收到同伴反馈后，你可能想对他们说点什么，这里提供一些建议（摘自Spandel，2009）：

1. 思考你想要小组关注什么——你希望反馈什么？这必须让你的组员知道。比如，如果你对如何浓缩观点或者在哪里可以获得观点心存疑惑，请寻求他人的建议。

2. 如果你正在大声朗读你的作业，请尽可能好地朗读，以便你的组员能够真正理解你的描述。如果你没有大声朗读作业，而是和同伴交换作业样品，请确保你的作业能够被理解。如果你在分享录像或录音，请保证所有组员都可以看见或者听到。

3. 无需歉意。你想要组员对你的作业提供诚实的反馈。记住，小组目标是提供你可以用来改进作业的反馈。对于写作样例，"尽管投入进去……勇敢点。充满信心地朗读文章，这样你得到的反馈才会与作文有关，而不是针对你个人"。（Spandel, 2009, p.360）

4. 感谢组员点评。不要与他们争论。你可以不同意他们所说，但是不要告诉他们。将他们的点评看作礼物——有些礼物你可以用,有些则可以放在一边,但是你终究应该感谢提供建议的人。因为是你对自己的作业负责,所以你来决定需要对哪些评论采取行动。即使你认为用不上这些点评,也要说谢谢。

图 3.18

同伴回应反馈表

日期:_____

作者:_____

题目:_____

要求的反馈:_____

我的反馈:_____

对同伴小组回应中提供反馈的学生的建议

当学生在给予反馈时,你可以给他们这些建议:

1. 使出你最好的倾听技巧。倾听作者想要得到什么样的反馈,在你构思点评时心里要想到它。

2. 记住要参考你曾经在练习成功反馈和下一步反馈时用过的质量的语言和概念。将你的点评与作文、作品或者表现的具体情况联系起来。

3. 你对作者的观点或作业做出回应,实际是观众给作者的礼物。成功反馈不是一味地赞扬。有时候,真诚的反馈需要指出作者的观点或作品让你看到了不同,或有不一样的理解、感受或思考。

4. 如果你提供了下一步反馈,即提出问题或建议,那么请指明你关注的特征,并采用"我"的句式来表达你的想法。比如:

- "当……我觉得困惑"(或者"……让我感到困惑")
- "我想知道为什么……"
- "我想知道更多关于……"

如果你原本想的是采用"你需要"的句式,这说明你想到了问题的解决办法。请思考在你心里,使你想出解决方法的这个问题是什么。然后你的反馈就是提出这个问题。帮助作者搞清楚需要处理什么的点评比告诉他怎么做更有价值(除非作者问起)。

5. 记住,作者是作文、作品或者表现质量的责任人。你的反馈不需要修改任何事。你的角色是礼貌地提供你的想法。

图 3.19 介绍的是一高中英语部开展的反馈工作,图 3.20 给出了在具体学科中构建同伴反馈机会的建议。

图 3.19

| 高中英语课上的同伴反馈 | 举例 |

　　(我们学校的)9 到 12 年级的老师们倾向于按自己的方式把握同伴评审,但有一些共同的趋势。典型的趋势有,在写作的中期,同伴评审被用来组织学生的学习会议。有一些老师,一旦学生打好草稿,就让他们结对或者组成小组来评审他们的作业。评审过程关注观点和内容、组织和结构以及心声。很多老师采用 6+1 特质评价量规,以便孩子们用来对同伴的作业进行正规的评估。

　　班级评审之后,学生们根据点评修改自己的草稿。接着,很多老师正式把修改过的草稿(或者具体段落)收上来并提供点评。文章返还后,学生们根据老师的评论(以及写作会议)开始对稿子进行最后的修改。在交稿截止时间前几天,学生们回到搭档或小组评审,再次查看他们的文章。这一次,我们把语法和习惯用法与其他特质一起评价。在整个过程中,学生们通过思考自己草稿的优缺点完成了元认知的反思任务。我们的创作写作课采用工作坊方式,每个单元的同伴评审需要花一周的时间。

来源:Used with permission from Michael L. Doman, Naperville Community Unit School District 203; Naperville, IL.

图 3.20

| 同伴反馈在具体学科的应用 | 举例 |

　　数学:学生们可以相互评论对方问题的解决方法。让他们阅读对方的解决方法和解释,然后针对你或他们选择的质量维度进行点评。他们可以用学生友好型评分量规指引自己的评论。例如,如果针对的质量维度是数学沟通,那么他们可以在解释的清晰和完整性,以及正确使用数学术语这些方面给出反馈。

　　科学:学生们正在完成一个项目,以证明他们掌握了某个探究过程。根据任务要求,他们可能要大声朗读作业或者与其他学生交换作业,以获取对一个或更多质量特征方面的反馈。他们也需要学生友好型评分量规,或者明确列出标准来指导他们评论(例如,生成假设;设计和开展调查;收集、分析和解释数据;交流结果[研究协会,1996])。

　　社会研究:学生们可能正在撰写论文,比较和对比他们正在学习的两个宗教。在这里,清晰提供质量具体构成观念的学生友好型评分量规或者标准清单对学生而言依然重要,因为量规或标准与社会研究知识和推理学习目标有关(例如:展示准确的事实信息,选择合适的事物进行比较,选择合适的特征作为比较事物的基础,准确地识别事物的异同之处,用足够的细节解释异同[Marzano, Pickeing, & McTighe, 1993])。

　　写作:年幼的学生可以从观看或聆听激发想象的一个短语,或意想不到的词语,或引人入胜的开头,或富有韵律的句子开始。首先给他们示范,指出你大声读给他们听的语句中写得好的特征:"我注意到……"邀请他们提供自己的观察:"你注意到什么了?"然后转而确定学生的作文案例(非这些学生所写)是否具备这些特征。让学生们说说看,他们应该注意同学作文的哪些地方,以及他们希望别人留心自己作文的哪些地方。让学生们先就匿名的学生作业练习,然后再和搭档练习。详细询问学生们从上述活动中学到了什么。

结论

  教育学生们把做学校作业视为进步的机会，这是学习的核心。当我们提供有效反馈时，学生们会欣然接受评价信息，因为它建立了一个充满希望的愿景——"我认为我能够做到"，而不是树立忧心忡忡、听天由命的观念："我下一年的等级会再被白白浪费掉。"我们通过如何回应学生的作业，以及向他们演示怎样用同一种方式审视自己的作业，从而塑造出开放和前瞻性的学习立场。提供反馈会耗费时间——给予反馈需要时间，行动需要时间——因此我们需要确定：(1)我们在提供正确的反馈类型；(2)学生们会采用反馈，并获得进步。

第 3 章的理解和应用

  本章最后的活动旨在帮助你掌握每一章的学习目标并在你的课堂中应用这些概念。设计这些活动是为了加深你对本章内容的理解，并提供合作性学习的论题，以及指导本章所授内容和实践的执行。完成每个活动的表格和材料在第 3 章的 DVD 文件里可以找到，它们都是可编辑的微软文档格式。每个活动需要用的表格都列在活动指导中，并且用 ◉ 做标记。

第 3 章的学习目标

1. 理解有效反馈的特点；
2. 有效率地提供有效反馈；
3. 选择适合学生年级和学习类型的反馈方法；
4. 让学生们为彼此提供有效反馈做好准备。

第 3 章　活动

问题讨论（所有学习目标）

活动 3.1　坚持写反思日志（所有学习目标）

活动 3.2　评价自己的反馈行为（学习目标 1 和 2）

活动 3.3　提供成功反馈和下一步反馈（学习目标 2）

活动 3.4　将终结性活动转化为反馈良机（学习目标 1 和 2）

活动 3.5　为三分钟会议做准备（学习目标 2）

活动 3.6　选择和修改反馈表格（学习目标 3）

活动 3.7　计划同伴反馈活动（学习目标 4）

活动 3.8　选择应用策略 3（所有的学习目标）

活动 3.9　添加到你的成长袋记录（所有学习目标）

第 3 章讨论问题

通过括号里列出的活动对问题进行了深度探究。

在阅读第 3 章之前讨论的问题：

1. 你的学生最常收到的反馈是哪种类型？（活动 3.2）
2. 他们在整个过程的什么阶段接受反馈？（活动 3.2）
3. 你希望学生利用反馈信息做什么？（活动 3.2）

读完第 3 章之后讨论的问题

4. 你如何给学生成功反馈？你给出的下一步反馈是什么样的？（活动 3.3）
5. 就你所处的背景（年级、学科和学习目标），哪种反馈方法最有效果？（活动 3.3，3.5，3.6，3.7）
6. 你可以把评分或评等级的任务和测试都可以转变为纯粹的反馈吗？如果可以的话，你希望学生根据得到的反馈采取什么行动？你会怎样改变任务或者测试，使它们更好地为目标行为服务？（活动 3.4）
7. 为了相互提供（准确和有用的）反馈，学生们需要做哪些准备？（活动 3.5 和 3.7）
8. 你在课堂中尝试了第 3 章的哪些活动？它们效果如何？你认为有哪些可取之处？你可能会做哪些调整？（活动 3.6 和 3.7）

活动 3.1

坚持写反思日志

这是一个独立完成的活动。如果你完成了这个活动，可以与你的学习小组讨论你记录的想法。

坚持记下你在阅读第 3 章时的想法、问题以及所有尝试过的活动。

第 3 章活动 3.1　反思日志表

活动 3.2

评价自己的反馈练习

这是一个独立完成的活动。如果你完成了这个活动，可以与你的学习小组讨论你记录的想法。

使用 DVD 里的表格、确定你所做练习展现出的特点是否到位。

1. 我给学生的反馈与有意学习直接有关。
2. 我给学生的反馈点明了他们的优势，同时为指导他们如何促进有意学习提供了信息。

3. 我的学生在学习期间收到了反馈。

4. 我对教学的节奏进行了控制,以保证学生有时间根据反馈采取行动。

5. 除非学生的作业已表明他至少达到部分理解,否则我不会采用书面反馈教学。

6. 我的反馈鼓励学生采取能够引出下一步学习的行动。我提供的下一步反馈并未完全代替学生思考。

7. 我限制了下一步反馈提出的订正数量,让学生能够在给定时间内采取行动。

完成了反馈清单后,确定在接下来的学习中需要优先考虑哪一个特点。

活动 3.2　评价自己的反馈练习

活动 3.3

提供成功反馈和下一步反馈

这是同伴和学习小组活动。

阅读完第 3 章中题为"有效反馈的特征"部分后,带一些学生作业到你下次的小组会议,同时带上一份相干的学习目标或评分量规的介绍。把你带的学生的作业样例编上号。如果不止一个人带来学生作业,请对这些作业统一编号。然后按照下面的选项 A 或者选项 B 的步骤练习提供成功反馈或者下一步反馈。

选项 A

1. 独自一人,或者与同伴一起辨识每一份作业样例的优点以及需要进一步改进的地方。你可以参看本书中关于如何进行成功反馈和进一步反馈的建议的介绍。用 DVD 中的表格记录你的想法。

2. 一次讨论一份作业样例,比较你和其他组员对这份作业的评判。根据质量的定义(学习目标或评分量规),讨论分歧并尽力解决。

3. 小组讨论哪些学生需要重新教学,哪些学生可以在反馈的基础上取得进步,以及需要重新教学的那些学生应该上什么课程。

选项 B

1. 开会时带上一些彩色索引卡。每一位组员使用不同颜色的卡片,不同颜色卡的数量要充足,保证每一份作业样例都有一种颜色相配(例如有五份作业样例,那么每个组员均需要五张卡)。

2. 每个人根据作业样例数量对卡片编号,一份样例配一张卡,在卡的一面画一颗星星,另一面画一组阶梯。

3. 你在每份样例配套的卡片上独立地写出成功反馈和下一步反馈。

4. 所有人完成后,把一份作业样例和对应的一叠索引卡分给其中一位,让他大声朗读所有的成功反馈和下一步反馈。根据质量的定义(学习目标或评分量规)讨论和尝试解决分歧。

5. 把另外一份作业样例和对应的索引卡分给其他组员,重复第4步的程序。

6. 小组讨论哪些学生需要重新教学,哪些学生可以在反馈的基础上取得进步,以及需要重新教学的那些学生应该上什么样的课程。

你可以让你的学生选其中任意一种版本来搞活动,只能用匿名的作业样例,且不能出自本班。与你的同事分享你在活动中观察到的,这些活动对学生动机和质量理解的影响。

◎ 活动3.3 提供成功反馈和下一步反馈

活动3.4

将终结性活动转化为反馈良机

这是同伴或者小组学习活动。

通读第3章标题为"有效反馈的特征"的部分之后,关注第二个特点:在学习中发生。把你的评分册或者任务与评价记录复印一页,带去参加组会,讨论以下问题。

1. 你打算把哪些任务用来练习?请标记上字母P[①]。

2. 练习机会的数量是否足以让学生们为终结性评价表现良好做好准备?在学生要对掌握既定学习目标问责之前,哪些学生有可能通过加大练习而受益?

3. 你的评分、评级的任务或者小测验当中,有能够转变成纯粹的练习活动的吗?这样的话,学生可以从中获得成功反馈和下一步反馈,而非分数或等级。如果有的话,是哪些呢?

4. 你希望学生根据他们得到的反馈采取什么样的行动?你会对任务或者测试做出什么样的改变,以使学生产生预期的行动?

5. 你需要怎样调整你的教学节奏,以便适应下一步的练习?

---

① P是练习的英文practice的首字母。——译者注

活动 3.5

为三分钟会议做准备

这是同伴和学习小组活动。首先模拟，接着讨论。

阅读第 3 章标题为"评价对话录"的部分之后，让你的组员每人找一个显示学生部分掌握的作业样例（表演或者产品），把作业和评分量规各复印两份，小学或中学评价对话录表格（见 DVD）复印一份，全部带到会上。

1. 复习本书对三分钟会议的解释。然后分组，确定谁是"同伴 A"、"同伴 B"。
2. 本次模拟中同伴 A 是学生，同伴 B 是老师。先讨论同伴 A 带来的作业样例。每人都要有一份作业和评分量规复印件。
3. 同伴 A 和同伴 B，运用评分量规的语言和概念，各自花费 5 分钟的时间独立确定作业样例的优点和需要改进的地方。如果你采用的是分析性评分量规，那么提前确定关注哪些评价标准。暂时不要与你的同伴分享你的想法。这次模拟，你希望学生在会议之前不依赖于老师而独立思考。
4. 同伴 A（学生），请在评价对话录表格中写下对作业优点和有待改进之处的评语。同伴 B（教师），在草稿纸上写下你的评语，或者把你认为量规上能够描述这份作业的词语勾出来。确认你们都使用了评分量规上的语言或者质量概念。
5. 与你的同伴进行三分钟会议。让同伴 A（学生）先说。当同伴 B（教师）说的时候，学生在评价对话录表上写下老师的评价。
6. 交换角色：同伴 B 当学生，同伴 A 当老师。按照相同的程序处理同伴 B 提供的作业样例。
7. 在三分钟的末尾，与同伴讨论：这个方案对学生有什么用？对老师有什么用？
8. 全组讨论：
   - 三分钟会议展示出了有效反馈五个特点中的哪些方面？
   - 你有多大可能在你的课堂上使用三分钟会议？
   - 你可能会对方案做什么调整？
9. 讨论这个方案是否为你揭示出了一些问题，帮助你对评分量规进行改动，以便更适合用于形成性评价。请参考第二章的建议。

◎ 活动 3.5a 小学评价对话表

◎ 活动 3.5b 中学评价对话表

活动 3.6

选择和修改反馈表格

这是同伴或小组学习活动

1. 读完第 3 章题为"提供反馈的建议"的部分后,与同伴或小组一起浏览第 3 章 DVD 文件中的反馈表格。找出适用于你们背景(年级、学科、学习目标)的表格,帮助学生理解反馈并采取行动。从诸表中挑选一个并做修改,然后确定以下要点,制定表格的使用计划:
   - 你要将它用于哪个学习单元?
   - 哪个或哪些学习目标将作为反馈的焦点?
   - 在教学的哪个或哪些节点上你会提供反馈?
   - 你可以用 DVD 中有关的表格记录你的决定。

2. 使用你选择或修改过的表格,给你的学生提供反馈。带一些你的反馈样例参加下次会议,并和大家分享。如果有些学生根据反馈采取的行动比其他人更成功,请把成功和未成功学生的行动样例带上。

3. 讨论怎样修改过程或表格,以便对学生起更好的作用。你也可以用下面的清单来确定学生理解反馈和采取行动的准备程度。

反馈准备度清单
- □ 学生们对于质量有清晰认识吗(期望的是什么)?
- □ 学生会描述有意学习吗?
- □ 学生会区分好与差的作业样例或者质量的水平吗?
- □ 学生是否练习过运用质量的语言描述好或者差作业样例的特征?

4. 如果反馈准备度清单得到一个或者更多的否定回答,那么你提供进一步反馈之前,需要重新进行策略 1 和策略 2 的活动。

◎ 活动 3.6 选择和修改反馈表格

活动 3.7

计划同伴反馈活动

这是小组学习活动

1. 在班级里尝试第 3 章题为"同伴反馈"的部分所介绍的可选方法之一。

2. 当学生投入到提供和接受反馈期间,请在教室走一圈,了解学生的成功之处和面临的问题。记下你的观察。

3. 与你的组员开会,分享你尝试的方法、发现的成功之处和任何学生遇到的问题或出现的差错。

4. 讨论解决问题、弥补差错的办法。如果一些学生在给予有效反馈上存在困难,你可以花些时间组织策略2的活动,或者让他们模拟活动3.5介绍的三分钟会议。

143

活动3.8

选择应用策略3

按预期,这是一个独立活动。如果你完成了这个活动,那么可以与学习小组讨论结果。

读完第3章之后,请为学生选择一个活动。然后使用DVD中的表格反思活动:你尝试了什么,你注意到了什么结果,你采取了什么行动,基于这次经验即将采取什么行动。如果你与学习小组一起工作,请考虑和他们分享你的反思。

◎ 活动3.8 选择应用策略3

144

活动3.9

添加到你的成长记录袋

按预期,这是一个独立的活动。

本章的任何活动都可以作为你个人成长记录袋里的项目。选择一个你完成的活动或者创作的产品,证明你实现了第3章的学习目标。如果你坚持写反思日志,你或许可以把第3章作为条目收录到成长记录袋中。DVD中提供的记录袋条目的封面清单将促使你思考:你选择的每一个项目是如何反映出你对本章学习目标的学习?

◎ 活动3.9 记录袋条目的封面清单

第4章

我现在在哪里？
自我评价和目标设定

策略4
教学生进行自我评价以及为进一步学习设定目标

> 学生若擅长自我评价，就会从中获益匪浅，但问题是很多学生都不善于此。

"我现在学得怎么样？""嗯，看起来我还不错。""我完成了。""这是你想要的吗？"毫无疑问，学生的自我评价可以如同黑暗中的闪电，闪耀夺目、直击要害，设定的目标却可能不够中肯、过于琐碎，或者不切实际。我们提供三种策略来避免上述情况：向学生澄清学习目标（这是自我评价和目标设定的基础）；让学生练习评价不同类型的匿名样例，并提供描述性反馈（通过模拟学生自我评价时的想法来进行）；让他们按照你给予的反馈，练习自我评价。有了充分的准备后，学生对自己作业的优缺点进行准确评价就会变得简单易行。

> "形成性评价需要以学生为中心……只有当他们了解了自己的优缺点并知道如何应对，才能够取得进步。"
> ——Harlen & James, 1997, p.372

第4章学习目标

本章结束时，你将知道如何做以下几件事：
1. 了解自我评价和目标设定对学生动机和成绩的影响；
2. 了解使自我评价和目标设定的效益最大化的条件；
3. 知道如何教学生对学习目标进行准确的自我评价；
4. 知道如何让学生为设定明确且有挑战性的目标做好准备。

自我评价对学业成就的影响

自我评价能够给学生的学习带来收益，因此我们值得在教学期间额外给学生一些时间进行自我评价和设定目标。研究结果反复证实了,让学生对他们的学习进行思考,并且清晰地表达出他们理解了什么、什么地方仍需要学习,就能提高成绩。(Black & William, 1998a；Hattie, 2009)。

反馈和自我评价相结合的作用

正如第3章所述,反馈和自我评价不是独立的两个事件。新西兰研究者 Terry Crooks(2007)认为它们是共生关系。他认为如果一开始要求学生描述他们做过什么、哪方面是成功的、哪方面是不成功的,他们对反馈的回应就会更积极。和我们在第3章"三分钟会议"所见的一样,把反馈和自我评价视作相辅相成的事件,将使老师明白给学生什么样的指导才能够促进学生自我评价能力的提升。

同伴评价和自我评价的作用

在第3章中,我们视同伴反馈策略为教师反馈的合理延伸,但研究者们通常称之为同伴评价,并且拿它和自我评价一同进行研究。Black 和 William(1998a)的研究比较了三种形成性评价练习(教师反馈,同伴反馈和自我评价)对特殊教育学生的影响。在研究中,学习困难的小学生在朗诵评价中接受老师反馈、同伴反馈和自我生成反馈(自我评价)这三种反馈形式中的一种。Black 和 William 对每种反馈形式的影响做了总结,如下所示:

> 通过比较为期九周的计划的前后测成绩,发现自我监控组获得的收益最大。与此同时,三种形式的反馈都比无形成性反馈的控制组的表现要好……同伴反馈和自我监控的方法更受到师生们的偏爱,因为它们都能够使特殊教育教师花更少的时间进行课堂测评。(p. 27)

另一个有关中学理科生的研究中,White 和 Frederiksen(1998)检测了"反思评价"的作用。这里"反思评价"指的是贯穿主题为科学探究技能的课程单元(图4.1)、循环进行的同伴评价和自我评价活动。他们的发现如下:

> 反思评价能够大大地促进学习。尤其是对于低成就学生而言,在课程中增加这种元认知过程对他们大有裨益:与控制组相比,他们在研究项目与探究测验中的表现与高成就的学生更为接近。因此,这种方法在对高成就的学生有积极影响的同时,还能明显扭转低成就学生的教育劣势。(p. 4)

在没有更多教学的情况下,给学生提供自我评价和同伴反馈相结合的机会,能够显著提高学习成绩。这种同伴反馈和自我评价的结合尤其对特殊教育学生和低成就学生有好处，我们通常认为这个群体不太会准备提供和接受同伴反馈或者自我评价。

图 4.1

> **研究快照**
> "探究、建模和元认知：使学生更容易理解科学。"——White & Frederiksen, 1998
>
> **假设：**
> 加入学生思考自己和他人学习的元认知过程，能够提高学生从事科学探究的能力。
>
> **有谁参与：**
> 选取 12 个来自城市的七到九年级的班级，并根据 CTBS 的语言和数学测验成绩对他们进行高低成就分组。
>
> **做了什么：**
> 首先研究者制定了整个科学探究过程的方案，用来教中学生创设力与运动的因果模型（思考者工具探究课程）。参与的所有班级被划分为两组："反思评价"组和控制组。两组接受的教学相同，完成相同的活动任务，并参与由七个模块组成的整个探究过程，以让学生理解力是如何影响运动的。他们都完成两个探究项目，第一个项目在第三个模块之后进行，第二个项目在第七个模块之后进行。整个过程中，学生可以自由选择合作伙伴。这样一来，有些组就由高成就的学生组成，有的组由低成就的学生组成，还有的组两类学生都有。
>
> "反思评价"组在整个过程中对同伴进行反馈，并进行自我评价。课程的开始，给学生介绍一套好的科学研究标准；然后，在每个模块的每个研究阶段结束时，要求学生使用最相干的标准评价他们的工作，每个模块结束后，用所有的标准去评价工作。此外，他们还需要向全班展示他们的研究项目，并对自己和他人进行口头和书面评价。
>
> **研究发现：**
> - 反思评价班级中，高成就的学生和低成就学生在研究项目和探究测试中的成绩差距比控制组班级显著小。(p. 34)
> - 在一项探究技能测试中，反思评价班级平均获益量是控制组班级的三倍。并且通过对测验分数的分析，发现学生在测验难度最高的部分进步最大。(pp. 48-49)
> - 研究项目中，反思评价班级中的低成就学生（CTBS 总分<60）与控制班级中高成就学生（CTBS 总分>60）表现很接近。(p. 51)
> - 与同伴一起工作时，反思评价班级中的低成就学生从异质的分组中①得到好处。(p. 38)

来源：Summarized from B. Y. White & J. R. Frederiksen, "Inquiry, Modeling, and Metacognition: Making Science Accessible to All Students," Cognition and Instruction, 16(1), 1998, 3-118.

自我评价与有意学习相结合

Hattie(2009)在对 800 多个课堂实践的元分析的总结中，强调有挑战性的学习目标（他把挑战性的目标称为*学习意向*或*学习目的*）对取得更高的成就有重要作用。这对即将接受更高要求的内容标准的人来说是个好消息。许多研究证实了，给予学

---
① 异质小组由低成就和高成就学生组成。——译者注

生有挑战的目标,他们便会更努力地学习,并且激发出更强的智力。"学到的知识与目标的难度有直接的关系,因为随着你长时期地坚持,最终会实现困难的目标"(p. 246)。

有两个研究检验了在教学开始时即给学生澄清有意学习,并进行自我评价练习的作用。结果表明"向学生强调他们的目标就是学习(分数加法)能够提升他们的学习自我效能感,激励他们调控自己的任务表现,努力学习"(Schunk, 1996, p. 377)。

此外,如果学生在学习过程中进行自我评价,他们就能够取得进步。但是,Schunk仍然提出了有关自我评价的警告。在进行自我评价的时候需要注意一些问题:

> 目前的研究效果都不错,这是因为学生正在习得技能,而且他们的自我评价都是积极的。但是,自我评价的效果并不总是令人满意。如果要求学生定期评价自己在某个任务上的能力,而事实上他们却反复受挫,那么他们就可能会因为多次失败的尝试,认为自己的学习能力差,进而降低他们自我效能感和动机……因此必须把自我评价与教学结合起来,以使得学生在学习中察觉自己的进步,如此才能确保自我评价的有效性。(p. 378)

当学生确实取得进步的时候自我评价才是有效的。因此在学生还在原地滞足的时候,我们最好把时间花在教学上,以促进学生在学习上获得进步。当学生开始取得进步,自我评价便能够培养出自我效能感("因为这是我努力的结果"),而且能让学生明白他们对自己的学习进步抱有责任。这样,学生就会成为更出色的学习者。

关于自我评价的准确性

在一个 2013 年关于自我评价研究的评论中,Brown 和 Harris 考察了学生自我评价的准确性,发现虽然学生的自我评价与外部测量(例如教师评价)有正相关,但是一些因素会使得学生的判断出现或多或少的偏差。年龄小的儿童倾向于给自己更高的评价,而年龄大的孩子则较为客观,与教师的评价一致。成绩好的学生比成绩差的学生的评价更准确。任务难度越大,学生和教师评价的偏差也会越大。根据明确定义的标准提供给学生的反馈和学生根据那些标准进行的自我评价,与诸如教师评价这样的外部测量更为一致。

所有这些问题都是可以减轻的。我们可以通过以下措施来提高学生自我评价的准确性:

- 确保学生理解学习内容所对应的学习目标
- 给学生提供匿名作业样例,指导他们根据评价量规练习评价作业样例;这些评价量规将来可以用来界定更复杂的学习目标
- 提供模拟学生自我评价时的想法的准确反馈
- 提供反馈之前先让学生进行自我评价,这有助于"规范"他们的想法,使他们的

自我评价更准确(这根据你的判断决定)

心理安全

Brown and Harris(2013)提出了影响准确性的另一个因素——心理安全,即学生觉得做出一个准确的判断是否在情感上足够安全。他们的研究评论指出,学生可能因为害怕别人认为自己过于骄傲,或因为某些文化因素(例如,在提倡谦逊的文化中),使得他们的判断偏低。另一方面,为避免在同伴或者父母的面前出现尴尬,他们的判断也可能会偏高。

你可以采取一些行动,让学生在自我评价时感觉是安全的。首先,向学生解释什么是自我评价,为什么要进行自我评价,以及谁会看到这些信息;并说明我们不会公开这些信息,除非我们有足够的理由且取得学生的同意。第二点,确保学生利用学习目标说明书作为自我评价的根据,而不仅仅是给自己一个成绩或等级。第三点,通过反馈来塑造健康的自我评价;这里的反馈不把犯错当成是失败,而是把它当成寻找下一步该做什么的方法。第四点,帮助学生理解他们当前的状态取决于他们已经学到的和还需要学习的东西的综合体,而不是把这些归因于智商。第五点,注意消除那些传递谁聪明、谁笨,或学习就是为了取得好成绩信息的言论、海报和动机练习。总而言之,就是要使你的课堂成为一个鼓励和重视学习行为的环境。

自我评价、理由、目标设定和行动计划

策略4有四个部分:自我评价、理由、目标设定和行动计划。学生进行自我评价时,是依据正确与否或质量高低的标准对自己当前的成就状况作判断。这与自我评定不同,因为它没有分数,也没有等级;所以可以说自我评价与有意学习水平的描述性信息同等重要。自我评价也不仅仅是学生跟踪自己完成了什么任务的自我监控。"虽然自我监控是有效的,但效果不如自我评价高;因为如果学习者进一步评价他们掌握了什么,自我监控的作用就会大大增强。"(Hattia, 2009, p. 190)。许多例子证明,学生通过在自我评价的任务中查找证据,从而为自己的判断提供支持,这是一种有效的途径,因为自我评价本身就是一个提供建议的行为。正如《州立共同核心标准》所强调的那样,学生需要学会如何用证据支持他们的观点,即需要什么样的理由。学生通过自我评价确定哪方面能力需要发展,并设定目标、付诸行动,他们就能学到更多。学生是为了取得进步,从而调控自己的努力和行动的主体。故此,学生对学习越上心,进步就会越大。

引导学生关注学习

自我评价和目标设定的过程和形式应该引导学生去关注与学习目的(学习目标)有关的能力的提高,而不是取得一个好的分数或等级(成绩目标)。如果学生去学习,成绩也会随之提高。

策略4中的四个成分不必总是一同出现。对于学生来说,尤其当学习目标较简单时,他们最适合做的可能只是快速的自我评价,然后你根据他们的情况制定进一步的行动计划。有时学生需要解释你已经评价过的评价结果,有时却需要他们自己进行评

价。或许,你想要学生根据你的反馈或者同伴的反馈去设定目标、制定计划,而不需要让他们按步骤去做自我评价。接下来的几个部分会介绍一些活动,这些活动分别采用了策略4的一个成分或者或多个成分的不同组合。

十个快速自我评价创意

下面这十个方案,实施起来很容易,并且也花不了多长时间。前几个方案适用于小学生,大多数方案针对的是中学生和小学生,还有一部分可以应用于不同的年级。在学生刚开始学习如何进行自我评价时,快速自我评价的优势尤为突出。

1. 棋子、纽扣和筹码

幼儿能够通过移动棋子、纽扣或者筹码跟踪学习。孩子每次移动棋子、纽扣或者筹码,就是在庆祝自己的点滴进步。对于那些需要得到及时满足或者没有把努力和成功联系在一起的幼儿来说,简单的具体行动非常有用。学生每学会拼写一个单词,就把一个纽扣串在线上。或者,可以把棋子放进罐子里,不同的罐子代表了不同的学习目标,一旦掌握了学习目标,就把棋子放进相应的罐子里。这些行为只有一个目的,就是把学生的行为与已习得的知识和技能联系起来(Donna Snodgrass,个别交流,2008)。

2. 学习链

小学生能够通过完成链接(链接的模板如图4.2所示)来制作学习链。学生每掌握一个学习目标,就让他们完成一个链条,并把它保存在信封或袋子里。学生定期把这些链条黏贴在一起,添加到链中。不管链条代表了学生的重大进步,还是刚开始取得进步,链条的长度都是一样的。你还可以对链进行颜色编码,每种颜色代表着多个主题中的一个或者代表了一个特定主题中的一个学习目标(Donna Snodgrass,个别交流,2008)。

图4.2

学习

粘贴区　　　　　　　　　　　　　　　　　　　　　　　粘贴区

名字:_____　　日期:_____
我已经学会了:_____
证据:_____

来源:Reprinted with permission from Donna Snodgrass, Cleveland State University; Cleveland, OH. Unpublished classroom materials.

3. 星星与台阶

如果你使用"星星和台阶"给小学生提供成功反馈和干预反馈,你就可以用同样的

语言来解释自我评价和目标设定:
- "我已经做好了哪些事情？就是我的星星。"
- "我接下来要做什么？就是我的台阶。"

你可以问学生:"'星星'与'台阶'有什么差别？为了抵达星星,我要采取什么样的措施？"借此来帮助学生思考如何去填写"台阶"(图4.3)。

图4.3

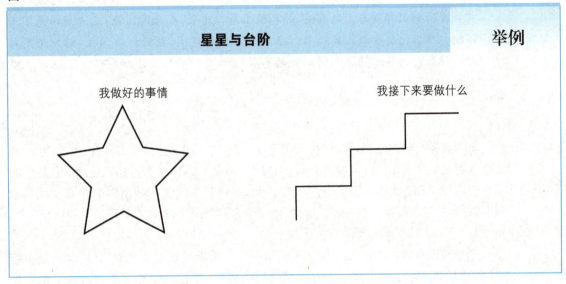

4. 踏上台阶

学生们也可以使用踏上台阶的表格,如图4.4所示。这里,他们可以给在学习目标上取得的进步(从"开始"到"成功"过程)做上脚印的标记,并填上日期。

图4.4

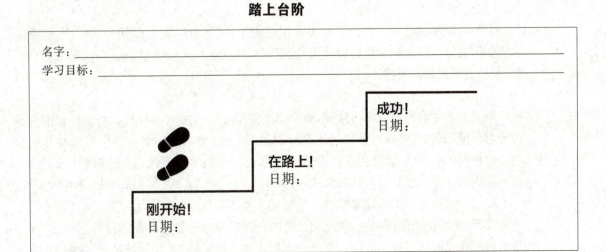

5. KWL

使用 KWL 策略。单元开始时,让学生在纸上画三栏,分别标记为 K、W、L。问学生知道有关这个主题的哪些内容,让他们写在 K 栏里。然后问他们想要学什么,让他们写在 W 栏里。单元结束时,问他们学会了什么,让他们写在 L 栏里。下面提供的是 KWL 活动的一个变式。(Gregory, Cameron, & Davies, 2000):

> 单元学习开始之前给学生一张白纸(11 英寸×17 英寸)。学生要思考他们先前知道的知识哪些与主题有关,并在纸上草拟出来,或者写出来,或者用示意图来描绘。然后把这些纸收集起来。在学习该单元期间,把纸还给学生,让他们用另外一种颜色的墨水把现在所知道的有关这个主题的内容添加到纸上。在单元结束时,重复此要求。(p. 25)

6. "我正在学习……"➪"我能……"

如果在单元学习之初,你以"我正在学习……"的陈述句把学习目标介绍给学生("我正在学习其他文明如何影响希腊文明的发展"),待他们掌握这个目标之后,就可以把"我正在学习"改写成"我能够"的陈述句("我能够解释其他的文明如何影响希腊文明的发展"),并且把它与证据钉在一起。这样,便于学生保存记录袋,监测学习的进展情况。

7. 学习目标清单

学生可以保存一个学期的学习目标清单,并定期给已经掌握的学习目标做上标记,以及标注日期。这也非常便于收录到记录袋里,尤其是掌握每个学习目标的证据都被收集到时。

8. 出关任务

课堂结束前,学生可以完成一项出关任务并上交。出关任务用以评价学生的理解水平。作为收尾活动,它同时能加深学生对有意学习的认识,而且你也可以借鉴这些信息,为接下来的教学做准备(Sue Cho & Aaron Mukai,个别交流,2008)。图 4.5 展示了数学的出关任务例子。

9. 家庭便签

学生可以给父母写一张关于一项工作的便签,解释自己现在做到什么程度,接下来要如何去努力。中小学生可以使用"这很好!现在这样……"的句式或者"星星和台阶"表格的模式来写便签。

10. 交通灯

单元学习之前或单元学习期间,要求学生使用交通灯图标来对概念的理解程度进行分类。绿、黄和红的圆点分别代表完全理解、部分理解和未理解。学生可以在小组内讨论他们的判断,并解释依据。接着你给标记红点的学生上课,这个期间让标记绿点和黄点的学生一起学习。(Black, Harrison, Lee, Marshall, & William, 2002)

突出学习目标是交通灯策略的一个变式。要么在单元学习开始之前,要么在考试的前几天,要求学生使用绿色、黄色和红色的荧光笔来标记学过的学习目标清单,或者是测验所代表的学习目标清单。要求学生把认为已经掌握的学习目标标记为绿色,需

图 4.5

| 直径—周长出关任务 | 举例 |

姓名：_____

今天的学习目标：
我能说明圆的直径和周长的关系。
自我评价：_____
_____

证据：
Samantha 正在测量她家附近的圆。她小妹的自行车轮子的直径是 12 英寸，请预测圆的周长。一定要解释清楚，你做出的预测有什么依据。
_____
_____
_____

来源：Used with permission from Sue Cho and Aaron Mukai, Mukilteo school District：Everett，WA．Unpublished classroom materials．

要复习的学习目标标记为黄色，没有掌握的学习目标标记为红色。你可以根据这些信息进行有差异化教学，学生也可以制定学习计划，确定如何应对那些标记黄色和红色的学习目标。

选择性作答和书面作答的自我评价和目标设定

下面的一些方法能够促使学生更深入地去思考学习。当学生面对的是知识和推理学习目标，并且用选择题和简答任务来检验学习成就时，这些方法就能发挥作用。

使用预测验的结果

对于选择题或简答题组成的预测验，你可以准备一个表格，说明测验的每一个题目测量了哪一个学习目标；然后在给学生发放批改过的预测验时，同时把表格发下去。接着，让学生根据他们在每个题目上的作答情况，确定哪些学习目标已经掌握，哪些目标还需要学习（图 4.6）。表格中的"简单错误"这一栏，代表了有多少被扣掉的分数属于可以自主订正的问题。然后，用等级量表权衡正确、错误和简单错误的分数，评价学生对每一个学习目标的掌握水平。如：

　　1＝我不是很能理解该学习目标
　　2＝我需要稍微复习一下该学习目标
　　3＝我已经掌握了该学习目标

为了作答任务的判断有效，你需要保证每一个学习目标有足够的例子。如需获取更多有关如何编制选择题测验的信息,请参看 Chappuis 等(2012)第五章。

然后,你可以运用以下活动中的一个进行教学:

- 对那些仍需要学习某些学习目标的学生采取针对性的小组教学,其他的学生则独立地进行更深入的复习练习或学习。
- 对于需要复习的学生,提供每个学习目标的复习建议:"复习学习目标 1,反复阅读第 246 到第 250 页,完成第 251 页的问题 1 和问题 2。"

图 4.7 呈现了 Sue Cho 和 Aaron Mukai 两位中学数学教师创造的一个变式。下面是他们介绍这个变式的用法以及其如何影响学生(个别交流,2008):

> 单元学习之初,把自我评价和预评价一道发给学生。学生可以据此来设定单元目标,同时也能帮助我们计划和改进课堂。在单元的结束阶段,学生再度进行自我评价,反映他们的进步情况。这样,我们就会注意到学生能够更好地理解他们知道了什么,或者在哪方面还需要提高。在遇到困难的时候,学生通过勤奋学习去理解所学内容,并提出思考问题,从而努力实现他们的目标。现在,我们的学生在面对终结性评价的时候更加轻松和自信,因为他们知道自己期待什么。

图 4.6

自我评价预测验结果 举例

分数学习目标:
- 我会化简分数。
- 我会比较分数大小,给分数的大小排序,进行分数加减运算。
- 我会分数和带分数的加减乘除运算。

课堂目标	预测验结果			评价		
	♯对	♯错	简单错误	1 不明白	2 部分理解	3 明白了
分数化简						
分数乘法						
分数化带分数♯						
带分数♯化分数						
分数的比较/排序						
分数/带分数♯的加法						
分数/带分数♯的减法						
带分数♯乘法						
分数/带分数♯的除法						

来源:Reprinted with permission from Paula Smith, Naperville Community Unit School District 203: Naperville, IL. Unpublished classroom materials.

图 4.7

| 圆的特性自我评价 | | | 举例 |

自我评价量规			
4—超过	3—满足	2—接近	1—低于
我完全理解学习目标,能够运用概念并把概念拓展到新的情境中。	我完全理解学习目标。	我对学习目标有一点理解。	我不理解学习目标。

能力标准:理解圆的特性	
学习目标	自我评价
我能根据圆的半径算出圆的直径。	
我能根据圆的直径算出圆的半径。	
我能说明圆的周长和直径之间的关系。	
我能说明圆周长的计算公式,$C(周长) = \pi \times d(直径)$。	
我能根据圆的周长计算圆的直径。	
我能说明圆的面积计算公式,$A(面积) = \pi \times r(半径)^2$。	

来源:Reprinted with permission from Sue Cho and Aaron Mukai, Mukilteo School District:Everett, WA. Unpublished classroom materials.

人—条形图

在这个活动中,学生评价他们对每一个学习目标的掌握程度,形成人—条形图,展示每一个学习目标的掌握等级。在单元学习开始时进行预测验,可以让学生对将要学习的内容有一个认识。"条形图"使我们能够更直观地看到哪一个学习目标需要较大团体的教学或者复习;哪一个学习目标只需要小组学习;同时要牢记的是:条形图的结果全部基于学生的自我报告。一开始就做预测验,让学生使用诸如前一节介绍的某一种量表进行自我评价。然后再让学生按以下步骤行动:

1. 每个学生给白纸编号,编号数跟清单上所列出的学习目标的数量相等(例如,有五个独立的学习目标,那么编号就是 1 至 5)。学生不需要把名字写在纸上,这是匿名的。

2. 学生在相应的编号旁边写下他们对每一个学习目标评判的等级(例如,"我给学习目标 1 评判的等级为 2——我需要复习一下该内容。因此就在纸上编号 1 的旁边写上 2")。

3. 所有的学生标记完后,要求他们把纸揉成团,然后大家围成一圈,相互投掷,捡起来继续投掷,直到大家都不知道这个纸团到底是谁的为止(3轮或4轮)。

然后继续做下面的事情:

- 把数字1、2、3贴在一面墙上,并留出足够的空间以便全班至少三分之二的学生可以在数字前面排队。(如果学生使用的是四点量表,那就公布4个等级编号。)
- 让学生把纸团捋平整,并向学生解释,由他们代表原先的纸团拥有者。对每个学习目标,学生需要按照纸团上所打的等级站到相应的数字前面排队。从学习目标1开始排队。数每一个队伍的人数,并报告(如果你愿意的话可以作图)。大声朗读该学习目标。
- 对余下每一个学习目标重复以上过程。当他们对每一个新的学习目标进行重新站队的时候,你们可能会注意到这些人数的分布会发生变化,有时这种变化可能是非常大的。

活动结束时,你和学生都应该清楚地认识到哪个学习目标需要特别留意。然后你可以根据学生的需要(每个目标的人—条形图所反映出来的情况)进行有针对性的全班教学或分组教学。

与内容标准相匹配

形成性小问答或测验的题目应该与你所教内容的学习目标相匹配。如果不清楚题目评价哪一个学习目标,那么请重新编写题目,或者把它删除。

在做功课、课堂小测验和测验期间的自我测评

当学生在完成多项选择或书面简答题的时候,你可以让他们解释为什么要选择这个答案。这不仅给予了他们更深入地思考所选择答案的机会,还能够使你更加了解学生的误区在哪里,以及他们是如何理解该题目的。

在每一个选择题或填空题后面加上一个需要回答的问题,"你如何知道你的回答是正确的",如图4.8所示。当你与学生一起检查作业、小问答或者测验的时候,探讨具体题目做对和做错的常见原因。这时,你就可以使用这些诊断性的解释来确定随后的教学要消除哪些错误的理解。这些信息对利用作业、小问答或者测验的结果,引导你如何确定下一步教学,或者指导学生根据自身的需要设定目标尤为重要。

二年级教师Amy Meyer设计了一种作业格式,作业的每一个问题都以陈述学习目标打头,并且学习目标的左边有一个方框。学生完成每一个问题后,在方框中选填一个符号,评价他们的理解水平:星星代表"我认为我理解这些内容",台阶代表"我需要更多地练习"。图4.9列举了一位学生的两个数学问题作业。

使用形成性小测验或测验的结果进行自我评价

学生在做小测验或者测验的时候,通常不知道这些测验除了测试最一般的能力之外还测了什么。如果问他们,他们可能会说:这是一个有关阅读、社会科学,或者是科学的测试。然而,有了清晰的学习目标,批改过的测验和考试本身就能给学生提供信息,判断哪些学习目标已经掌握,哪些还需要进一步学习。活动中,你要为小测验或测验制定一个测验模板,该模板应该指明每道题目所代表的学习要点。测验和考试之后,

图 4.8 　　　　　　　　　　　　　　　　　　　　　　　　　　　　　　　　162

| 你如何知道你的回答是正确的？ | 举例 |

该阅读理解题目用来测试学生推断作者写作意图的能力。
下面哪一项能概括作者写这篇文章的意图？
a. 解释滑动的石头如何移动。
b. 解释科学家如何断定石头如何移动。
c. 解释如何做实验。
d. 解释为什么将湖床称之为赛场。
你如何知道你的回答是正确的？_____
_____

图 4.9　　　　　　　　　　　　　　　　　　　　　　　　　　　　　　　　163

| Casey 的数学 | 举例 |

名字：_casey_ ＃ _8_ 日期 _92-08_

做测试的时候，请在学习目标旁边的方框中填入象征符号：星星（表示你知道如何做）或者台阶（表示你还需要更多练习）。

 我能按顺序逐一填写数字。

42, 43, 44, 45, 46, 47, 48
17, 18, 19, 20, 21, 22, 23
97, 98, 99, 100, 101, 102, 103

 我能用 25 美分，10 美分，5 美分和 1 美分计算钱币的总价值。

写出这些钱币的价值：

D, D, N, P = 26¢

Q, N, N, P = 36¢

Q, Q, D, N, P, P = 67¢

Casey棒极了！
你已掌握全部学习目标和要点

来源：Reprinted with permission from Amy Meyer, Worthington City schools：Worthington, OH.

学生就可以根据结果和模板找出哪些学习目标需要进一步学习。如果后面有机会证明学生在终结性评价得分上取得进步，那么形成性评价策略就发挥了最大的功效。此活动有两个版本，简单的适用于小学生，复杂的适用于中学生。

小学版的活动过程

1. 确定小测验和考试的每个题目所测量的学习目标，并填入"我的结果评价"表格（图4.10）头两列中。以此作为你的测验模板。

图 4.10

我的结果复查

名字：_____ 任务：_____ 日期：_____

请你看批改过的测验，并给每一个问题标上对错。接着看做错的那些题目，判断自己是否可以独立修改这些错误。如果可以，就在"可订正的错误"栏中做标记；剩下的全部在"不会"栏中做标记。

问题	学习目标	正确	错误	可订正的错误	不会
1					
2					
3					
4					
5					
6					
7					
8					
9					
10					

2. 实施小测验或考试，批改试卷，再把试卷与"我的结果评价"表格一同发回给学生。

3. 学生检查老师批改过的小测验或考试，根据实际情况，在每个题目对应的正确或错误栏中做标记。

4. 接着，让学生查看他们做错的题目，并问自己："我知道我哪里做错了吗？我自己能订正这个错误吗？"如果答案为"是"，就在"可订正的错误"一栏中做标记。如果答案是"不"，就在"不会"一栏中做标记。有了这些原始材料，他们就能确定自己的优势和最薄弱的地方。

5. 分发"我的结果分析"表格(图 4.11),让学生把他们的结果转换成下列三个分类之一:"我很擅长于此";"我比较擅长于此,但还需要做一些复习"和"我需要继续学习"。如果学生对同一个学习目标不同部分的掌握水平不一样,那么可以把它分成多个类别(例如,"当分母为 2 或 5 时的分数加法,我很擅长。但是对于其他分母,就不怎么会了")。

6. 指导学生制定推进计划。本章第三节介绍的多个目标设定框架可供选择。

图 4.11

我的结果分析

我擅长该内容!
我达到了的学习目标:

我很擅长该内容,但还需要做一些复习
由于犯了"可改正的错误"而未到达学习目标:

怎么做才能防止此类事情再度发生:

我需要继续学习该内容
我做错了,并且不知道如何订正的学习目标:

为了做得更好我该做些什么:

在第一次进行这个活动之前,把这个表格发给学生看,并向他们解释表格的用途:根据小测验或测验的结果去发现自己会什么,以及还需要继续学习的是什么。预先询问他们可能会犯哪些类型的简单错误,为了避免在测试出现这些错误,他们可以做些什么。

学生对结果进行分析之后,让他们思考可以采取哪些策略以避免再次犯错,并把认为可行的策略写下来。学生可以保存这些表格并复习,以便记住不要把先前所犯的错误带到后面的测评中。

对学生列为"不会"的学习目标,教师要准备提供一些建议以帮助学生改进学习。对于那些在某些学习目标上有特定需求的学生,可以针对学习目标,组建一个或多个的复习小组。或者,你可以为每个学习目标提供一些建议。

图 4.12 展示了一个学生关于言语艺术的文学基础小测验结果。Lauren 15 道题里答对了 9 道,得到的分数是 60%。假如给她的测试评等级,很可能得 F。有多少学生得了 F 并且会想:"哇!瞧瞧我知道多少啊?"但是 Lauren 认为自己的"真"分数是 80%,即 B 级。在学生的心目中这两个等级的差别是很大的,而且对没有掌握的学生

图 4.12

文学基础测验 （举例）

复查我的结果

名字：_Lauren B_   任务：_文学基础测验_   日期：_12月10号_

请看老师批改过的测试卷，并标记每个题目做对还是做错。然后检查做错的题目，判断自己是否可以改正所犯的错误，如果可以，就在"可改正的错误"栏中做标记，其余做错的题目在"不会"一栏中做标记。

问题	学习目标	对	错	可改正的错误	不会
1	确定故事要素——情节	×			
2	确定故事要素——背景	×			
3	确定故事要素——人物角色	×			
4	确定故事要素——人物角色	×			
5	根据书面证据描述一个人物角色的行为		×	×	
6	根据书面证据描述一个人物角色的思想		×	×	
7	根据书面证据描述事件		×	×	
8	在文章中找出简单明喻句	×			
9	在文章中找出简单明喻句	×			
10	在文章中找出暗喻句	×			
11	在文章中找出暗喻句		×		×
12	解释文章中简单明喻句的意思	×			
13	解释文章中简单明喻句的意思	×			
14	解释文章中简单暗喻句的意思		×		×
15	解释文章中简单暗喻句的意思		×		×

来说，失败的等级对学生学习没有建设性的支持。当我们形成性地使用测验结果来获得学生的信息时，我们不应该对学生进行过早的判断，也就是说不应该给学生评定等级。在学生学习期间，小测验有助于了解学生已经掌握了什么，什么仍需学习。就像 Lauren 一样，即使成绩很低，但是他们已经掌握了部分的内容，所以让他们看到这一点很重要。并且，对于这些做错的题目，并不代表全都需要重新教一遍，有些问题学生或

许可以自行解决("哦,我知道我错在哪里了")。

我们设想一下,如果 Lauren 的老师不要求学生分析他们的结果,仅凭小测验的结果把学生分到重教组并再次教学,那么 Lauren 可能就会和其他错了至少几题的学生一起被分配到重教组。但是,对于 Lauren 来说,她需要什么样的帮助?由于教师没有参考目标相关的详细数据,Lauren 接受了所有学习目标的再次深度教学,但实际上她只需要暗喻学习方面的帮助。想象一下如果 Lauren 没有犯"可以订正的错误",只在她真正不理解的三道题上答错了,那么她的原始分数就是对了 15 道题目中的 12 道,如果缺少与目标相关的详细数据,那么即使她不理解暗喻,也可能不会被分配到重教组中。

适合中学的版本

在初中生进行考试或测验的时候,增加反思自己对每一个题目的信心程度的步骤。这个改版不告诉学生哪道题测了哪个学习目标,因为当他们进行考试或测验的时候,学生看到的这个表格可能会提供正确答案的线索。你要另外制作一份编号清单,并把每个学习目标的编号写在每道题号的旁边,而不是把学习目标写在表格上。学生在答题结束后给每道题记上确信或没把握。表格中用灰色竖条把测验时使用的表格和测验批改后使用的表格形象地隔开。

当把批改后的测验发给学生时,把学习目标编号清单也发给学生。像小学版本的一样,在相应的栏中给学习目标记上"对"或"错","可改正错误"或"不会"。然后,让学生同时兼顾到在测验时记录的"确信"或"没把握",在表格的第二页分析他们的结果。中学版本把学习目标分为优势学习目标,迫切需要学习的目标或者需要复习的学习目标。图 4.13 展示了中学版表格的例子。

学生可以利用本章第三节介绍的一种目标设定框架,制定学习行动计划,促进对尚未掌握的学习目标的理解。像前面介绍的对待小学生的方式一样,你可以针对特定的学习目标进行一个或多个的小组或大组复习,并给每一个学习目标提供建议,还可以让学生自己选择进入他们最需要的学习组,或者你给每一个组提供课堂内外活动的建议。

如果把这一活动过程和单元测试结合起来,首先要学生提交学习计划作为重考的入场券,重考时使用平行测验(相同的学习目标,不同的题目),并在过后几天进行,重考的分数代替原先的分数。或者我们也可以这样理解,使用 A 测验对前一段时间的复习进行检验,然后根据该测验的结果去复习,最后用 B 测验作为终结性评价。

中学数学教师 Paula Smith 把测验前自我评价和测验后自我评价联系起来,让学生能够感受自己的成长。

图 4.14 介绍她的学生做了些什么,以及是如何影响学生学习的。图 4.15 展示了她使用的表格。

高中教师 Jennifer McDaniel 在她的大学预修微积分课上运用了这一活动的变式。她把测验发回给学生,让他们在图 4.16 中给做错的题目做标记。对于做错的每一个问题,学生需要确定是由什么原因造成的,并在适当的栏中打钩:简单错误、猜错和理解错误。然后,学生需要填写测验修正表,对每道题进行分析。表格由三栏组成:我过去怎么做,我本来应该怎么做,以及过去我是这样想的……现在我明白了……图 4.17 是填写测验修正表的例子。

图 4.13

复查和分析我的结果,中学版本

名字:_____ 任务:_____ 日期:_____

回答每一个问题时,请判断你对答案是确信的还是没把握的,并在相应格子里做标记。

问题#	学习目标#	确信	没把握	对	错	可改正的错误	不会
1							
2							
3							
4							
5							
6							
7							
8							
9							
10							
11							
12							
13							
14							
15							
16							

结果分析

1. 测验批改之后,判断哪些题错了,哪些题对了,在对应的"对"和"错"栏中填入×。
2. 在做错的题目中,判断自己是否可以改正所犯的错误,如果可以,就在"可改正的错误"栏中做标记。
3. 所有剩下的错误回答,在"不会"栏中做标记。

图 4.13（续）

| 名字： | 任务： | 日期： |

我的优势学习目标
确定你的优势所在，写下你有把握并且做对的题目的学习目标。

学习目标♯	学习目标或问题的介绍

迫切需要学习的学习目标
确定你最需要学习哪方面内容，写下标记为"不会"的问题所对应的学习目标。"不会"的问题是你做错了，但不是由"可以改正的错误"造成的。

学习目标♯	学习目标或问题的介绍

需要复习的内容
确定哪些内容需要复习，写下那些你不确定的和可自我改正的题目所对应的学习目标。

学习目标♯	学习目标或问题的介绍

来源：Chappuis, S., Stiggins, R., Arter, J., and Chappuis, J. (2006). Assessment FOR Learning: An Action Guide for School Leaders, Second Edition. Pearson Assessment Training Institute：Portland，OR.

表 4.14

来自课堂

学习计划的评价
我们做什么

新单元开始之初，学生先做一个前测。他们知道该测验不用来划分等级，大多数问题不会做也是很正常的。测验是根据学习目标编制而成。和学生一起重温前测，然后我简单讲解如何运用学习目标技能解答问题，这样学生就可以确定自己是否仅仅犯了简单错误。如此就可以唤起学生的有关记忆，或者建立起与其他有助于学习新材料的数学技能的连接。和学生一同改错时，由学生在学习评价（AfL）计划上绘制结

表 4.14(续)

果图。第一次,由我指导他们经历整个过程,但是在接下来的章节中,由他们独立完成评价。在审阅过与每个具体学习目标有关的一组问题之后,记下正确题目和错误题目的数量,并核对是否犯了简单错误,然后用竖起大拇指或大拇指朝下来判断他们的整体理解水平。学生也可以用竖起大拇指和大拇指朝下来记录对关键词汇和术语的理解水平。在分析的最后,学生要完成包含各种反思问题的整章行动计划。我收上学习评价表格和事前测验,记录班级结果情况以备用,然后把表格和测验发回给学生。我运用这些结果去设计差异化课程。这种做法能激励学生在"不评等级"的测验中竭尽全力,因为他们乐于接受基于自身学习水平的单元教学。在单元学习期间,特别是准备后测的时候,我们在单元学习期间,经常会复查和参考学习评价和事前测验的结果。单元测验结束后,学生重复结果记录的过程,与事前测验结果做对比,并作反思。

对学习的影响

该过程对学生相当奏效。它能够在新篇章开始前把明确的学习目标提供给学生,并且让他们能对自己的理解水平进行清晰定位。学生拥有了测量自己进步的明确目标。学生对他们的学习产生了完全的控制感和责任感。对于学生,一个成长中的学生,在绘制单元考试结果表之后看到自己的进步是再棒不过的经历了。他们会为能够展示自己的成长感到莫大的自豪。

学生们怎么说

在我的课堂里,学生对形成性评价练习的反应通常是积极的。他们很乐于知道自己哪些地方懂,哪些不懂,并且能看到这些知识的力量。他们坦白他们以前是如何不擅长数学和如何不喜欢数学。但是现在看到了自己的进步,看到了自己能够在数学方面做好的证据,这使得他们喜欢上了数学。学生的反思通常包括如何提高自信的评论和如何为自己感到自豪。也有的说到,他们明白了事物之间如何联系和学习上的漏洞如何影响整体的理解。他们不会觉得烦,因为当他们理解某些内容后,就用不着那么费力地学。当他们在进行评价的时候,最大的区别就是他们更为自信了。他们意识到测验分数并不是我们从测验中得到的最重要的东西;一位上数学课的学生认为从测验中获得的最重要的东西是学习和成长。

来源:Reprinted with permission from Paula Smith, Naperville Community Unit School District 203, Naperville, IL.

有评价量规的自我评价

下列策略可以在学生学习推理、技能或者产品目标,根据评价量规对其完成的任务进行评价,以证实学生所获得的成就时采用。有许多方法能够促进有评价量规的自我评价,但你首先需要确保有一个第 2 章介绍的恰当的评价量规。其次,学生应该已经练习过使用评价量规对匿名样例进行评价(策略 2),收到过基于评价量规的反馈(策略 3)。

评价量规的前提条件

有评价量规的自我评价和目标设定的功效取决于该评价量规的结构、内容、语言以及学生对它的熟悉程度。

评价量规文本的形成方法

虽然评价量规是用词汇来描述质量,但是你也可以把概念列成清单的格式,或者用表格、图画来描绘短语,使得学生对其中的意义产生共鸣。

表 4.15

线性方程与线性函数的学习评价计划

例子

姓名：_____

第 3 章学习目标：
- 我能根据句子表述出代数表达式与代数方程式
- 我能解决加法、减法、乘法证明关系
- 我能用图形数据证明关系
- 我能解决两步方程
- 我能算出图形的面积和周长
- 我能使用逆推的策略解决问题

线性方程与线性函数的学习评价 AfL 计划

课堂目标	问题 #	总数 #	事先评价结果			额外帮助	事后评价结果		
			#正确	#错误	简单错误? 👍 👎		问题#	总数#	#正确	#错误	简单错误? 👍 👎
3.1 表达式与方程	#1—4	4							
3.2 方程：加法、减法	#5—7	3				p.674			
3.3 方程：乘法	#8—10	3				p.674			
3.4 逆推	#11	1				p.674			
3.5 两步方程	#12—14	3				p.675			
3.6 周长	#15—16	2				p.675			
3.6 面积	#17—18	2				p.675			
3.7 函数与绘图	#19—22	4				p.676			

学习评价 7 策略　支持学习的可行之道

事先评价：行动计划

1. 你特别不擅长的学习目标(弱点)是什么？
2. 在第三章的学习中你确定要做的两件事情是什么？
3. 谁能帮助你学习？什么时候帮你？
4. 你会像准备第二章测验那样去准备第三章的测验吗？为什么？

我觉得 _____
我保证我会 _____

事后评价：反思

1. 你是怎样准备这次测试的？你按照行动计划进行了吗？
2. 你实现目标了吗？
3. 如果可能，你会有什么不同的做法？

我学习了 _____
我很惊讶 _____

词汇	事前 👍	事前 🤔	事后 👍	事后 🤔	事后 👎
公式					
方程式					
线性方程					
两步方程(2-step equations)					
逆推策略					
周长					
面积					
变量					
倒数					
和为零的一对数					
表达式					
系数					
代数表达式					
等式的基本性质2(等除性)					

事前：家长签名 _____
事后：家长签名 _____

测试等级： _____
评语： _____

来源：Reprinted with permission from Paula Smith, Naperville Community Unit School District 203；Naperville, IL. Unpublished classroom materials.

表 4.15(续)

表 4.16

| 测验反思和订正 | 举例 |

预修微积分测验反思和订正：隐函数微分法

学习目标	问题编号	简单错误	猜测	理解错误
我能使用隐函数微分法求出函数的导数。	1 2 3 4 5			
我能通过隐函数微分法和计算指定点的导数求得 dy/dx 值。	6 7			
我能使用隐函数微分法根据 x 值和 y 值求得二阶导数。	8 9 10			
我能解曲线定点的正切线和正垂线的方程。	11			
我能使用隐式和显式方法求出 dy/dx 值，并且能够计算给定点的 dy/dx 值	13 14			
开放回答： 我能根据隐式函数微分求解函数的倒数。 我能找到点 P，使得该点的正切线是水平的。	14			

测验订正

我过去是怎么做的	我本应该怎么做	过去我是这样想的……现在我明白了……

学习评价 7 策略　支持学习的可行之道

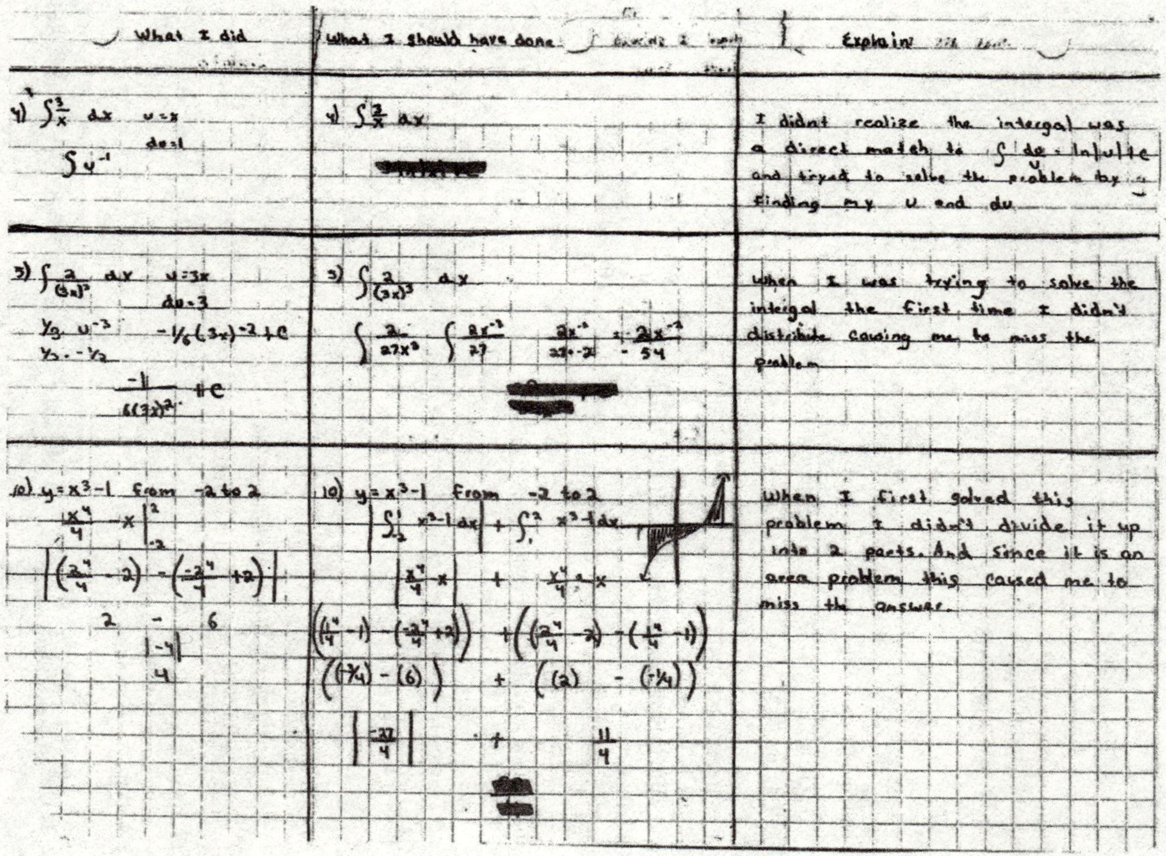

举例　学生测验订正

图 4.17

1. *发展轨迹*。发展轨迹所用到的短句特别适合年幼学生的自我评价,你可以把你选中的短句写在"星星和台阶"表(图 4.18)中的"刚开始"、"在路上"和"成功"三个标题下面。有了这个表格,学生就可以确定自己与步骤相符的程度,证明自己在评价量规所示的学习目标上已经取得的进步。

　　一年级教师 Melissa Vernon 把写作的评价量规转化成了发展轨迹;学生可根据这个发展轨迹进行同伴反馈和自我评价。

图 4.18

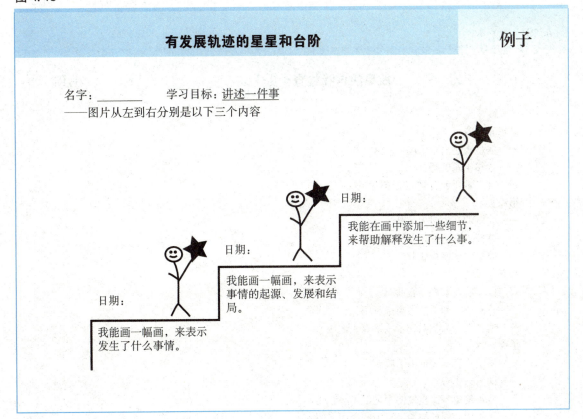

2. *清单*。在课堂上,你和学生可以用陈述性的语句清单来呈现评价量规,学生在上交作业之前可以用它检查作业。我们要确保把质量要素写成句子,记在清单上。图 4.19 展示了小学生写作清单的例子,它来源于"6+1 特征™写作评价评分指南"①。你也可以自己把量规写成清单。如果学生熟悉量规,他们就能够理解清单。

3. *图示*。另一个策略是把描述量规语句用图示的形式描绘出来。图 4.20 展示了例子。学生在最符合他们当前的作业样例的质量要素上做标记,然后写下他们要采取

---

① "6+1 特征"的各个组成部分是优秀写作所具有的共同特点,同时也是 NREL 研发的写作评价标准的七个维度。它们分别是:思想(ideas)、组织(organization)、心声(voice)、措辞(word choice)、句子流畅性(sentence fluency)、规范(conventions)和呈现(presentation)。——译者注

什么行动才能达到下一个水平或最高水平。或者,学生也可以在他们认为作业样例所命中的"环"上做标记。在努力掌握学习目标的整个学习期间,学生可以连续在同样的表格上面做标记并附上日期。(请看第4章DVD的空白打靶图模板文件)

使用评价量规

学生也可以直接用评价量规来做自我评价,以下是四条建议:

1. 如果学生认为评价量规语句描述的优点和存在的问题出现在了自己的作业上,就给这些句子画下划线,或者画上圈;也可以用亮色标记,优点和问题采用不同的颜色,比如绿色和黄色。接着,学生在作业中与他们先前确定的量规中的优点和问题相

图 4.19

故事的自我检查	举例

思想和内容
——信息表达清晰了吗?
——紧扣主题了吗?
——含有重要和有趣的细节吗?

组织
——故事的开头引人入胜吗?
——事情展开的顺序是最佳的吗?
——故事的结尾精彩吗?

心声
——作文听起来像是我的吗?
——我的所想和所感写出来了吗?
——读者会认为我对这个故事有兴趣吗?

措辞
——用了我喜欢的词汇了吗?
——词汇适当吗?
——尽量避免多次重复使用词汇了吗?
——所采用的词汇描绘出清晰的画面了吗?

句子流畅
——句子容易大声朗读出来吗?
——句子以不同的方式开头吗?
——有长句也有短句吗?

规范
——段落的开始有明确标示吗?
——查阅不确定单词的拼写方法了吗?
——正确使用大写字母了吗?
——给对话正确加标点符号了吗?
——在句末处正确使用标点符号(句号,感叹号,问号)了吗?

图 4.20

| 打靶图上的评价量规语句 | 举例 |

写一个好的开头……

我不知道怎么写开头，所以只好仓促进入。我后面会担心开头的部分。

我写了一个开头，但我仍不知道怎么把开头和主题联系起来。

我的开头和主题联系起来了，但仍不够自然。

我的开头和主题自然地联系起来，但它并不像我所听想的那样吸引读者。

1　2　3　4

我的开头介绍了主题，并能够吸引读者的注意力，所以读者能够容易地理解我的观点。

5
我成功了

我就要成功了

我在半途中

我取得了一些进步

我刚起步

图 4.21

| 有"理由"的自我评价 | 举例 |

姓名：Brad Smith　日期：11月20日
标准：清晰，对论点有分析且全面
我的评价：优

能够描述我作业的评价量规短语	作业中和短语相符的特征
聚焦于主题的一个具体方面	
提出一个可讨论的断言	
只涉及文章要讲的问题	

匹配的地方画下划线，或者画圈，再或者加亮色（辩解）。最后，对作业或作品进行修改，然后提交，以得到最终的成绩。

2. 在修改之前，学生用诸如星星和台阶这样的符号确定评价量规短语，以及他们作业与之相对应的地方。

3. 学生把他们认为量规中能够描述作业质量的短语写下来，并在后面附上对作业特点的简短介绍，以作为判断的依据。量规的短语可能是优点，也可能是问题，还可能是两者的结合。表 4.21 举了一个例子，是一个学生判断他自己的社会研究文章的论题陈述是"优点"，并把他认为与其社会研究文章论题陈述特点相吻合的量规短语抄下来。他下一步需要做的是辩解，即写出论题陈述中能够反映自己宣称具备那些质量特征的短语。

Laura Grayson 老师让二年级学生通过填写任务出关票（图 4.22）来发展和培养自我评价的技能和习惯。这是她所观察到的在学生身上出现的一些情况（个别沟通，2008）：

　　出关票上的提示题让学生有机会在写作研讨之前进行自我评价。学生研讨的是他们对写作中某种词性的词语运用的了解，以及个人评价用的词语是否改善了作文。学生已经能够意识到他们作文里面存在的细微差别，例如起笔好还是不好。这在过去的话，得由我给他们指明才行。现在，学生自己能够在写作上做调整，并且非常渴望分享自己如何取得了进步。

图 4.22

| 写作出关票 | 举例 |

名字：Ally　　　　　　　　　　　　　　　　　　日期：6-17

写作导学入场券：名词

用你自己的话给名词下一个定义。
一个名词是人物、地点，或者是东西。

选择并列出你在作文中用得最好的几个名词。
apple(苹果), pie(馅饼), sider(星星，同 star), Juce(果汁)①

评价你自己作文中的名词用得如何？
我用得不太好

来源：Used with permission from Laura Grayson, Mehlville School District, St Louis, MO.

高中科学教师 Stephanie Harmon(个别交流,2013)对学生反馈和自我评价的影响进行了追踪研究。研究从学生的九年级开始，两年后，学生升入十一年级后又回到她的班级。她已经在实践中建立了反馈和自我评价的学习文化：

> 我的教学任务每年都有变动。这样使得我在一些年主要教的是九年级学生，而另一些年主要教十一年级的学生。我发现，在我教的十一年级学生中，有部分学生以前在九年级时我也教过，正是他们在课堂上表现优异。原因在于他们清楚自我评价和使用反馈对指引他们实现学习目标的价值。他们以学习主人翁的身份进入课堂，而不需要我再花时间教他们怎么做，这就使得我能够做一些以前从来没有时间去做的事情。今年这些活动特别有效，因为那些与我重逢的学生焕发出来的热情感染了班级里的"新人"。我为他们的表现感到欣慰。

设立目标与制定计划

自我评价确立了要继续学习的承诺，目标设定则能给我们指明下一步兑现承诺的

---

① 书写单词 juice 时，学生出现了拼写错误。——译者注

> "目标是某个对象或是行动的目的，例如，在规定的时间内达到某一具体的熟练标准。"
> Locke 和 Latham，2002，p.705

道路。然而，如果仅仅利用自我评价的结果来设定目标，而对评价代表着什么样的学习缺乏更缜密的理解，学生设定的目标就会非常空泛："学得更多"，"把书带回家"，"更努力"，"做得更好"。虽然这些目标看上去冠冕堂皇，但是并没有针对学生真正需要学习的内容，因此对制定行动计划而言起不到什么帮助。

对表现影响最大的目标是有难度的目标：明确而不含糊，有挑战而不容易的目标。有难度的目标需要学生在某些重要的方面明显超越他们现有的成就水平（Sattie，1989）。Hattie（2009）概括了有难度目标的效力：

> "困难目标能够集中注意力，调动努力，并能提升对任务的坚持性。相反，尽力做这一目标在通常情况下和没有目标的效果差不多。"
> Sadler，1989，p.129

有难度的目标更为有效的一个主要原因是它能使学生对成功有一个更清晰的概念，并能引导学生注意相关的行为或结果。对成功来说，最关键的不是目标的具体性，而是目标的难度。目标难度与成绩具有明确的线性关系……目标最有挑战性的学生，其成绩比目标轻易就能实现的学生高出 250%（Wood & Locke，1997，p.164）。

在组织心理学领域里，Locke 和 Latham（2002）对目标设定理论的 35 年研究进行了总结，发现明确且有挑战性的目标：

> 与敦促努力学习相比，它们更能改善学习表现。元分析得到的效应值在 .40 到 .80 之间（Locke & Latham，1990）。简而言之，当你叫别人尽力去做时，他们不会真的尽力。因为"尽力做"这个目标没有所指的外部对象，因此其含义也是因人而异的。它允许有一个宽泛的可接受的表现水平，这和有一个明确的目标水平不是一回事。（p.706）

根据 Locke 和 Latham（2002，pp.706-707），明确且有挑战性的目标通过四种机制来提高成绩：

1. 它们能把注意集中在活动上，引导目标的实现，避免其他无关事物的干扰。
2. 它们有"激励功能"，与低挑战性目标相比，能激发学生更大的努力。
3. 它们使人的努力更持久。有挑战性目标的人坚持性更强。
4. 它们能让人挖掘自己已经具备的知识和策略，并想方设法去扩充知识和策略储备，从而实现自己的目标。

Locke 和 Lathame（1990）也对反馈如何支持目标的实现做了解释。难度适当的目标能够帮助学生，"指引他们行动和努力的方向，并有依据地做出评价。反馈让他们能够设定合理的目标，并对目标相关的表现进行跟踪，如此，学生就可以根据需要调整努力及方向，甚至学习策略"（p.23）。

当完成自我评价后,如果学生已经掌握了学习目标或不需要进一步学习,他们就没有必要进行目标设定。但是如果自我评价结束之后,学生还有机会取得进步时,那么就有必要要求他们为进一步的行动设定目标、制定计划。自我评价的结果、自我反馈或同伴反馈、对需求的自我评价,以及以上信息资源的组合均可作为设定目标的基础。

 信息准确

有效的目标依赖于准确的差距分析。因此就预期的学期状况而言,学生接收到的应该是与之有关的目前典型状况的准确信息,这非常重要。

帮助学生创设目标和制定计划

有效目标的成分反映了构成形成性评价7策略的三个问题:我要去哪里?我现在在哪里?我如何缩小差距?如图4.23所总结,有效的目标对有意学习进行了界定,描述了当前的状况,勾勒出了行动计划。计划包括描述学生要做什么事情、时间安排、实际位置、决定所需的支援(如果有的话)和材料,以及确定学生使用什么样的证据来证明实现了目标。学生年龄和学习任务的复杂度会帮助你决定学生的行动计划需要纳入哪些特征。

图4.23

制定明确且有挑战性的目标

明确且有挑战性的目标包含以下要素:
- 对有意学习的清晰陈述:"我要学习什么?"
- 对当前状态的描述:"针对我的学习目标而言,我现在的位置在哪里?"
- 行动的计划
  —"我要采取什么行动?"
  —"我什么时候做起?"
  —"我从哪里做起?"
  —"我能与谁一起做?我需要什么材料?"
  —"我用什么来刻画我'之前'和'之后'的状况?"

如果实现目标的时间进程比较长,那么在计划中建立反馈回路是会有帮助的。反馈回路是学生了解他们向目标进展得如何的主要方法。它的功能是确定原因或纠正;如果需要的话,为学生提供调整努力程度和策略的机会。在这个阶段的一些学生还需要外部反馈,而另一些学生将能够自我监控。

提高持久性,努力实现目标

明确何时、何地完成目标将有助于学生坚持到底。在社会心理学家 Heidi Grant

> **有挑战性的目标**
>
> 为了帮助学生达到目标中有挑战性的要求，需要确保学生所选学习目标的挑战性水平适当——尽管难，但是通过努力可以达到。

Halvorson(2012)介绍的一个研究中，一位研究者在学生去往秋季期末考试的路上，把他们叫住，问他们是否愿意参加关于人们怎样度假的研究。同意参与的人要写一篇文章，详细介绍他们将如何度过圣诞节，并在 12 月 27 日之前寄给研究者。其中一半学生，被要求写下何时、何地写文章，并当场把计划交给研究者；对另一半学生，则不要求制定任何计划。计划何时、何地组有 71% 的人提交了文章，而无计划组只有 32% 的人提交。有计划组有意识地去贯彻计划的可能性是无计划组的两倍。Grant Halvorson 随后对打算参加夏季学习、备考秋季 PSAT① 的十年级学生做了研究，检验计划对他们的影响。五月份的时候，给每个学生一本 PSAT 练习测验书。要求一半的学生制定何时、何地做练习题的计划，另一半则不制定计划。和先前的研究一样，计划者写完计划后，立即交给研究者。当暑假结束，学生把练习测验小册子上交的时候，发现计划者平均完成 250 个问题，而无计划者平均完成 100 个问题。此研究得到的结果是，确定何时、何地行动让参与者的工作量超过无计划者两倍还不止。

这两个研究阐明了什么是如果—则计划，这个策略已经被重复验证在广泛的领域内能够增加目标达成的概率，从健康目标到成就目标，再到个人成长目标，都非常有效(Gollwitzer & Sheeran, 2006)。要在课堂环境中应用如果—则计划，首先需要学生确定如何在何时、何地去实现目标，然后以*如果—则*的形式把它写下来或说出来。例如，学生做十个俯卧撑的目标(图 4.24)可以表达成"如果时间是早上六点，则我会在卧室做俯卧撑。如果时间是下午七点，则我会在卧室做俯卧撑"。

Grant Halvorson(2012)解释了如果—则句式发挥功效背后的机制，如下：

> 当你为实现目标，决定何时、何地采取行动时，你的大脑就会出现令人惊奇的变化。计划行为在情境或线索(如果)与要采取的行动(则)之间建立起了连接。比如说，你的母亲很难联系你，那么你给自己树立了每周给母亲打一个电话的目标。之后你会发现，即使你真心希望能每周打电话，但是你还是忘记，母亲也越来越生气。因此，你制定了如果—则计划：如果时间是星期天晚饭后，则给母亲打电话。现在在你的大脑里，情境"星期天晚饭后"与行动"打电话给母亲"建立了起直接的连接。(pp. 178-179)

对明确且有挑战的目标在工作场所中的影响的研究发现，这类目标能够改变行为，比如，减少旷工(Locke & Latham, 2002)。在课堂中，我们不仅可以把它用在学业成就目标上，还可以使用同样的目标和计划步骤去帮助学生改变妨碍他们成功的行为，包括不旷课、不迟到、恰当的自我控制和良好的学习习惯等。

---

① SAT 预考。——译者注

图 4.24

| 现状、目标、计划 | 举例 |

> 现状：现在我能够 做两个俯卧撑
> 目标：我的目标是 做十个俯卧撑 到 两周后
> 计划：为了达到目标我要 在前两天的早上和晚上各做两个俯卧撑。接下来两天早晚各两组，每组三个俯卧撑。再接下来两天，早晚做两组，每组四个俯卧撑。接下来的两天，早晚做两组，每组六个。最后两天，早晚做两组，每组八个。
> 我可以得到 我自己 的帮助

目标和计划的框架

对于一些学习目标，你可以使用一个框架（例如"现状、目标、计划"）来指引目标设定。它要求学生先确定现状——陈述目前所处的位置，接着是确定目标——陈述要去往哪里，最后是制定计划——描述如何实现目标。图 4.24 描述的是体育教育目标的制定和计划顺序。或者你也可以使用"我要去哪里？我在哪里？我如何缩小差距？"框架，图 4.25 介绍了高中生健康教育课目标和计划制定的例子。

图 4.26 介绍了从学生那里获得"什么"、"如何"、"何时"和"何地"等信息的多种方

> 实现目标，需要目标有实现的可能性，有决心并按这些实用的步骤去努力。

图 4.25

| 高中健康目标和计划 | 举例 |

> 姓名：John Jurjevich   日期：2月20日
>
> | 学习目标：解释免疫系统如何工作 |
> | 当前的成就水平：不理解白细胞如何抵御感染 |
> | 证据：传染病的课堂测验 2月19日 |
> | 我需要学习什么：解释白细胞的三个阶段：趋化性，吞噬作用，凋亡 |
> | 我要做什么：学习课本上有关病原体和免疫系统的内容；练习画白细胞的生命周期，并给每个阶段配上说明 |
> | 何时、何地：周一、周二晚上8点在我的房间开始 |
> | 需要的帮助——东西和人：书＋我 |
> | 实现目标的证据：测验 2月26日 |

来源：Chappuis, J.；Stiggins, R. J.；Chappuis, S.；Arter, J. A., *Classroom Assessment for Student Learning：Doing It Right — Using It Well*, 2nd Ed., © 2012. Reproduced by permission of Pearson Education, Inc.：Upper Saddle River, NJ.

图 4.26

自我评价和目标设定框架

#1

我要去哪里?	
我的目标:	
我在哪里?	
我能做什么:	我需要干什么:
我如何缩小差距?	
我要做什么:	
我什么时候做:	
我在哪里做:	
从哪里获得帮助:	
使用的材料:	

#2

开始做作业时完成以下部分	
作业:	日期:
我正在努力实现的学习目标:	
看到批改过后的作业或得到反馈之后完成以下部分	
优势:	
需要提高的地方:	

#3

订正错误	
学习目标:	
我犯的错误:	订正:
我犯的错误:	订正:
我犯的错误:	订正:

图 4.26(续)

#4

下一个步骤
我学习的下一步骤： □从老师那里得到反馈 □从另一个同学那里得到反馈：_____ □自我评价 □修改：_____ □上交作业，得到成绩

法的框架。在考虑选用某种框架的过程中，你需要系统地考虑每一个步骤，让学生搞清楚怎样去设定与学习直接相关、需要实现的目标，怎样制定引导学生通往目标的可行计划。第4章的DVD文件中有该章所有的自我评价和目标设定的表格，且均可编辑。

帮助学生制定学习计划

在单元终结测验之前，中学数学教师 Paula Smith（个别交流，2013）把练习测验作为家庭作业发给学生。学生在课堂上订正错题，然后用如图 4.27 所示的学习计划，确定哪个学习目标仍然需要学习，并注上考试前要采取什么行动来掌握这些内容。她还给每个学习目标提供了资源清单——学习指南、在线测试、在线游戏，并鼓励他们要明确计划用哪些资源。她介绍了这个活动对学生的影响，如下：

 目标要具体

学生自己设定的目标及其表述要具体，而不能是概括的或者复杂的内容标准。

> 因为学生参与制定自己个人的学习计划，所以他们学到的是整个学习生涯都受用的、有效的学习方法。学习任务应该合理设置，以满足学生的需求，不能让学生无所适从，甚至浪费时间。当心里树立了清晰的学习目标，清楚自己的薄弱之处，并制定了具体的计划，他们就能有效利用时间、高效率地学习。这样一来就会提高他们对知识的理解水平，获得更高的学习成就。

协商学习目标和计划

即便你示范过如何思考，一些学生仍然需要在帮助下才能完成框架的制定。针对这些学生，首先你要选定供他们使用的框架，然后根据个人或小群体的需求，运用下面的规则来帮助他们思考如何创设目标和计划。学生也可以和同伴一起运用规则，相互帮助设定目标、制定计划。

1. 首先，用学生理解的话分享对有意学习的理解。（"就是我们正致力于的那些能

图 4.27

| 学习计划 | 举例 |

学习计划 3.5—3.7,5.6 和不等式

姓名：_____

家长：请安排时间让孩子在家里做测试，帮助孩子为随后的考试做好学习和复习。你的孩子在学习的过程中会与你交流学习进度、学习目标和学习计划；你们的支持和指导对孩子有帮助。☺

第1步：核查了练习测验的答案之后，请圈出你做得不够好的小节。然后利用预评价、作业批改、要点指南和教科书，来学习和练习各小节教授的技能。

3.5　3.6　3.7　5.6

第2步：完成在学习指导中与重复部分一致的内容。在这张纸的背面使用标准答案来核对答案。

第3步：完成在线测试，如果你得分低于80%，你需要制定具体的学习计划并执行。

自查测试	结果%	👍	👎	下一步……	✓
3.5：解两步方程					
3.6：周长和面积					
3.7：函数和图像					
5.6：倒数					

第4步：玩游戏！上家庭作业热线网站，查找数学复习游戏链接！

家长签名：_____

意见：

来源：Reprinted with permission from Paula Smith, Naperville Community Unit School District 203；Naperville, IL. Unpublished classroom material.

够做到的事情。"）

2. 接着，一起看他们做的功课，确定他们已经会的是什么。指导他们按照格式陈述他们需要学习的是什么。

3. 要求学生介绍如何才能实现自己的目标。如果需要的话，帮助他们确定可能得到最大程度学习的合理行动。让他们写下要采取的行动，同时帮助他们确定*何时*、*何地*采取行动。

4. 帮助他们确定是否需要或者想要得到别人的帮助，如果需要的话，还需要哪些材料。

5. 设定实现目标的时间框架，或者要求学生确定完成目标的期限。把反馈回路嵌入时间框架中，因为反馈回路能够帮助学生长时间致力于目标之中。反馈回路实质上就是根据目标的进步情况提供反馈，指导学生根据需要对努力程度和学习策略进行调

整的检测点。学生做好检测的准备时,检测就是自我监控的检测,而不是老师在主导。

6. 帮助他们确定用什么样的成果或作品证明目标达到了。

结论

树立明确的学习目标是保证学生自我评价和目标设定的价值的开始,这一点很重要。除此之外,他们需要把当前状态与目标做比较,从功课里找证据来证明自己的判断,并确立明确的目标、指引下一步行动。

当我们教学生如何在这些确定的情况下自我评价、制定下一步计划的时候,他们就能做得准确。事实上,学生对自己的要求比我们更严格。如果你一一回顾本章介绍的活动,你会注意到,当学生进行自我评价时,他们知道什么和需要什么的信息宝藏就会被揭秘,这就没有必要设计额外的功课、任务、随堂小测验和测验来获得评价所需的学习数据。自我评价和目标设定活动获得的信息,可以用来给学生分组、安排伙伴、重新教学、加深理解、丰富学习。此外,这些活动为学生提供了成为自主学习者所需要的信息,因此能使学生产生更强的自我效能感。

第4章的理解和应用

本章末尾的活动旨在帮助你掌握整章的学习目标并把想法应用到课堂上。这些活动的用意是为了加强你对本章内容的理解,给合作学习提供探讨的话题,并引导本章教学内容和实践的实现。每个活动所需的表格和材料全部以可编辑的微软文档格式存放在第4章DVD的文件中。活动指南的后面列出了每个活动所需的表格,并用 ◉ 标示。

第4章学习目标

1. 了解自我评价和目标设定对学生动机和成绩的影响;
2. 了解使自我评价和目标设定的效益最大化的条件;
3. 知道如何教学生对学习目标进行准确的自我评价;
4. 知道如何让学生为设定明确且有挑战性的目标做好准备。

第4章活动

讨论问题(所有学习目标)

活动4.1 坚持写反思日志(所有学习目标)

活动4.2 确定自我评价的准备状态(学习目标1和2)

活动4.3 选择一个快速自我评价活动(学习目标2和3)

> 活动 4.4　挑一个选择性作答或书面作答的小测验或测验进行自我评价活动（学习目标 2 和 3）
>
> 活动 4.5　准备一个选择作答或练习测验进行自我评价（学习目标 2 和 3）
>
> 活动 4.6　使用评价量规进行自我评价（学习目标 2 和 3）
>
> 活动 4.7　选择并修改目标与计划框架（学习目标 2 和 4）
>
> 活动 4.8　选择策略 4 的一个应用（所有学习目标）
>
> 活动 4.9　添加到你的成长记录袋（所有学习目标）

第 4 章讨论问题

还可以通过括号里列出的活动对讨论的问题做深度探究。

阅读第 4 章之前要讨论的问题

1. 自我评价和目标设定是要花时间的。你为什么要求学生做呢？（活动 4.1、4.8 和 4.9）
2. 学生需要知道什么，才能够有条不紊地、准确地自我评价？（活动 4.2）
3. 学生设定目标、制定实现目标的计划时会遇到什么问题？（活动 4.2）

阅读第 4 章之后要讨论的问题

4. 对于自我评价促进了学习，你有什么看法？（活动 4.1、4.8 和 4.9）
5. 你会选择用哪一个快速自我评价？在单元或学习阶段的什么时间点使用？（活动 4.3）
6. 你会尝试使用选择作答和书面作答自我评价的哪一种办法呢？在单元或学习阶段的什么时间点使用？（活动 4.4 和 4.5）
7. 你会选择用与评价量规有关的哪一种自我评价方法呢？在单元或学习阶段的什么时间点使用？（活动 4.6）
8. 你会尝试选择哪个目标和计划？在单元或学习阶段的什么时间点使用？（活动 4.7）
9. 你在课堂上做过第 4 章的什么活动？效果怎么样？你注意到什么收获？你打算怎么修改？（活动 4.8）

活动 4.1

坚持写反思日志

这是一个独立活动。如果你选择做这个活动，你也可以与你的学习团队讨论你所记录的想法。

坚持记录你的想法、问题，以及任何你在阅读第 4 章时努力实施过的活动。

◎ 第 4 章活动 4.1　第 4 章反思日志表格

活动 4.2

确定自我评价的准备状态

这是一个独立活动。如果你单独做这个活动,那你也可以与学习团队一起讨论结果。DVD 中可以找到该活动的表格。

1. 使用简单的是—否清单来确定学生进行自我评价前是否做好准备。

自我评价准备　第一部分

☐是☐否　学生对质量(预期是什么)有清晰的愿景吗?
☐是☐否　学生能描述有意学习吗?
☐是☐否　学生能够区分"优势"和"弱势"的例子,并能区分质量水平吗?
☐是☐否　让学生练习使用质量语言来描述"优势"和"弱势"例子的特点了吗?

自我评价准备　第二部分

☐是☐否　学生有提供反馈和收到反馈的经历了吗?
☐是☐否　学生收到过用质量语言描述的反馈,并有机会按其行事了吗?
☐是☐否　学生练习使用质量语言给同伴提供反馈了吗?

2. 如果第一部分中有一个或更多选项选择了"否",那么在进行活动之前,你需要重温第 2 章介绍的一些活动。

3. 如果第二部分中有一个或更多选项选择了"否",那么在进行活动之前,你需要重温第 3 章介绍到的一些活动。

4. 一旦要求学生尝试自我评价,如有一些学生不知道写什么,你可以用清单指导自己确定什么干预可能对他们最有帮助。

活动 4.2 确定自我评价的准备状态

活动 4.3

选择一个快速自我评价活动

这是一个独立活动,活动之后进行学习团队讨论。

1. 就题为"十个快速自我评价创意"的部分,选择所解释的一个选项在一个班级里做尝试。

2. 在学生活动的过程中,请你在教室里巡视,看看学生遇到哪些问题,取得了哪些成功。记录你的观察。

3. 团队开会,分享你尝试的活动,观察到的学生的成功以及学生遇到的问题或者出现的差错。

4. 讨论解决问题或弥补差错的方法。如果学生感觉到困难,你就应该参考活动4.2的自我评价准备清单,确定下一步如何行动。

活动 4.3 快速自我评价表格

活动 4.4

挑选一个选择性作答或书面作答的小测验或测验进行自我评价活动

这是一个独立活动,活动之后进行学习团队讨论。

1. 挑选"选择性作答和书面作答的自我评价和目标设定"部分所介绍的一种方法在课堂上进行尝试。

2. 在学生活动的过程中,请你在教室里四处走动,看看学生遇到哪些问题,取得了哪些成功。记录你的观察。

3. 和团队开会,分享你尝试的活动,观察到的学生的成功以及他们遇到问题或者出现的差错。

4. 讨论解决问题或弥补差错的方法。如果学生感觉到困难,你就应该参考活动4.2的自我评价准备清单,来确定下一步如何行动。

活动 4.5

准备一个选择性作答或练习测验进行自我评价

这是一个独立活动。如果你的学习团队和你教的科目与年级都相同,你可以找一个伙伴或团队一起做活动。DVD里可以找到这个活动的三个表格。

1. 阅读标题为"选择性作答和书面作答的自我评价和目标设定"部分后,找出一份你用过的或你要用的选择性作答或简短书面作答的作业、小测验或测验。

2. 确定任务中每个题目对应的学习目标。如下所示,制定一个测验蓝图,并记下你的分析。(表格在DVD里。)

题目#	考察的学习目标
1.	
2.	
3.	

3. 确定你何时想让学生利用结果来进行自我评价和设定目标：是学习之前？学习期间？还是终结性测验前的复习阶段？请核查测验题目，确保对你的目的而言，测验提供的例子足够典型。关于例子的更多信息，见 Chappuis 等人（2012），pp. 107 - 112，126 - 128，172 - 174，及 208 - 209。

4. 决定是保持测验原有的题目顺序，还是根据每一个题目代表的学习目标重新编排题目的顺序。与你的同伴或团队讨论每一个选项的优缺点。

5. 制定一个表格，让学生用来检查和分析他们的作业、小问答或练习测验的结果。可以选用第 4 章的一个例子，也可以修改后再使用，还可以自己制定表格。（表格在 DVD 里。）

6. 让学生利用表格解释作业、小问答或练习测验的结果，并根据第 4 章的指南设定下一步的目标。

7. 在下一次团队开会分享的时候，带上几份已经完成的表格样例。如果一些学生活动中比另一些学生更成功，那么需要一个同时包含学生尝试成功和失败的例子。讨论如何改进活动过程或表格，使之适合所有学生。同时也考虑活动 4.2 中自我评价准备第一部分的有关问题，确定更多地结合第 2 章的活动是否会有帮助。

◎ 活动 4.5a 测验蓝图表格
◎ 活动 4.5b 检查和分析我的结果（小学）
◎ 活动 4.5c 检查和分析我的结果（中学）

活动 4.6

使用评价量规进行自我评价

此活动可以个人做，也可以同伴合作进行。学习团队在活动之后开展讨论。

1. 阅读标题为"有评价量规的自我评价"部分之后，确定适合学生使用的评价量规。

2. 选择介绍的某一种选项，要么用来规范评价量规文本，要么直接用作评价量规。把这些所需的材料准备好，让学生致力于自我评价。

3. 只要有，就请坚持追踪学生获得的成功之处和遇到的问题。

4. 在下一次团队开会时，请把学生使用的材料和自我评价样例带上。如果一些学生活动中比另一些学生更成功，那么需要一个同时包含学生尝试成功和失败的例子。讨论如何改进活动过程或表格，使之适合所有学生。对于自我评价出现的问题，可以借鉴活动 4.2 中自我评价准备第一部分的有关问题，确定更多地结合第 2 章的活动是否会有帮助。

活动 4.7

选择并修改目标与计划框架

这是一个同伴协作或学习团队的活动。DVD中有该活动的表格。

1. 阅读标题为"设立目标制定计划"的部分后,查阅从图4.23到图4.27所展示的例子。与你的同伴或团队一起,根据你的背景(年级、科目和学习目标),找出一个或更多的例子,帮助学生设定学习目标,制定可行计划去实现目标。

2. 选择其中一个框架,也可以进行修改,落实以下几点以制定使用框架的计划:
- 在学习哪个单元时使用框架
- 学生的目的和计划的焦点是哪个(些)学习目标
- 学生何时进行自我评价和目标设定——是教学之前还是教学期间

3. 让学生使用框架。在下一次团队开会的时候,请带上几份已完成的框架样例和大家分享。如果活动中一些学生比另一些学生更成功,那么需要一个同时包含学生尝试成功和失败的例子。讨论如何改进活动过程或表格,使之适合所有学生。对于自我评价出现的问题,可以借鉴活动4.2中自我评价准备第一部分的有关问题,确定更多地结合第2章的活动是否会有帮助。对目标设定出现的问题,回顾图4.23中的信息,确定整个过程中的哪一部分需要更多的关注。

◎ 活动4.7 选择并修改目标和计划框架

活动 4.8

选择策略4的一个应用

这是一个独立活动。如果你单独做活动,你也可以与你的学习团队讨论结果。

阅读第4章之后,选择一个活动来应用。然后利用DVD上的表格对活动进行反思:你尝试了什么,观察到什么结果,采取了什么行动,或者基于经验将要采取什么行动。如果你与学习团队一起工作,你可以考虑与他们分享你的思考。

◎ 活动4.8 选择策略4的一个应用

活动 4.9

添加到你的成长记录袋

这是一个独立活动。

该章的所有表格都可以添加到个人成长记录袋中。把能够证明你掌握了第4章学习目标的活动或作品挑选出来。如果你坚持写反思日志,你可以把该章的条目添加到成长记录袋中。DVD 提供了记录袋条目的封面清单,DVD 中提供的记录袋条目的封面清单将促使你思考:你选择的每一个物件是如何反映出你对本章学习目标的学习。

活动 4.9 第 4 章记录袋条目的封面清单

第 5 章

我如何缩小差距？
诊断聚焦性教学的需求

策略 5
根据学生的学习需求，确定下一步教学

当我们用心地进行教学时，我们积极寻找学生未"学到"知识的证据。我们使用能够推动教学的评价程序和工具去确定每个学生在一个单元或教学周期中的具体学习需求。同时，我们要确信，诊断性评价不仅告诉我们"要做"，还有助于回答"做什么"。

我和同事们接受的职前教育主要专注于教学行为——传递信息的不同方式——并且对于学生的作业，我们准备给予的唯一反馈是一份成绩。因此，像其他人一样，我按照三步骤组成的指令开始教学：计划、教学、评价与评分。首先，我计划我会做什么以及我的学生会做什么。然后，我准备材料和资源。接着，按照我所计划的来做，学生也按照我所计划的来做。最后，我对他们所做的进行评分。然而，学习与教学远比我预料的还要糟糕。在"我教"与"他们学"之间的某处，如同河流主干一样的教学活动原本直接指向任务，却在下游产生了数量惊人的分叉。通过第一年的课程，我发现学习者们学一堂课，会有一千种"没学会"。

之所以我接受教师职业的培养是因为我曾认为学习伴随在好的教学之后。这种教学是一种刺激—反应系统，在这一系统中仅凭教学就可创建学习。然而，如果我们直接沿着"计划、教学、评价与评分"这一路径来进行教学，我们将错失教学的本质以及形成性评价的效果。学习是一种不可预知的过程，而教学矫正是掌握任一知识领域所需的正常流程的组成部分。学习是否会发生直接受到我们和学生在教学之后所采取措施的影响。所以我们必须为教学与评价的相互促进做好安排。

Hattie(2009)把它叫做"接下来发生什么"区域，并称之为反馈回路。反馈回路开始于一个"诱发知识的活动"——学生对教学所作的反应。学生的反应揭示了他们学到什么或没学到什么。教师在此基础上进行评价。接下来教师和学生采取行动，行动可能包括提供反馈给学生，也可能不提供。正如第 3 章所说的，反馈并不总是最好的教学工具；学生学习需求的确定，决定了下一步做反馈是否恰当，或者是否需要进一步的教学（William，2013）。图 5.1 以图表形式展示了反馈回路。

图 5.1

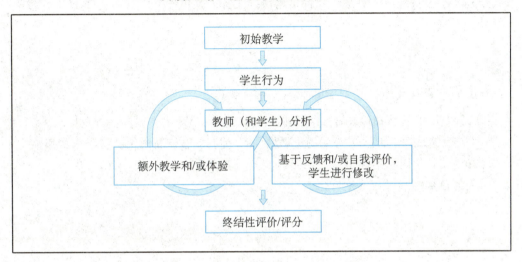

我早期的教学缺少了反馈回路。当我的学生对教学做出反应时，我并没有准备"绕回去"，没能帮助他们在学习进程中走得更远。其实应该对学生的修改给予反馈，或者对还未学会的部分重新进行教学。

有效的诊断性评价告诉我们学生在学习进程中所处的位置。这个位置就是反馈回路的起始点。因为从教学到掌握通常不是一蹴而就的，所以好的教学包括知道如何使学习始终向着每个学生的掌握点前进。Hattie 在 2009 年对教学与学生成就研究进行的元分析表明，教师效能的最有力影响因素之一是他们运用评价信息评估自己的教学对学生学习影响的愿望。他把教师寻找*不一致的*证据的意愿——积极寻找证据证明需要额外关注学习的哪些环节——看成是我们尽全力帮助每个学生学习的最关键因素。Hattie 还发现高效的教师会运用不一致的证据：

> 采用精心构思有益的方法加以干预，调整学习的方向，从而达到各种共同的或者特定的、有挑战性的目标。特别地，他们为学生提供各种可选择的机会，让学生在某一内容或领域知识的浅层或深度学习的基础上发展学习策略，引导他们建立未来所需要的对学习的观念性理解（p.22）。

换言之，高效的教师通过做三件事将反馈回路建立于他们的教学序列中。

1. 他们指出学生在学习中的位置，并指出就一个给定的学习目标而言，学生的哪

学习评价7策略　支持学习的可行之道

些学习需求会贯穿整个教学序列。

2. 他们有一张教学策略清单，可以从中选取策略以发展学生的能力。并且，他们根据学生的具体学习需求来运用这些策略。

3. 他们规划教学序列的时间点，并依此行动。

在本章中，我们着眼于确定未完全理解、错误概念、部分发展的技能等学习差距的方法。在第6章中，我们将第5章所确定的学习差距作为目标，关注那些能够结合反馈、鼓励学生投身练习的方法。两种策略协同工作：聚焦性诊断评价提供聚焦性教学和练习的信息。

> **第5章的学习目标**
>
> 第5章结束时，你将知道如何去做下列事情：
> 1. 明白反馈回路对促进学生学习的重要性；
> 2. 相信在教学周期中确定反馈回路时间的必要性；
> 3. 拥有能够诊断学生学习需求的策略清单。

学习需求的类型

你已经将学习目标清楚告知学生，而且也已经让他们与该目标有了初次的教学接触。这次接触可以是经历、活动、模拟、示范、说明、演讲、讨论、阅读的段落、观看的视频或收听的录音。学生通过回答问题、解决难题、讨论、写东西、示范、设计或创造来回应。你和学生都做了该做的，现在该怎么办？此时，学生要么已经掌握目标，要么还没有掌握。如果证据表明他们还没有掌握，那么你的选择有：（1）给他们所做的进行评分，然后继续教学；（2）重复教学；（3）弄清学生与目标相关的学习需求是什么，然后针对那些需求进行教学。第三个选择获得研究的一致支持。

在同一学习目标的几次授课后，当学生的成就没有得到提升时，改变教学方法不失为明智之举。重复教学可能会使学生认定自己永远无法成功。

要弄清学生的学习需求，首先要确定学生可能犯什么类型的错误。在本书中，我们将使用有三种分类的系统：未完全理解引起的错误、推理引起的错误和错误概念引起的错误（图5.2）。每种错误都有着不同的先例，需要不同的教学方法。

未完全理解引起的错误

就未完全理解引起的错误而言，学生的作业表明他们仅了解部分知识，尚需要进一步教学。例如，小学生初次学习使用句号，有些学生在每个字词后都放置句号。这表明他们知道句号是放在末尾的,但他们并不太清楚应该放在什么的末尾。

图 5.2

学习需求的类型

未完全理解引起的错误
- 学生部分理解。他们不是学错了,而是还未完全学会。

推理缺陷引起的错误
- 学生采取的推理范式中含有一个乃至更多的错误步骤。

错误概念引起的错误
- 学生已经理解某个观念或一个现象的某种解释,他们相信这一观念或解释是正确的,但其实它却并不是符合当前的最佳思维。

做什么?

学生的作业显示出未完全理解时,下一步教学要考虑到他们所学习的知识未必是错误的,而只是还未完全学会。这种学习需求比较容易处理。例如,对于小学生在字词与字词之间使用句号这一问题,教学的下一步并不是将句号标记为错误,而是促使学生将字词串起来形成一个想法单元,然后指导他们将句号用在每个想法的末尾。这个方法认可学生对于句号的理解,并采取下一步把更多将想法变为文字的知识教授给他们,然后再回到句号。总之,针对未完全理解引起的错误需要采取进一步教学的措施,而非重教或简单判定为错误。

推理缺陷引起的错误

按照规则套用推理模式,通常能取得成功,但也有可能导致失误。例如,让学生作总结时,他们可能会囊括对主题来说并不重要的细节。让学生作概括,他们给出的陈述可能是基于真实的观察,但未达到涵盖一系列更为广泛实例的程度,从而失去了概括的本质(例如,"我见过的所有狗都有四条腿");抑或他们给出的陈述也是基于真实的观察,但涵盖的实例过于宽泛,以至于过度概括(例如,"所有狗都有四条腿")。要求他们确定某个结果的原因时,他们可能提供另一个结果而非原因。这些均是典型推理缺陷的例子。

做什么?

为了克服推理中的缺陷,首先帮助学生识别出它们是很重要的。识别缺陷的一个好方法是运用策略 1 和策略 2。与学生分享推理范式的完整定义,向他们介绍你评价推理模式的评价量规,然后提供一些好的和不那么好的例子给他们检查,让他们根据量规判断那些例子的优点和缺陷。(第 2 章末尾介绍的推理场景即其中的一个实例。)练习运用策略 1 和策略 2 可以帮助学生识别优秀的推理过程,同时避免或纠正他们在尝试掌握的初期可能会表现出的推理缺陷。

错误概念引起的错误

错误概念，也称为相依（alternative）概念，包括学生学习了一些不准确的东西，或者理解了对某一现象的解释，但当前而言并非最佳思维。比如小学生学习太阳系，他们可能有的错误概念是认为产生夜晚和白天的现象源于太阳运动（"太阳升起和太阳落下"）。你可以教他们：地球的转动使得我们所在的这边在白天对着太阳，在夜晚背离太阳。你可以利用垒球、手电筒、系在天花板上的虚构天体和模拟（"A同学扮作太阳，B同学扮作地球"）来进行演示。但是，如果你一直未能澄清错误概念，那么当你要求学生画出夜晚和白天产生过程的示意图时，你看到的依旧是太阳升起和落下的画面。学生只是将新观念放在已有的错误概念之上，而已有的错误概念并未消失。中学生的典型错误概念的一个例子则是所持观点的证据需要更多观点来支持。

错误概念也可能表现为规则的误用。比如，语言艺术中常见的规则误用发生在主格代词和宾格代词的运用。学生学过"Him and me went to the store"这句话有错误，不过他们接受的规则是少用 me。结果，当需要用 me 时他们却常常用 I："You can give it to him and I"。他们在操练运用规则，用的规则却是错误的。

做什么？

错误概念的处理在于准确地识别出它们，然后设计课程加以消除。错误概念是顽固的。掩盖并不能纠正错误概念。我们用中学科学的一个错误概念来加以说明。根据牛顿第一运动定律，物体保持运动不需要作用力。然而许多学生（和成人）会告诉你，如果物体在运动，那么它需要作用力来保持运动，这看起来像常识（顺便提一下，这正是亚里士多德所认为的）。学生可能记住了第一定律的原理：除非受到不平衡力的作用，否则物体将保持静止状态或匀速直线运动状态。但是，仅仅记住这些原则通常不足以克服我们对作用力和运动的已有认识：如果想让书本在桌面上持续运动，你就必须一直推它。

为了帮助学生理解物体为什么不需要作用力就能保持运动，我们需要使用专为挖掘错误概念而设计的教学策略。对错误科学概念的研究获得的一个方法是做下列事情：

- 通过让学生产生不一致的认知，从而建立起对错误概念的初步认识。为他们提供与错误概念在某些方面相反或矛盾的体验（示范、阅读段落，或者两者的组合）。
- 让学生参与讨论，揭示错误概念并与正确观念对比。
- 如果学生能够解释为什么错误概念是不正确的，就让他们解释，以此作为结束。

教学上的挑战是要引起观念的转变——使学生放弃他们不准确的观念，转而支持准确的观念。学生必须有意识地消除旧规则、旧理解，以确保新观念在长时记忆中固化下来。因此，无论在科学、社会学、数学、语言艺术还是任何其他学科中，要解决错误概念就都需要刻意针对误解的本质来定制相应的方法。

四年级教师 Crystal Thayer 用一个叫做"提交和投掷"的活动帮助学生觉察与所学科学主题有关的错误概念。

用以确定学习需求类型的信息来源

通过查找学生作业存在的问题类型、诱导学生做解释以及提出探究性问题,我们能够非正式地发现未完全理解、推理缺陷和错误概念的证据。我们也可以使用更为正式的工具——包括课程的文件、随堂测试和测验。同事间的讨论也能揭示常见的推理错误、未完全理解的实例和完全错误的概念。这些讨论中,可行的问题是:"当学生在一个给定的学习目标上踟蹰不前时,其典型原因是什么?"

借助学习轨迹提供诊断性信息

学习进程、建构地图、发展轨迹和解构标准分别是不同类型的学习轨迹。每一种学习轨迹都提供了组织和充实教学的渠道。如果设计得好,每一种轨迹都能为如何学习和促进某个特定概念、程序或技能发展提供详尽的应对方法。学习进程

> 倡导发展的学习观,因为它们展现了专业知识是如何在一段或长或短的时期内发展的,即从学习的初始形式开始逐步演化到更复杂的状态。当教师的教学和形成性评价实践有学生学习进程的支撑时,教师可以更好地运用形成性评价来确定个体学生当前所处的位置,并采取措施推动其进步(Heritage, 2013a, p. 37)。

无论学习进程是由该领域的专家基于实证研究建立起来的,还是由教师和课程内容专家基于学习和经验发展起来的,都请谨记这三条方针(Heritage, 2013b, pp. 188-189):

1. 进程必须建立在对如何随着时间展开学习的最准确理解之上;
2. 教师必须对此理解得足够深刻,方能有效运用;
3. 并非所有的学习都是线性的,并非所有的学生都遵循相同的轨迹来实现掌握。

有了以上的理解,学习进程就能提供强有力的信息来源,从而据其建立诊断性评价。

建构地图、发展轨迹和解构标准也能提供关于掌握学习目标过程的信息。好几个州已经出版了一整套的解构《州立共同核心标准》,用于指导教学和教学干预。请看肯塔基州的文件《四年级:肯塔基州核心学业标准与目标》(http://education.ky.gov/curriculum/docs/Documents/Fourth%20Grade%20ELA.pdf)中的阅读实例:"解释课文明确讲述的内容和根据课文作推论时,要参考课文中的细节和例子。"这里解构的推理内容标准确定了基石般的知识目标,如下所列:

- 说明课文中的直接信息和推论信息间的差异
- 解释课文所明确讲述的内容时,确定相关细节和例子

- 根据课文作出推论时,确定相关细节和例子

这三个学习目标不仅为教学提供了指导,而且还在学生试图达到这一标准时,为诊断可能发生的特定问题提供指导。他们知道什么推论是吗?他们会区分直接信息和推论信息吗?他们能够找到细节和例子来支持文中明确表述的观点吗?他们也能为推论找到支持的细节和例子吗?

有了设计巧妙的学习轨迹,我们就有办法确定学习的下一步,用评价来确定学生仍需要学习哪方面的知识就会变得更容易。这又反过来让我们能够确定满足学生特定学习需求的课程和材料。

使用诊断性评价

当评价的结果提供了指向特定学习需求的证据时,评价本身就能够产生可靠的诊断信息。这样的评价被认为是*推进教学的*(Andrade, 2013)。并非所有的评价都能此功效,甚至有些声称本质是形成性的评价也做不到。许多评价只产生一个分数,这个分数可表明最初的教学是否有效。如果教学无效,那么就需要教师和学生各方均需要做进一步工作(William, 2013)。然而,仅仅确定某一特定的主题需要关注(例如,"这些学生的分数有问题")并不能为评价提供足够的教学推动力,因为它没有对具体的学习需求进行诊断。

要选择或创建具有教学推动力的评价,这就要求我们在遇到它时能够把它识别出来。举个例子,请看下面这个题目:

哪个分数最大?

a) $\frac{1}{3}$ b) $\frac{2}{5}$ c) $\frac{7}{9}$

大多数四年级学生应该能够选对选项 c,因为它的分子和分母在所有选项中都是最大。实际上这组选项无法准确区分理解分数大小概念的学生和不理解的学生。学生可能是由于正确的原因(明白是分子与分母间的关系决定了分数大小)答对,也可能是由于错误的原因(相信分数大小由分子或分母一方决定)而答对的。因此,这个题目无法帮我们搜寻出可能隐藏的错误概念。

反过来看看下面这个题目的选项:

哪个分数最大?

a) $\frac{2}{1}$ b) $\frac{3}{8}$ c) $\frac{4}{3}$

懂得是分子与分母间的关系决定了分数大小的学生会选择 a 选项。根据分母来确定分数大小的学生可能会选择 b 答案。根据分子来确定分数大小的学生则可能会

选择 c 选项。有了这些选项,你就不仅可以了解谁理解分数大小,谁不理解,还可以知道对于选择了不同错误选项的学生你应该重点关注什么。评价的诊断能力是其成为教学推动力的关键。

　　选择作答、书面作答、表现评价和个别交流等所有类型的评价均可加以设计,让评价的结果能够推动教学,此时它们既是正式的评价又是非正式的嵌入课程的活动。一些针对此目的商业评价工具已经设计出来了。例如,由 Minstrell 和同事们一起设计的《基于网络的诊断者》评价系统就是如此建构的,这样每个选项都指向一个不同的科学概念(Cowie, 2013)。教育考试服务中心(ETS)的研究者们开发了一个名为《数学和科学领域的诊断测试题》的题库;这些试题的错误选项反映了研究发现的错误概念和未完全理解。如果我们打算使用形成性的评价结果,那么选用的评价需要具备这一特征,或有自己设计具备这一特征的评价。

选择题的教学推动力

　　最近的研究证据表明设计巧妙的多重选择题相较于开放题目而言能提供更好的诊断信息,因为错误的答案选项能够使我们洞悉学生的理解力,相当于听学生出声思维和直接询问学生他们理解得如何(Andrade, 2013)。多重选择题中的错误选项被称为干扰项,它们对试题的诊断问题功能来说是至关重要的。然而,正如之前的分数例子所表明的,并非所有的干扰项都能发挥作用。为了使试题的诊断功能得到良好发挥,每个干扰项都必须是有用的。这就意味着不应该用幽默的或信口开河的错误选项。而且,每个干扰项都应代表未完全理解或"弯路"。具备良好诊断能力的干扰项是体现未完全理解、推理缺陷或错误概念(即前面介绍的三种学习需求)的陈述。为了选择或构建良好的诊断性干扰项,我们首先必须确定学生在努力掌握某个给定的学习目标时普遍暴露出来的具体问题。

　　研究表明,通常为多重选择题提供三个可能选项就足够了(Rodriguez & Haladyna, 2013)。选项如果更多,一般认为会降低通过猜测获得正确答案的可能性,但是研究者发现,考生经常会先排除最不合理的干扰项,从而将试题的可能选项减少至两到三个,而不是盲目猜测。在一篇有关编写课堂评价选择题的研究综述中,Rodriguez 和 Haladyna 引用了编题者和研究者的一

干扰项

　　多重选择题的干扰项应该都是看似合理的选项,个个都反映了对试题所欲测量的学习目标项的错误理解或未完全理解。

致观点,即认为想出看似合理的第四个和第五个选项其实是有难度的。防止学生因错误理由而选择正确答案的关键在于干扰项的质量而非数量。但是,可以根据需要包含尽可能多的有用干扰项,只要每一干扰项都对应典型的理解不足、推理误区或概念理解误区。

　　在设计直接测量知识目标的多重选择题时,寻找有用的干扰项就是识别直接看似合理的错误回答。在某个内容领域和某个年龄组持续积累了经验后,你会觉察到未完全理解所要掌握知识的各种模式,这些模式就可以转化为练习测验的干扰项。在编写代表未完全理解的干扰项时,你可以先将多重选择题设计为填空题。缜密地检查学生

的错误答案以确定出典型的错误,然后用出现最多和诊断性最强的那些错误来出题目。

你在编写测量推理能力题目的干扰项时,同样可以借助将多选项题设计为填空题的方法。仔细检查学生的错误答案以确定典型的推理缺陷,然后描述每一典型错误的特征。这些特征就成为了某特定推理模式的"干扰项准则"。同样地,对正确答案的特征进行描述。该描述应该与你对推理目标的亲学生型定义相一致。

例如,如果你想为推理目标"进行概括"设计干扰项,你可以让学生读一篇介绍食肉植物如何捕食的短文。然后提出开放作答的问题:"根据短文概括食肉植物是如何诱捕猎物的?"你检查学生的回答,可能会发现以下特点:

- 有些学生回答正确,他们的陈述与文中提供的证据相符,并且把应用合理推广(概括)到更广泛的实例。
- 有些学生提供了符合证据的陈述,但其应用(概括)涵盖了过于广泛的实例以至于没有证据支持(过度概括)。
- 有些学生提供了符合证据的陈述,但没有推广到其他实例上(无概括)。
- 有些学生提供了不符合证据的陈述,陈述可能或不可能推广到更广泛的实例上(错误解读证据)。

通过检查正确的和错误的回答,你可以得到一份概括推理的常见错误清单。这些正确答案和错误答案的描述形成了题目准则——编制多重选择题、评价任何情境下的"进行概括"这一学习目标的蓝图。此时,你会发现到你的蓝图允许四个看似合理的答案选项。然而,如果没有学生提供错误的解读证据,你可能就不愿意编写干扰项。

图 5.3 展示了用多重选择题评价推理目标样例的题目准则。如果你能获得标准化测验的题目准则,那么这些准则对你编写具有教学推动力的诊断性题目会有帮助,但这要取决于如何设计题目。

有关如何编写测量知识水平和推理水平目标的选择题的深入指导,请参看 Chappuis 等(2012)的第 5 章。

书面作答题的教学推动力

当预期学习目标是复杂的或多步骤的推理模式时,相较于选择题而言,书面回答的开放题目可能是更合适的评价方式。书面作答题的评估通常采用评价清单或量规形式的评分指南。

清单

清单形式的评分指南明确了可能的正确答案以及每个答案所对应的分值。例如,对于评价克雷布斯循环[①]相关知识的题目,其清单可能是这样的:

下列每个要点给一分:

- 循环描述了细胞产生能量的反应顺序

[①] 克雷布斯循环又称柠檬酸循环或三羧酸循环,是一种代谢途径,普遍存在于需氧生物体内。——译者注

图 5.3

| 推理目标的题目准则 | 举例 |

1. 推论

问题：你可以根据文章推论出哪个观点？或者选材说明了哪个观点？

可能的答案：
- 正确答案——基于文章中发现的证据而进行的推测
- 干扰项——包含来自文章的词语或概念，但不为文章表达意思支持的推测
- 干扰项——看似合理但缺乏文章证据支持的推测

2. 归纳

问题：就文章的内容而言，哪句话归纳得最好？

可能的答案：
- 正确答案——文章中心思想的陈述
- 干扰项——包含某个主要观点，但无法代表全文的陈述
- 干扰项——文章未出现的观点的陈述
- 干扰项——对文章的某个事实或细节的陈述

3. 概括

问题：阅读文章后，你支持哪一种概括？

可能的答案：
- 正确答案——与证据相符并且将应用合理地扩展到了更广泛实例的陈述
- 干扰项——与证据相符但应用范围过于广泛以至于无证据支持的陈述
- 干扰项——与证据相符但未扩展到其他实例的陈述
- 干扰项——不符合证据的陈述

4. 确定因果

问题：哪句话是为什么_____（事件或活动）发生的最佳解释？

可能的答案：
- 正确答案——基于文章的证据作出的合理的原因陈述
- 干扰项——缺乏文章证据支持的原因陈述
- 干扰项——提供了另一结果而非原因的陈述

- 循环在线粒体中发生
- 循环消耗氧
- 循环产生二氧化碳和水作为废物
- 循环将二磷酸腺苷（ADP）转化为富有能量的三磷酸腺苷（ATP）（Chappuis 等，2012，p. 182）

如果你的清单准确描述了必要的知识，那么显然在评价学生答案时，它就能够确定学生下一步需要什么样的教学。

特定任务的评价量规

量规有两种基本形式：特定任务的量规和通用量规。正如第 2 章所说，特定任务

的量规描述了与某个特定任务有关的学习目标的掌握水平。这样，它们就无法概括所有任务，而且不能提前拿出来指导学生作业，因为它们确切地告诉了学生做什么和不做什么。然而，当学习目标要求概念性理解时，特定任务的量规在诊断上相当有用。例如，对于学习目标"理解地球的转动产生黑夜和白昼"，你可以创建一份展现正确解释以及典型的未完全理解和错误概念的特定任务量规，问题按从轻到严重的顺序排列，规则的水平数如图 5.4 所示。特定任务量规在结构上通常是单一的——只有一个评分量表——因为它们意欲评价的学习目标通常没有复杂到需要解析性的结构。

图 5.4

| 特定任务评价量规的诊断性使用 | 举例 |

水平 3：
- 回答表明，地球转动以使它的一边在白天对着太阳而在夜晚背离太阳。

水平 2：
- 回答表明，太阳在地球的一边，而月亮在地球的另一边。同时也表明地球在白天面向太阳，在夜晚面向月亮。没有说明太阳相对于地球运动。

水平 1：
- 回答表明，太阳相对于地球运动。

通用的评价量规

正如第 2 章所说，通用量规描述了目标的掌握水平，可用来评价各种特定学习目标的任务。为了便于理解书面作答题通用量规的诊断能力，我们以某个总结的评价量规为例（图 5.5）。

量规帮助我们了解学生总结时，可能在抓住中心思想、涵盖被概括材料的全部、不包含小细节和额外信息以及用他们自己的语言书写这四个方面会出现一个或多个问题。确定最能刻画每个学生的优点和问题的措辞，然后据此将学生分组，针对一个或多个方面进行下一步教学，我们就能够实现量规的诊断性使用。同时，正如先前所述，结构精良的通用量规也可作为反馈和自我评价工具而发挥作用。

有关编写测量知识和推理目标的书面作答题、评分清单以及特定任务量规的深入指导，请见 Chappuis 等（2012）的第六章。

表现评价任务和评价量规的教学推动力

如果教授的学习目标采用表现评价，那么通用的评价量规或许适用。第 2 章介绍了适用于形成性评价的量规须具有三个特征：描述有意学习的精通水平、跨任务的通用性、解析多维学习目标的结构（图 2.13）。对于表现评价而言，其量规的结构更可能需要解析，因为它们的学习目标更可能是多维度的（例如，数学问题解决、进行口头报告和议论文写作）。

图 5.5

| 总结的评价量规 | 举例 |

水平 4：
- 总结阐述了材料的中心思想和主要观点。
- 总结涵盖了全部材料。
- 总结不包含小细节和诸如个人反思或个人观点的额外信息。
- 总结是用笔者自己的语言写的。

水平 3：
- 总结大体阐述了材料的中心思想和主要观点。
- 总结涵盖了所总结材料的全部。
- 总结包含极少的小细节，但不包含诸如个人反思或个人观点的额外信息。
- 总结是用笔者自己的语言写的。

水平 2：
- 总结了材料的一小部分中心思想或部分的主要观点，或者总结了一部分材料。
- 总结的一部分由小细节或诸如个人反思或个人观点的额外信息构成。
- 总结可能未完全是用笔者自己的语言写的，可能抄写了材料中的一些段落。

水平 1：
- 总结没有体现出材料的中心思想或主要观点。
- 总结完全由小细节、不相关思想或诸如个人反思或个人观点的额外信息构成。
- 总结可能未完全是用笔者自己的语言写的，可能抄写了材料中的一些段落。

在教学之初就将评价量规完完整整地介绍给学生是明智之举，不过为了达到诊断目的，请一次只关注一个标准。或者，你也可以全方位地分析学生作业的质量，但是在接下来的教学和学习步骤中要缩小关注范围，考虑首先需要关注哪个标准。例如，运用数学问题解决的评价量规时（见图 2.16），在转向"数学交流"这一特性之前，你可能会决定先处理"问题解决"特性，因为如果学生们不先学习如何选择合适的策略并且贯彻它直至解决问题，那么他们将没有多少东西可以沟通。

有关如何建立测量推理目标、技能目标和产品目标的表现评价任务和量规的深入指导，请见 Chappuis 等（2012）的第七章。

提问和对话的教学推动力

在诊断性的形成性评价情境中，个别交流是我们最有力的手段之一。我们可以通过提问题来探查学生理解得怎样，可以倾听学生讨论观点或问题。要获得准确信息的关键前提之一是学生如实回答和讨论时感到安全。当我们的课堂氛围能够滋养学习时，学生会很自如地诚实作答，即使他们并不肯定自己答案正确。评价，即使是在课堂提问而非正式的评价，对于许多学生（特别是那些表现不好的学生、因为多种原因而害怕被叫到的学生）来说通常都是不自在的经历。我们可以通过建立一种支持性的学习环境来改变这种状况，这一环境允许我们充分利用问题和对话。有用的措施包括以下几点：

- 确保你的教学和评价实践全都传递了这样的信息——发现未知事物,然后着手学习,这是好事。这也是我们在此的原因。
- 帮助学生认识到,隐藏了真实想法的回答对学习不利。这有点像看医生却谎报病情。
- 建立"学生之间将尊重彼此的贡献、错误和误解(Chappuis et al.,2012,p. 271)"的期望。

正如 Hattie(2012)所述,维持温馨、可靠和共情的课堂环境的主要目的是允许学生学习如何在错误中成长。课堂管理的必要元素之一是建立和实施基本准则,即营造"一个欢迎错误并能从中吸取教训的安全港湾"(p. 165)。

一旦课堂能通过提问和对话来诊断学生需求,那么后面要做的就是设计出可诱导出最佳信息的问题来。让我们再次转移到设计问题时所需要的未完全理解、推理缺陷和错误概念信息。帮助学生深入思考作答的策略包括"思考时间"、先提出问题再叫学生回答,以及让学生知道你会随机选择学生回答问题。思考时间通常是指等待的时间,但根据我的经验,如果你只是说提供时间思考,那么你最后得到的将会真的是等待。学生们会等在那儿,直到你点名回答问题。告诉学生你提供"思考时间"并且向学生说明,你提出问题后会停一会儿,以便他们在回答前有时间思考自己的想法。有种办法是提问后停顿 7 至 10 秒。然后让学生同搭档分享他们所想。给学生大约一分钟时间(所给时间的长短取决于问题),然后叫一位学生回答问题。(p. 220)起初,这种做法可能显得不太自然,但是学生会很快会习以为常。

如果不考虑让学生自愿回答问题,那么所有学生都会明白自己是活动的一分子,老师期望自己参与。职责要求老师熟悉每个学生,就如同将学生的名字放在压舌板上,能够随时叫出任何一位学生的名字,让所有学生都可能有机会答题,从而保证公平。不论你是否接受压舌板,你都应该找到一种随机选择学生回答问题的方法。Heritage(2013b)建议,学生回答问题时,教师不要做正确或错误的判断,而是提供机会让学生解释答案背后的道理。要求学生做后续说明的这个主意不错,特别是如果你提前让学生知道这是练习的一部分会更好,因为这样做的话,当后续问题出现时他们就不会感到惊讶。你也可以激励他们无需老师的提示就主动讲解回答的依据。

学生们忙于解决问题或完成任务时,老师在教室里四处走动并倾听他们说些什么,这是诊断信息的另一来源。视之为学习活动而非终结性评价,让学生们就彼此在做什么进行讨论,这对他们的学习大有裨益。如果他们没有讨论,那么观察他们在做什么。请你潜伏起来。教学时请睁大眼睛、竖起耳朵。Hunter(1993)称这种方法为"监视和调整"。在学生学习时,如果你站在课桌之间,那么你会惊奇地发现大量问题。在上班时,教师有很多事情需要争分夺秒地处理,但是为了诊断和营造关爱的学习环境,教师值得在观察和倾听上花时间。要让学生相信他们的学习是我们的重中之重,最有效的一种办法是当他们和我们在一起时,我们不仅要置身其间,心也要和他们在一起。

有可能的话避免重新教学

在教学之前,如果我们借助预测验或通过认识学生带至学习情境的典型问题和错误概念来确定潜在问题,那么我们多半能够通过调整教学来阻止和避免这些问题的出现。例如,就错误概念来说,我们可以在教学之初或在学习中(看当前错误概念出现在哪个阶段)帮助学生识别这些问题并加以改正,从而把重新教学的需求降至最小。一个容易做的办法是把错误概念列表,并分发给学生,然后在教学中定期提醒学生标记、注明时间和说明他们现在能纠正的错误概念(图5.6)。或者,你可以制作一份列表,里面包含你将会在某个单元处理的主要的概念性理解,并混合一些反映学生典型错误概念的陈述。要求学生在每一条陈述旁边标记"对"、"错"或"不确定"。定期发给学生一份新的列表,并让学生查看与所教知识点有关的陈述,然后要求他们标记陈述是对或错,同时附上一句说明:"我认为它是对/错的,因为……"图5.7以七年级数学的某个单元为例,展示了活动的变式。

图5.6

纠正错误概念

错误概念	日期	纠正
1.		
2.		
3.		

图5.7

"全力以赴"——几何测量   举例

姓名:_____ 周期:_____ 日期:_____

阅读前	陈述	阅读后
对错	Pi≈3.14	对错
对错	面积是平面图形内部的测量。	对错
对错	体积用平方单位进行测量。	对错
对错	计算三角形面积的公式是 $1/2\ bh$。	对错
对错	组合图形的面积可通过将其分割为普通图形而求得。	对错
对错	B 代表长度测量。	对错
对错	体积是形状所占空间的大小。	对错
对错	圆的面积与扇形的面积相同。	对错

来源:Used with permission from Beth Cotsmire, Bucyrus City Schools: Bucyrus, OH.

223　　　　　　　策略 1 和策略 2 也能帮助学生避免出现典型问题。在学生检查一系列作业样例以确定自己的优势和弱势时，如果你选择的这些样例能够刻画学生存在的典型问题，那么他们识别和讨论这些问题就会有助于减少他们重犯错误的可能性。结果往往是学生高质量地进行了初步尝试，因此在基础知识教学上耗时甚少。在图 5.8 中，高中科学教师 Ben Arcuri 描述他开展了一个活动，帮助学生识别和避免典型的错误与错误概念。

图 5.8

来自课堂

发现错误

我做什么

我的学生用白板进行练习活动。白板是长 36 英寸、宽 24 英寸、厚 1/4 英寸的白色丙烯酸塑料板。对于小组作业和长篇幅的答题书写而言，这些白板足够结实，也足够大。在不同的活动中，学生用不同颜色的马克笔在白板上书写。

在名为"发现错误"的活动中，给学生一道问题和一份存在问题或错误的解答。学生单独或两到三人组成小组去发现错误、改正错误并解决问题。教室左边和右边的学生分别完成不同的问题，但主题相似。我在教室内四处走动，并且与每个小组或学生个别交谈。我轻易就能看到发生了什么。如果不止一个小组在某个方面遇到困难，那么我可以记下这些小组，或者先暂停活动，与全班学生一起纠正问题后再继续活动。小组的组员要一起解决问题。之后，我让学生交换场地。学生换到教室的另一边，接触另一个问题，而且他们必须发现错误、改正错误并解决问题。这个活动允许学生以两种完全不同的方式看待问题和概念。两种方式都大有裨益。

对学习的影响

你提供给学生马克笔和大白板后，学生发生的变化几乎是难以置信的。他们变得勇敢无畏了。学生对犯错误、改正作业和像政治家一样讨论问题感到足够自信。有的时候，我只需坐在后面看着学习发生就可以了。

来源：Used with permission from Ben Arcuri, Penticton Secondary School：Penticton，BC.

224　　**结论**

　　　　我们知道，教师给予学生反馈是一种强有力的形成性评价策略，但是它应置于学生给予教师反馈之后。通过评价弄清楚学生知道什么、如何思考，以及如何进步，然后在教学周期内做好时间安排，在能够激发学生产生信任感、坚信自己是有能力的学习者的信息基础之上采取行动。

225　**第 5 章的理解与应用**

　　　　本章末的活动旨在帮助你掌握本章的学习目标并将这些理念运用于你的教学。设计这些活动的目的是加深你对章节内容的理解、为合作学习提供讨论话题以及指导本章内容和实践的施行。完成每个活动所需的表格和材料，以可编辑的微软文档格式存放于第 5 章的 DVD 文件中。活动所需的每个表格列于活动指南之后，并用 ⊚ 标记。

第 5 章　学习目标

1. 明白反馈回路对促进学生学习的重要性；
2. 相信在教学周期中确定反馈回路时间的必要性；
3. 拥有能够诊断学生学习需求的策略清单。

第 5 章　活动

讨论问题（所有学习目标）

活动 5.1　记反思日志（所有学习目标）

活动 5.2　绘制教学周期图（学习目标 1 和 2）

活动 5.3　为反馈回路确定时间（学习目标 1 和 2）

活动 5.4　确定学习需求的类型（学习目标 3）

活动 5.5　用学习轨迹提供诊断性信息（学习目标 3）

活动 5.6　发现、修改或设计诊断性评价（学习目标 3）

活动 5.7　有可能的话避免重新教学的需求（学习目标 3）

活动 5.8　探究你对第 5 章的观点的反应（所有学习目标）

活动 5.9　选择策略 5 的某个应用活动（学习目标 3）

活动 5.10　添加至你的成长记录袋（所有学习目标）

第 5 章　讨论题

括号里的活动还可以深度探究需要讨论的以下问题。

学习第 5 章之前要讨论的问题有：

1. 当学生的作业表明他们对你所教的内容标准只掌握部分甚至很少时，你一般怎么做？（活动 5.2 和 5.3）
2. 考虑你正在教授的或将教授的一个单元。你能预测学生将遇到什么样的学习困难吗？你过去做了什么来帮助学生克服那些困难？（活动 5.4）

学习第 5 章之后要讨论的问题有：

3. 在提供进一步教学之前，你会采取什么行动来确定学生学习需求的类型？（活动 5.4）
4. 你会如何用学习轨迹图来帮助诊断学生的学习需求？（活动 5.5）
5. 你会如何用选择题来帮助诊断学生的学习需求？（活动 5.6）

6. 你会如何用书面作答题来帮助诊断学生的学习需求？（活动 5.6）
7. 你会如何用表现评价任务和评价量规来帮助诊断学生的学习需求？（活动 5.6）
8. 你会如何用提问和对话来帮助诊断学生的学习需求？（活动 5.6）
9. 你会尝试哪种避免重新教学需求的建议？（活动 5.7）
10. 你在课堂中尝试了第 5 章的哪些活动？它们如何起作用？你注意到了哪些成功？你可能进行了哪些修改？（活动 5.1、5.2、5.3、5.4、5.5、5.6、5.7、5.9 和 5.10）

活动 5.1

记反思日志

这是一个独立活动。如果你选择进行这一活动，那么你也可以和你的学习小组讨论你所记录的想法。

记录你在阅读第 5 章时的想法、问题以及任何努力实施过的活动。

🔘 第 5 章活动 5.1 反思日志表格

活动 5.2

绘制教学周期图

这个活动可以独立完成，也可与伙伴或学习小组共同完成。如果你独立进行活动，那么你可以与同事讨论结果。你需要将 DVD 文件上的符号页面打印出来并裁剪出所有符号，以做好准备。

读完本章介绍反馈回路的部分后，挑选你教过的或将要教的一个小单元。

1. 为这个活动确定一个学习目标，然后将它写在教学周期图（见 DVD）上。如果你在一堂课中教授两个或更多学习目标，那么把它们列出来。
2. 简述对那些目标采取什么形式的初始教学。
3. 简述学生对初始教学的回应。指出无论是对于练习的目的，还是证实掌握水平以获得成绩的目的，初始教学是否有效。
4. 然后用你裁剪出的那些符号，说明从学生采取行动到对学习目标终结性评价这段时间内发生了什么。
5. 将你的教学周期图与本章对反馈回路的描述作比较。
6. 比较后，记录或讨论如何改变教学周期图。

变式：如果你是一名学生，那么从你的立场来开展这一活动，为你的教师绘制某个单元或学习目标的教学周期图。与指导教师讨论绘制的示意图，然后一起寻找任何可能支持你学习的改变。

◎ 活动 5.2a 教学周期图

◎ 活动 5.2b 教学周期符号

活动 5.3

为反馈回路确定时间

这个活动要与伙伴或学习小组共同完成。

阅读第 5 章的开头部分后，与同事或学习小组讨论下列问题。

1. 你认为你的教学和评价步调做哪些变动会帮助学生在学习上取得更大进步？
2. 什么限制了这些变动？
3. 在你的能力范围之内可以实施哪些变动？你会怎么做？可能需要其他什么人参与？
4. 哪些变动超出你的能力范围？可能需要谁参与进来一起解决？你会如何让他们参与进来？

活动 5.4

确定学习需求的类型

这是一个独立探究活动，但随后会与搭档讨论。

阅读"学习需求的类型"这一部分后，挑选你过去教过的或马上要教的一个单元。

1. 按照 DVD 上的表格列出这个单元的学习目标。
2. 考虑在每一学习目标下，学生遇到（或基于以往经验来看将要遇到）的问题。列出问题，并与学习目标一一对照。
3. 将困难的原因归为未完全理解、推理缺陷或错误概念（表上分别用"IU"、"FR"和"M"表示）。
4. 对于每一个问题，还要估计其出现的频率和重要性——攻克它的难度有多大——确定为高、中或低。
5. 请一位或几位和你教相同内容的同事做上述分析。

6. 与同事会面，比较各自的列表。如果你认为你的学生也碰上他们列出的问题，那么将这些问题添加到你的列表里。列表完成后，挑选你想在全班或分组教学中解决的未完全理解、推理缺陷和/或错误概念。慎重考虑问题的出现频率和重要性。对于那些你不会进行全班教学或分组教学的问题，也要探讨解决它们的方法。

◎ **活动 5.4 确定学习需求的类型**

活动 5.5

用学习轨迹图提供诊断性信息

这个活动要与搭档或学习小组共同完成。

阅读题为"借助学习轨迹提供诊断性信息"的部分后，确定什么类型的学习轨迹适用于你所教授的科目和年级水平。可从学习进程、建构地图、发展轨迹和解构内容标准中做选择。选一种学习轨迹，把它和活动5.3结合起来，添加到信息清单里，从中可知对学习需求类型不同的学生来说，最有帮助的后续步骤可能是什么。

活动 5.6

发现、修改或设计诊断性评价

这是一个独立活动。如果你独立完成，你可以与你的学习小组一起讨论活动结果。

标题为"使用诊断性评价"的部分介绍了四种可推动教学的评价方式：选择作答、书面作答、表现评价和个别交流。练习确定、修改或设计评价题目或任务，完成下列活动，得到的信息就能具有良好的诊断功能。

1. 选择你近期要教授的一个学习目标。确定适合评价该目标的方法。

2. 遵循与你所选方法相关的小章节中提供的指导，找到并修改一个或几个评价题目或量规，也可以设计题目或量规。（更多与设计各种类型的评价相关的信息，参见 Chappuis 等[2012]，第5章至第8章。）

3. 实施评价并检查学生的回答。它们在确定学习的后续步骤中起多大作用？你会怎样修改评价，以提升它们的教学推动力？

活动 5.7

有可能的话避免重新教学的需求

这是一个独立活动。如果你独立完成,你可以与你的学习小组一起讨论活动结果。

阅读标题为"学习需求的类型"和"有可能的话避免重新教学"的部分后,在纠正错误概念或为帮助学生避免典型问题的方法中选一种来尝试。注意该活动在帮助学生避免潜在问题上起到什么作用。询问学生,活动是怎样有助于他们的学习,帮助有多大。与同事或学习小组讨论你的观察结果和学生的评论。

活动 5.8

探究你对第5章的观点的反应

这是一个独立活动,但随后会有学习小组讨论。

1. 寻找第5章中触动你的一句话或一个段落。可能你十分赞同它,也可能它与你当前的实践相悖,你不赞同它,或者你可能想进一步挖掘它所激发的思考。
2. 把这句话或段落写在记事卡上并带至随后的小组会议。
3. 在会上,花3至5分钟分享你记录的内容,并简要介绍你对它的反应。如果合适的话,提一个问题以便全组讨论。
4. 用5至15分钟进行全组讨论(如果小组同意,可以延长讨论时间)。
5. 对每个组员的记录的内容都重复以上过程。
6. 会议最后,个人或小组总结出新的结论、见解或问题。

活动 5.9

选择策略5的某个应用活动

这是一个独立活动。如果你独立完成,你可以与你的学习小组一起讨论活动结果。它可以替代先前介绍的活动。

学习第5章后,选择并尝试一个应用活动。与学生一同尝试该活动后,利用DVD上的表格来对活动做反思:你做了什么尝试?你注意到了什么结果?如果有的话,你采取了什么行动或者基于此次经验你将采取什么行动?如果你与学习小组一起工作,那么要考虑与他们分享你的反思。

活动5.9 选择策略5的某个应用活动

活动 5.10

添加至你的成长记录袋

这是一个独立活动。

本章的任何活动都可成为你自己的成长记录袋中的条目。选择你已完成的活动或创造的作品,它们将展示你对第 5 章学习目标的胜任力。如果你坚持记反思日志,那么你可以将第 5 章的条目收纳进你的记录袋。DVD 上提供的记录袋条目的封面清单将促使你思忖,所挑选的每个条目如何反映了你对本章这些学习目标的学习情况。

◎ 活动 5.10 第 5 章记录袋条目的封面清单

第 6 章

我如何缩小差距？
聚焦性练习和修改

策略 6
设计聚焦性教学，配以提供反馈的练习

我们是在练习中淬炼毅力并形成对成就的承诺和责任。我们如何构建练习？我们要求学生做什么？我们怎样回应？这三者对学习者的行为和成绩均会产生有力的影响。

当由策略 5 获得的证据告诉我们学生需要进行更多的练习才能完成学习目标时，我们进入策略 6——聚焦性教学，配以提供反馈的练习。随即所面临的两个问题，会使得这一策略在许多教学情境中难以施行：寻找时间和避免对所有的学生作业评分。有时为了严格遵照进度计划，教师会绕开反馈回路环节而直接评分。在第一遍教学中就掌握了学习知识的学生会做得好，而没有掌握的学生则做得不好。这里，没有依据诊断性信息采取行动的时间，所以不太可能收集到有关信息。即使可以获得有关信息，也不会用上它。或者，有时间重新教学，但来不及让学生进行更多练习。

在本章中，我们检测策略 6，寻找鼓励学生积极参与有反馈的练习、缩小策略 5 确定的学习差距的方法。这两个策略实则前后相继：聚焦性诊断评价之后接着进行聚焦性教学、练习和修改。策略 6 的实施需要四个条件：

- 具有认为进一步教学有益于学生的信念
- 渴望投入时间以提高成就并发展与之有关的态度和行为
- 与尚未解决的学习需求对症的教学策略清单
- 不再有给练习打分的念头

第 6 章 学习目标

结束第 6 章时，你将会知道如何去做下列事情：
1. 理解无风险练习的重要性；
2. 在评分之前，拥有一份策略清单，此清单可以用作附带反馈和修正的教学。

进一步的学习机会有重要影响

有一些学生进入了成功的轨道——作为学习者，他们能定期体验到成功，并确信通过充分努力自己就能达到目标。正如第1章中所描述的，他们中的大多数对自己的功课都持有一个学习目标导向。而其他学生则滞留于一条"无成长"或失败的轨道里。面对困难时，他们期望降低，不敢冒险。大学教授Rosabeth Moss Kanter（2004）在商业、政治、运动和教育情境中研究了引发连胜和连败的因素。她也考察了团体如何扭转连败的局面。在每一情境中，关键因素都是领导者，领导者帮助人们树立起信心，为获取成功而付出努力。据Kanter所说，失败和成功实际上是一条条轨道，而非孤立事件。即使每一次的努力像一个新的事件，但它会受到之前已发生事件的影响，除非有事件介入和阻碍。

Kanter这样解释了连败的动力原因：

> 随着期望的降低，人们开始听天由命——认为自己做什么都无法获取胜利。他们退却了，放弃了工作。他们身在心不在——当今被称为"出勤"的一种状态，以区别于"缺勤"。身体在那，灵魂却出窍了（p.109）。

身处失败轨道上的学生与之相似。过去的表现差是无效行动的结果，同时还削弱了当下想做任何努力的动机。因为鲜有成功，他们认为自己啥也做不了，所以他们很少会做点什么。

Kanter也检查了在能够将失败的行为扭转成功时，领导者做了什么，并发现能扭转局面的领导者们：

> 教人们以不同的方式看待世界，因为他们给予大家新的机会和体验；就像交给人们一个万花筒一样，这样他们可以通过转动自己变换图案。然后为了克服惰性，领导者们将组织障碍和环境障碍移开。资源必须用来支持可建立信心的微小胜利，然后这些微小的胜利结合起来产生巨大胜利（2004，p.282）。

这是策略5和6所介绍的反馈回路的目标：阻止学生落入失败轨道，并转变那些因为先前经验而认为自己不擅长学习的人的想法。使学生发生转变的秘诀是教导他们以不同的方式看待自己。这首先需要我们对学生的学习能力和自己的教学能力充满信心。创造鼓励尝试的环境，指导他们卓有成效地努力，从而激发他们的自信。然而，如果我们老师盯着学生能力的不足之处，我们就会逐渐削弱学生对我们以及对自己的信心，从而加重他们的"连败"（Kanter，2004）。

我们是否相信学生能够取得高度成功对学生来说很重要。课堂中的期望效应研究有力地表明教师关于学生能力的信念可以促进或抑制学业成就（Hattie，2009，

pp. 123-124)。包括以下重要发现：
- 当教师对学生的成就水平寄予的期望不同时，学生会判断出来。
- 当教师把所有学生都看作高成就者，并以发展所有学生的学习能力为目的时，成就会显著提高。
- 当教师相信学生的成就水平难以改变（对成就有着一种"固化思维"）时，学生的成就水平更低。

这并不是说只要有信念就可以了。正是信念指引下的行动引发了学生的改变。如果我们相信我们能引导所有学生取得高成就，我们构建课堂练习的重心就是努力指向进步而非天赋带来成功。我们将创设促使学生进步的教学体验，我们认为以前不良的学业表现是可以改变的未来成功的决定因素。我们将不遗余力地为学生提供改进的时机。四年级教师 Crystal Thayer 创建了合作的环境，在这个合作的环境里，"不知道"成为安全且有价值的学习起点。

> "为了让这里成为明天学生更好的学习场所，今天我需要做什么？"
> 四年级教师 Crystal Thayer

练习在学习中的作用

与谨慎设计下一步教学同等重要的是，我们在练习中引导学生做了什么，决定了教学能否真的发生。学生做练习的时候是干预的好时机，我们可以帮助他们丢开无效的策略，建立崭新的、更富成效的策略。我们可以在他们错误地学习之前就阻止错误的发生。在他们做好准备的时候，我们可以提供反馈显示他们处于轨道的何处，或者在何处偏离了轨道，并指导他们回到正轨。很少人会认为练习不重要，不过为了练习而布置的练习并不怎么奏效。练习的有效性取决于我们如何安排练习时间、练习的有意性、难度水平及其为渐进式进步提供机会的能力（Hattie，2009）。见图 6.1。

图 6.1

有效练习的特征

- 分散而非集中的
- 将学生的注意和努力集中在掌握有意学习上
- 具有适度挑战的难度水平
- 为通往掌握的渐进性成长而构建

安排练习时间

调查研究已显示分散练习比集中练习更有效（Hattie，2009）。分散练习大致相当于运动中的间歇训练，而集中练习基本上是不停顿的。换言之，如果给定一个小时的练习时间,那么将其分为几个较短时间段一般要比整个小时一直针对同一个训练或概念更能有效地促进成长。研究还表明,间隔的时间长短取决于有意学习的复杂性。比较简单的目标需要的休息间隔较短,更复杂的目标则需要在两个练习事件之间留出至少一天的休息时间。研究证明,给学生提供数个时间较短的练习机会能够同时提高学生的学习量和保持时间,而只提供一个时间长的练习机会却无法做到。在图6.2中,中学数学教师Paula Smith介绍了她如何使用周期性复习任务来分散练习,以及监控学生的学习需求。

图6.2

来自课堂

站点作业

我做什么

在我的数学课上,学生整个一章都在做"站点作业",就是在教室的不同区域进行不同的练习活动。活动对学生来说像游戏,但是我用这些活动,通过小组或一对一的形式来检查学生对所学的理解。学生在许多站点可以选择不同水平的活动。其中一个站点可能包含学生完成的并与另一个学生或我一起检查过的一小套问题。我已经了解哪些学生解决问题时我应该和他们坐一起,并让他们一边解题一边说明其解题过程。在学生完成有意义的作业时检查学生的概念理解以及个别陪伴学生是非常好的办法。到最后,每个学生完成一份出关条,反思他们那天对概念的学习到达了哪一步,他们将要前往何处。

对学习的影响

学生期待站点工作日的到来。他们知道他们可以选择如何度过这段时间,而且他们已经开始意识到这是一个可以向教师和同伴求助的安全环境。他们爱与人合作,这样做的结果是每个人都认为课堂是他们的归属之地和可用武之地,他们是成功的。学生在课堂中肯定有一种"举全村之力"的感受。学生清楚自己知道什么、不知道什么,他们为自己所获得的关注有助于达到目标而心存感激,他们明白要达到目标自己需要做些啥。

来源:Reprinted with permission from Paula Smith, Naperville CUSD #203: Naperville, IL.

用心练习

有效性的第二个决定因素是学生是否带着学习意图来进行练习。如果学生不知道他们在练习什么,而只是在完成一个任务,他们就不会竭尽全力地去掌握学习。这样会降低练习对成绩的影响,与目标导向的研究发现呼应:只是为了完成作业或取得最高分数而做作业的学生常常会忽视学习,因为他们关注的并不是进步。在做练习时,学生要明白练习正在帮助自己掌握什么学习目标,这是至关重要的。

同样重要的是,我们提供给他们的练习任务应该与他们要掌握的学习目标直接有关。课堂作业和家庭作业都应直接针对下一步学习的具体需求,而这些需求靠我们的正式评价和非正式评价来确定。

图 6.3

来自课堂

发现错误概念

我们做什么

在练习作业中,我们不用×标记错误,而是在每个错误的旁边上打个圆点。然后我们将作业发回给学生,让学生与其搭档合作,解释为什么他们的作业纸上有圆点——具体而言就是他们在答题中的哪一个环节出了错。有时,我们也会将正确答案和错误答案的样例在黑板上出示,让学生自己或者与搭档一起辨别哪些解答是正确的,哪些是错误的,并找出错误发生在哪一步。

对学习的影响

学生对错误的看法和以前不一样了。他们将作业视为步骤,然后通过各自的分析来理解各自的错误。现在他们可以总结出自己所犯错误的类型。学生还能够分析其他学生的作业,并能够更有效地帮助他们。实质上,学生正在发现他们自己的错误概念并携手纠正它们。

我们的学生怎么说

"我知道我在哪里犯了错误"和"我已经发现我为什么会犯这个错误"。

来源：Reprinted with permission from Kimberly McCabe, Stephanie Arms, Stephanie Selig, Lesley Patrick, and Karla Vinson, third-grade team, Arbor Ridge School; Orlando, FL.

正如第 5 章所述,有时我们设计的练习必须以揭露和纠正错误概念为目的。在图 6.3 中,一支三年级的教师团队介绍了他们如何通过练习帮助学生分析和改正错误概念导致的错误。

难度水平

旨在推进学习的练习,实际上要求学生超越原有的知识水平。尽管我们想给学生挑战的机会,但是并不想给他们造成打击。我们可以对练习任务进行合理安排,剔除一些过于复杂的任务,使练习任务的挑战性保持适中的难度水平,从而让学生能够专注于关键的概念、策略和技能。这就是大家所知的支架式教学。例如,在数学教学中,教师有时会提供问题的答案,借此来支撑学生的学习,从而使得学生能专注于理解过程。精心构建的支架式教学能让学习更容易驾驭,特别有助于那些需要搭桥才能跨越重重差距的困难学生。第 5 章图 5.8,介绍了高中科学老师 Ben Arcuri 怎样运用支架式练习来帮助学生攻克理解方面的问题。

渐进式成长的机会

对学生而言,把成功掌握学习目标归因于自己付出的努力是至关重要的。我们对练习的作用和重要性的认识可以驳斥诸如"聪明的小孩不必做练习"、"既然我不会,那么我就不可能取得进步"这样的错误观念。为他们提供各种机会去尝试、犯错免罚、(在他们准备好时)接受优点和干预反馈、(他们没准备好时)接受进一步教学、关注自己不断进步,我们就可以帮助他们形成练习连接着成就的思维模式。我们可以让学生举一些例子来解释练习与成为专家之间的联系,或者我们自己提供一些诸如 John Hattie(2012)介绍的这些例子:

我们想让学生明白:用心练习铸就能力,努力学习才能掌握知识。

- 培养专业知识通常需要超过 10 000 个小时的练习(Gladwell, 2008)。
- 像比尔·盖茨和迈克尔·乔丹这样的人花了多年的时间练习和学习才成为行家。

在图 6.4 中,中学数学教师 Paula Smith 描述了她如何确保学生懂得练习对于成就的必要性,以及如何设计练习让学生获得最大程度的成功。

图 6.4

来自课堂

差异化的单元

我做什么

我建构的是初中数学课,让学生练习他们的学习内容。我对学生先做预测,以便为他们分别制定每两周一个单元的个人计划。学生每天的日程安排非常具体,包括个人作业、搭档作业和小组作业。我根据预测所确定的需求对学生进行分组。在单元学习期间,他们有机会成为同辈教练,将自己的理解运用于面前的练习任务。没有一个学生的时间被浪费。每个学生每天都被推着向前进,而且不会滞留在自己已掌握的课程上。每天结束时学生完成反思性出关条,我将所有资料保存在文件夹中并每天检查。这一系统需要在规划阶段就开始着手,但最终会得到一个卓有成效的以学生为主导的单元。

对学习的影响

学生参与度高、动机很强,让自己最大程度地学习。他们喜欢有自己的个人计划和选择的自由。每个学生的长处都得到突出,每个学生都有机会帮助他人,这提高了学生发扬长处的流畅性。课堂氛围活跃起来,学生互相谈论数学,而且当别人学会一个概念时,他们表现出由衷的开心。学生自信心强会对学习产生积极影响。

我的学生说什么

我的学生经常坦言他们以前从来没有擅长过数学和喜欢过数学,但是因为看到自己的进步,所以他们看到了自己擅长数学的证据,并因此喜欢上它。学生的反思通常会谈论他们的自信水平如何得到提高以及他们多么为自己感到自豪。他们说他们更清楚自己学得怎样,自己对所教内容理解得如何。他们认识了事物如何联系,而且他们重视反馈,因为反馈帮助他们认识到学习的漏洞如何影响到全面的理解。他们不会觉得厌烦,因为当他们理解后,就不必再忙着做作业。他们觉得自己掌控着学习。最大的变化是他们面对评价时表现得更加自信。他们从不对测验的材料感到意外,而且在测试之前对自己成绩的预期也很准确,因为他们对自己的理解水平了如指掌。

来源:Reprinted with permission from Paula Smith, Naperville CUSD #203: Naperville, IL.

学生—指导练习

当我们把学习清晰地展示给学生,将教学聚焦在有意学习上,提供以学习需求为目标的练习机会以及学生学习优势与学习需求的反馈,教导他们如何自我评价和设置目标时,学生自主决定练习的内容并创建个性化学习路径这一目标就近在咫尺了。

互相学习

我们检验过的每个策略都含有同伴切磋的成分。在策略1中,学生相互合作,一起理解有意学习。在策略2中,他们彼此协作,确认作业样例存在的优势和不足。在策略3和4中,他们学习相互提供反馈,以及利用反馈来充实各自的自我评价。甚至在策略5中,学生在诊断学习需求时依然能够相互学习。如今在策略6,当学生在从"不理解"到掌握的必经之路上艰难前行时,他们可以成为彼此的好智谋。下述的所有建议都含有学生相互学习和向你学习的机会。

聚焦教学和练习的策略

拥有足够的诊断性信息,且为练习留出了充足时间,那么支持学生学习的下一步则是聚焦教学。课程有多少个学习目标就有多少种达成目标的教学方法。这里提供策略1到4中与评价有关的拓展活动例子,为学生提供额外的教学和练习。下面各部分的例子描述了运用小作业和评价量规来支撑学习,这样学生能够进行练习、体验小小的胜利,从而树立信心,为更大的学习胜利打下基础。

用知识和推理学习目标支撑教学

我们可以依据知识和推理学习目标来诊断性地使用选择题和简答题。这些题目也是推动学生达到掌握水平的有效教学工具。下面的活动展示了选择回答和简答法如何解决有关内容知识和发展推理能力的问题。

采用多重选择题的教学和练习

多重选择题的干扰项如果与错误推理、错误概念或不完全理解有关,就可以作为好与差的例子。正确答案项是做得好的例子,而干扰项是做得差的例子。与策略2中的其他活动一样,对比这两种例子能够帮助学生更好地理解学习目标。如果你有干扰项的说明,那么你可以设计出多种练习课。图6.5中的推理例子是基于以下题目准则。

问题:选摘的段落传递了什么观点?
选项:
- 正确答案——基于段落中的线索而进行的猜测

图 6.5

| 推理题练习 | 举例 |

给学生的指导语

下文摘自 Edward Dolnick 写的《往下游探索巨大的未知》(*Down the Great Unknown*)一书,该书讲述了 1869 年在科罗拉多河流域的探险。

阅读文章,然后阅读试题。

　　人们对这次探险颇有信心;在格林河站度过了枯燥的几个星期后,人们满怀着混合"可以做到"的乐观主义加"学校放暑假"的雀跃的幸福。无知本不是什么大好事,然而它却总是朝着这个方向发展。作为探险队的一员,Powell 想当然地认为普通的户外知识即可转化为特殊的渡河经验。"搜寻者去年管理了耿畜队,而今年将会配置大量的船只。"他平淡地写道。这样的口吻意味着从马骡到船只的转变是微不足道的,如同把吉他换成班卓琴。

该段落对探险队成员的描述向我们传递了哪一个观点?
a. 他们未受过教育。
b. 他们没有河流航行的经验。
c. 他们刚从学校放暑假出来。
d. 他们将学习弹奏班卓琴。

选择一个你认为错误的答案,并解释你为何认为它是错的。

错误答案:_____

为什么:_____
_____
_____

- 错误答案——猜测含有来自段落的词语或概念,但却得不到段落意思的支持
- 错误答案——猜测看似合理但段落里找不到证据支持

　　在图 6.5 的例子中,两个错误答案是出于错误解读了段落中的不同句子而进行的猜测,还有一个是在原文上找不到依据的猜测。选项(a)是"含有来自段落的概念(无知),但得不到段落意思支持"的例子。选项(c)是"看似合理但没有原文证据"的例子。选项(d)也是"含有来自段落的词语(班卓琴),但得不到段落意思支持"的例子。

　　在这个活动中,学生结对合作,一起把正确答案和一个错误答案挑选出来。他们还需要指出正确答案为何正确,错误答案为何错误。然后他们可以与另一对学生分享各自的选择和解释。与布置传统的多重选择练习题相比,这种练习将更有助于提高学生的推理能力。这些题目要求学生同时选择一个正确答案和一个错误答案,并且证明自己的判断、与搭档讨论自己的推理过程,从而让学生更深入地思考什么能形成强有力的推断。

更简单的方法是将题目准则嵌入练习题,如图 6.6 所示。在这个例子中,学生利用推论的学生友好型定义来确定正确答案,然后参照干扰项说明确定错误答案。因为图 6.6 中的例子提供了答案为何正确或错误的解释,从而降低了问题的难度,对刚起步的低龄学生或者学习吃力的学生颇有帮助。①

图 6.6

这个为什么错?	举例

根据你刚读过的摘自《世界冠军丹尼》(Danny the Champion of the World)的段落,下列哪个答案是合理的好推理?请用星号标记它。正确答案之所以是好推理,因为它是基于故事中的线索或证据而做出的猜测。
  a. BFG 听力出奇好是因为他视力不好。
  b. 作者非常爱他的父亲。
  c. 父亲没有完成高中学业。
  d. 父亲的想象力丰富。
  e. 父亲想让人们认为他是个严肃的人。
  f. 父亲的听觉发展良好。
  g. 父亲是一个有趣的人。
这些答案中有些因为根本不是推论,所以是错的。它们只是故事直接告诉你的事实。请在下面写出错误答案的字母序号:
_____.
而有些答案虽然是猜测,但是故事里没有证据支持它们,所以是错误的。请在下面写出错误答案的字母序号:
_____.

来源:Chappuis, J.; Stiggins, R. J.; Chappuis, S.; Arter, J. A., *Classroom Assessment for Student Learning: Doing It Right-Using It Well*, 2nd Ed., © 2012. Reprinted by permission of Pearson Education, Inc.: Upper Saddle River, NJ.

第三种方法是和学生分享题目准则并让他们确定每个选项符合哪一条准则,也就是进行配对练习。将答案列在左边,题目准则(描述)列在右边。图 6.7 举例说明了这一方法,即在学习目标——"进行概括"上运用题目准则。

图 6.8 中总结的每种练习均能帮助学生认识到错误的答案选项之所以错是有原因的——它其实并不是"神秘的选项"——从而强化了对正确答案为何正确的认识。

"我讨厌那些不给答案的题目!"
　　Mary Shannon,五年级学生

---

① 原文误写为图 6.5。——译者注

采用组织图的教学和练习

如果你曾用类似策略 1 和 2 介绍的那些活动来界定推理学习目标,那么学生可以借助组织图,即特定推理模式质量元素的视觉表征来练习运用所界定的目标。图 6.9 展示了可用来练习概括的组织图的小学版,图 6.10 则展示了该组织图的中学版。如果你已经和学生用过某种组织图来支撑他们的思考,那么你可以将学习目标的描述纳入组织图中,并在学习和练习中运用,否则当学生面对评价的试题,需要回忆以前用组织图练习的推理模式时,他们会很难想起自己学过的东西。

图 6.7

对答案选项和题目准则进行匹配	举例

(学生阅读一份有关死亡谷的科学调查的章节。)读完后你支持哪个论述?其中有个论述是有根据的概括,而其他三个都站不住脚。用线将各个答案与符合它的描述连接起来。

可能的答案	描述
a. 在设计实验之前可以排除貌似疯狂的理论。	w. 正确——与提供的证据相符,并合理应用到一系列更广泛的实例上
b. Sharp 和 Carey 向世界证明了岩石按自身的方式移动。	x. 错误——与提供的证据相符,但是论述含有的实例过于宽泛,以致找不到证据支持
c. 发生在死亡谷的事情找不到解释理由。	y. 错误——与提供的证据相符,但是未引申到其他实例上
d. 通过科学调查可以解答周围世界的问题。	z. 错误——与提供的证据不符

图 6.8

练习回答多重选择题

- 学生结对学习,一起确定正确答案和错误答案,解释正确答案为何正确,错误答案为何错误。
- 学生确定一个错误答案,题目准则可以帮助他们了解应该寻找什么问题。
- 学生进行题目准则和答案选项匹配的测试。

图 6.9

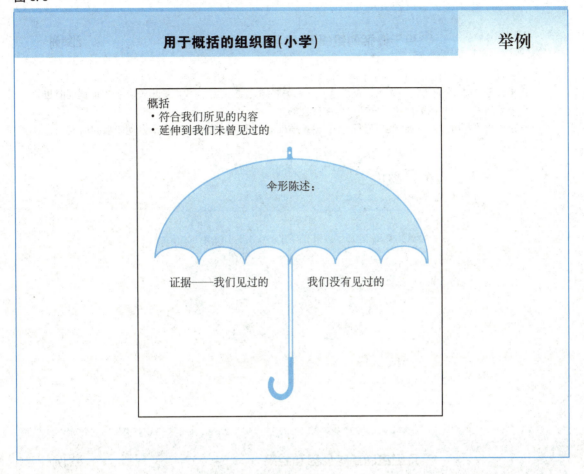

要将组织图用作教学工具,请找寻或设计几个好练习,用来训练你关注的推理模式。练习一般包括一个问题和问题有关的一小段文章。分享学习目标,呈现问题,让学生阅读文章,然后与他们一起完成组织图。接着,让他们阅读另一段文章,并让每个学生与搭档一起完成组织图来回答问题。学生四人一组相互分享结果,然后一大组人集体讨论各自的回答。最后让学生单独完成一个组织图,作为学生的自我检查,同时可为你提供信息。你可以让他们简单反思什么部分容易操作,什么部分具有挑战。

 推理模式的组织图

为了使学习达到最好的效果,你选择的组织图应该是你与学生分享的学习目标定义的视觉表征。

例如,如果你正教学生用图 6.11 中的组织图来确定原因和结果,那么选择几个小段落,帮助学生自己去推断原因和结果。向学生说明他们正在学习如何确定原因和结果,提醒他们原因和结果意味着什么。如果学生并不了解这些术语,则应向他们做一下讲解。让学生阅读第一段文章,然后完成组织图的第一行,向学生示范如何思考。让他们阅读第二段文章(原因和结果不同于第一段)并与搭档一起填写第二行。与另

247 图 6.10

用于概括的组织图(中学)　　举例

进行概括时,我们比较手中的证据以查看它们的相同之处。然后,我们作出符合手中证据同时也符合一系列更广泛实例的论述。概括是归纳推理的一个例子。

在外圈中写出共同特征,然后进行论述,该论述既适用于具体实例也适用于其他类似的例子。

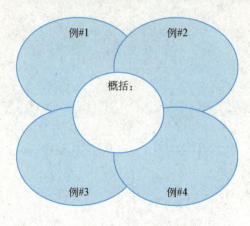

248 图 6.11

用组织图确定原因和结果　　举例

姓名:_____　日期:_____

当你在试图弄清原因和结果时,你实际是在寻找两个或更多事件或行动间的关系。为了知道结果,你询问:"发生了什么?"为了认识原因,你询问:"它为什么发生?"

结果	原因
发生了什么?	为什么?
发生了什么?	为什么?
发生了什么?	为什么?
发生了什么?	为什么?

一小组互相汇报各自的结果，再让整个大组一起汇报，这样每人都可以得到做得如何的反馈。如果需要的话，可以让他们阅读第三段文章并再次与搭档一起完成下一行。最后，让他们阅读一段文章并单独完成组织图中的一行练习。作为尾声，让学生在组织图的背面写一份简短的反思，陈述他们发现在确定原因和结果的练习中容易做的是什么，有挑战的是什么。

用表现评价任务和评价量规支撑教学

  任务的长度会阻碍表现评价任务有效发挥诊断作用。我们需要对诊断信息快速地做出反应，然而学生所分配到的任务大都需要花费几个星期才能完成。现在的问题就变成了如何诊断、诊断什么以及何时诊断。挑选或设计聚焦性任务时需考虑到，任务足以引出必要的诊断信息即可，切勿过长或过于复杂。或者，将任务分成几部分，在进行下一部分之前先查看学生是否充分掌握前一部分的学习要求。评价有意学习的量规通常能指导你如何安排任务，这样你在学习过程中就可以诊断问题，而不必等到结束和评分时才开始诊断。

  例如，如果你在教导学生如何有效地做口头报告，那么内容标准可以包括报告的内容特征、报告的组织和演讲内容。因此，描述这些不同内容的评价量规更可能是不同的评分量表。你可以先按下列要求与学生一起开发课程内容：

- 紧扣一个明确的主题
- 含有支持主题并有助于理解主题的重要细节
- 含有恰当的事实、趣闻或例子，它们能让主题生动起来

然后，检查学生的草稿，看看在转向微调报告的组织或练习演讲之前，谁还需要在紧扣主题或支持细节上做修改。

  如果你最后的学习目标是要求完成一项复杂任务（例如解决一道多步骤数学题、写一篇研究论文、进行一项科学调查，或写一份关于原始文件的分析），那么你可以围绕任务中对某些或所有学生来说难度高的那些方面来设计练习。以下的例子分别着重介绍数学、写作和科学任务的运用。这些例子阐明了适用于所有学科中的方法要领：确定复杂任务的某一部分并进行专门教学，在学生承担完整的任务之前先让他们参与练习和讨论。

小学数学支架型任务举例

  帮助学生学会挑选恰当的问题解决策略并明白如何运用策略完成任务是小学数学教学的一个挑战。聚焦性教学和练习可以从三四个相对简短的问题着手。首先与学生分享一个问题，并示范一个适用的问题解决策略（比如绘图）。接下来，提供另外一个问题，让学生用你示范过的策略去解答。在这个活动中，他们既可以与搭档合作也可以单独完成。让学生与一个小组分享自己的工作并同小组成员一起来解答"绘图如何帮助我们解决问题"。全班讨论答案。再提供第三个问题，让学生独立运用"绘图"策略解决问题，然后了解学生用不同方式展现问题的重要信息、是否得到正确答案方面的情况。

次日，借用另外一个问题来示范第二种问题解决策略（例如做树状图），并重复上文介绍的过程。最后，给一个新的问题（至少能用练习过的一种策略来解答）并询问学生选用哪一个策略。你可以让他们两人一组来做决定，并书面说明一下为什么选择那个策略，然后将他们的想法与另一组学生进行比较，之后以大组为单位一起讨论每个策略最适合解决什么问题以及何时使用。图6.12展示了一份问题解决策略清单，你可以从中选择策略来支撑数学问题解决的内容标准。

支持数学学习的另一种方法是提供问题答案，让学生重点理解解题过程。使用这种做法的教师通常让学生与另一个搭档一起进行"倒"推。

小学数学专家Janna Smith主张使用较小的数字来帮助学生学习解题过程。例如，教三年级学生学习条形图时，我们可以从两位数开始，而非四位数。两位数加减是他们一直在学习的。因为用条形图视觉呈现数字关系是新的方法，所以我们允许学生在刚开始练习时使用更易于操作的数字，从而减轻认知负荷（个别沟通，2013）。

图6.12

数学问题解决策略	举例
● 绘制图画或图表 ● 使用物件或进行操作 ● 寻找模式 ● 制作表格 ● 列出清单 ● 改用更简单的数字 ● 从答案开始倒推 ● 对特例的概括 ● 写等式 ● 运用逻辑推理 ● 运用尝试—错误法	

英语/语言艺术支架型任务举例

学生写作时通常不大会缩小主题范围，突出自己作品的中心。为了帮助他们，你可以准备一份主题清单，其中的一些主题足够小，能够在给定时间内全部完成，而有些主题则无法完成。让学生结伴或以小组的形式讨论什么主题适合采用什么策略，为什么。接着，你可以在清单中选择一个宽泛的主题，并且示范如何缩小它。最后，学生选择一个主题，然后对它进行再加工，使其足够小到学生能在给定的时间内完成。

科学支架型任务举例

如果学生需要准备准确且易懂的数据展示，那么你可以先演示如何对各种数据组进行处理。对于提供的每一个数据组，你要向学生讲清楚为该数据组挑选最合适的展示类型的思考过程，然后示范你会如何构思数据展示，使其完整、准确、有条理和易于解释（评价量规具体描述的数据展示的诸特征）。接下来，给学生一份新的数据组，让他们两人一组，设计出恰当、完整、准确、有条理和易于解释的数据展示。

评价量规指导练习

当你打算用评价量规来评估学生的最终作品或行为表现时，首先通过策略 1 的活动来介绍量规的语言和概念。然后让他们按照策略 2 给出的建议练习如何运用评价量规区分好样品和差样品。你可以查看学生的作业样品来确定应该着重关注评价量规的哪个方面（正如策略 5 所述，确定学生的学习需求）。然后你可以采用下面的一个或多个选项，这些选项兼具教学和练习功能：

1. 学生和同伴一起修改前面评分低的差样品。他们重点关注评价量规中的某一条标准，并用它指导修改工作。他们可以将自己的新方案与另一对学生的方案进行比较，如果需要，可以再做修改。或者，他们可以判断哪个修改方案更佳并解释为什么。他们还可以用量规对最后的修改方案进行评分。

2. 分享取自公共资源（例如报纸、杂志、宣传小册子、政府文件和录像画面）的样品，其特征水平处于评价量规的某条标准的中低范围。让学生借助量规评价这个样品，讨论它的问题，然后根据自己对样品的观察加以修改。

3. 学生和同伴一起设计修改方案，就如何让样品更能符合具体的标准为前面评价过的匿名样品的作者写出建议。或者，他们给样品的作者写封信（"亲爱的匿名……"），讲清楚从质量的一个或多个方面采取什么步骤加以改进。

4. 学生单独或结伴运用评分量规，寻找办法，把自己的作业修改成产品或表现的范本。

5. 就特定标准，学生写一份关于可以做什么来使产品或表现成为范本的说明。或者，他们给自己写一封修改方案的信（"亲爱的我，……"），详述改进自己的作业应该采取的步骤。在对学习情境的评价中，学生不一定需要执行他们的方案。方案可以作为评定他们是否已掌握质量的核心概念的证据，从而指引你是继续聚焦性教学，还是进入修改阶段。

6. 根据选定标准为学生提供练习的另一方法是在班级里尝试完成作品或表现。不要害怕演示的杂乱无序。如果你演示运用评分量规含有的概念来帮助自己思考所遇到的问题，学生就可以从中受益。在整个演示过程中，让学生运用评分量规的概念为你提供建议。这一活动也可作为学生进行同伴反馈前的准备工作。

7. 让学生在全班面前演示他们的加工和推理过程。

过早评分

如果我们给学生的练习作业评等级并用来绘制他们的最终成绩，那么学习曲线更为陡峭的学生获得的等级会低于那些学得更少的学生。有许多观点呼吁不要给练习作业评定等级，我认为其中最有说服力的观点是：(1)有损学习；(2)歪曲了最终的成绩水平。如果作业是学生最后完成的任务，用以展现自己对学习目标的掌握程度，那么尽一切办法给作业评定等级。如果作业并非最后完成的任务，那么请考虑形成性地使用评价信息，可以根据需要进行监测，进而采取相应的行动。

给作业一个成绩通常意味着"你完成了"。如果学生并没有"完成"学习，那么成绩传递的信息就是混乱的。在一个单元或教学周期中对练习作业或尝试评定等级，会给那些需要通过练习来提高学习的学生设立一个难以企及的高等级。这种做法对学生学习动机造成的负面影响不可低估。我们的评价练习必须强化这样一条信息：如果学生努力学习，那么好成绩将会随之而来。这并不是说学生仅仅为了成绩而学习。关于目标导向的研究（见第 1 章）阐述了把成绩当成做作业的唯一原因所产生的消极影响。也不是说只要付出努力，就应该奖励成绩。如果我们想让学生明白能从错误中学习、错误和弯路可以视为学习契机，那么我们必须在教学进度里专设修改教学和免罚练习的时间。我们还必须注意学生付出了努力却没有取得进步的情况，帮助他们采用更行之有效的学习途径。

图 6.13 中，高中科学教师 Jeanette Kenney 分享了其评分政策的一段摘录，举例说明在高中数学课程中如何把反馈回路融入教与学，以及评价周期。图 6.14 中，高中科学教师 Ben Arcuri 讲解了他如何平衡形成性评价和终结性评价，以及这样做对学习带来的益处。而在图 6.15 中，高中科学教师 Stephanie Harmon 介绍她给什么评分给什么不评分，以及这一区分给学生的动机和成绩带来什么影响。

图 6.13

某高中的数学评分政策摘要　　　　举例

学习评价

这门课的核心是让学生理解预修微积分课程的概念并能够用它们解决问题。为了最大程度地支持和促进学生的学习，我们对评价练习进行调整，让学生能够清楚了解自己应该知道什么以及会做什么。学生将获得许多操练技能的机会，并且在接受终结性测验之前，他们将通过课堂活动、家庭作业和免罚小测验来学习和掌握知识内容。课程将频繁地要求学生对自己的理解力做自我评价，并让他们或者结伴，或者以小组，或者以班级为单位集体学习，提高各自的理解力。

家庭作业

定期给学生布置家庭作业或任务，让他们可以单独练习技能。这些任务对学生扩展自己的理解来说至关重要，并且使我和学生都有机会在继续前进之前，检查学生对小组材料的理解。学生努力对所有问题深入思考是非常重要的，因为通过这种个人的练习，有时甚至要拼搏，才能彻底学会难点。第二天我将会在课堂上讨论和检查家庭作业或任务，为学生提供相互提问的机会，我亦有机会进一步加深学生的理解。

形成性小测验

在一年里，我们大概每周进行一次简短的免罚测验。这些小测验的唯一目的是让学生测量自己当前的理解并纠正错误概念。这些小测验不会作为学生的成绩，但是会用来确定每个学生需进一步

图 6.13(续)

学习哪些概念才能达到掌握水平。在整个单元的学习期间，我会记录分数、追踪学生在单元材料上的进步轨迹，同时可能根据小测验分数来确定家庭作业，或将学生分组以获得合适的课堂任务，从而帮助每位学生增强理解。

终结性测验
每单元材料学习的最后，我们会进行一次测验，要求学生在这次测验中证明他们已学会材料、操作必要的技能，以及运用概念解决问题。这些测验成绩将构成学生每季度成绩的主要部分。学生每季度预计要进行三次终结性测验，而且他们可以补考任何一个测验，以证明自己后来掌握了材料。

项目/课堂作业
可能安排一些项目或其他课堂作业，要求学生运用以前的知识处理现实的任务或有深度的问题。这些作业可以评分，并计入学生的季度成绩。

补考政策
每个学生可选择补考每个单元的测验，而且取得更好的成绩。如果你想补考某个单元测验，那么你必须符合这些条件：
—完成该单元的所有家庭作业。
—完成原来测验卷的错题订正。
—将订正好的错题和原来的测验卷交给我。
—安排时间补考。

来源：Reprinted with permission from Jeanette Kenney, Olentangy Local School District: Lewis Center, OH. Unpublished classroom materials.

图 6.14

来自课堂

平衡形成性评价和终结性评价

我做什么
在我上的高年级化学课中，形成性评价与终结性评价之间保持着平衡。终结性评价只用于评分。形成性评价则仅用作每位学生的学习指南。

小测验是专门为练习设计的。学生各自完成小测验，然后我批改，第二天发还给学生。即时有效地给予反馈，促进学习。小测验的结果直接指引我的教学。我用多种方法处理常见问题，有时在全班重新教授一个概念。小测验的结果告诉学生，他们知道哪些概念，哪些还不了解。他们运用核查表来组织学习，并完成课本和作业单提供的、与他们尚不了解的概念有关的具体问题。学生独自完成他们认为对自己最有益的练习。我在成绩册上记录学生正在完成的练习，但不算入成绩。每份作业单的答案可以在我的网页上找到。学生来问我问题，我们个别讨论，或全班讨论。练习之后，学生有机会选择是否重测一次。测验考察的概念与第一次的小测验相同，但题目不一样。我批改试卷，然后把它还给学生。预期的是学生的理解力水平业已上升。重测成绩比第一次有了提高，因此重测是增强学生的动机、信心和优化个性的有效方法。

在整个一章节的学习中，为了迎接重要的整章测验，学生要完成很多小测验以及重测。整章测验的分数占整个成绩的70%。实验室作业则占30%。测验是否能考好完全取决于为准备小测验而完成的作业，

图 6.14(续)

因为测验的问题与小测验的问题相似。我不喜欢在测验上进行突然袭击。如果学生完成了小测验、复习或重新学习了和再次测试具体的概念,从而检查自己新的理解水平,那么他们将会成功拿下整章测验。

对学习的影响

已经证明,这个系统能够营造出积极的、激励的和建立信心的环境。小测验分数不计入成绩实际上就是让学生不用带着对失败的恐惧来回答问题,同时也可减少考试焦虑。学生明白这个系统会在整个课程中一直帮助他们,他们完全掌控着自己的学习。

我不再给全班学生布置练习题和作业。我不再花费数小时来标记问题和进行纠正了。我不必再因为处理补交作业以致拖累整个教学进程。那些会歪曲学生成绩的截止期限、补打分数或任何其他因素不再有了。期末的成绩则代表了学生的理解水平。

我可以确信的是,通过将形成性评价的特征融入到课堂,教师有能力提升学生动机和信心的总体水平,从而使更多学生在课堂中努力获取最大程度的成功。

我记录了我的课堂和学生在以下各方面发生的积极变化:
- 课内和课外询问的问题增多
- 更多地参与课堂讨论
- 为小测验和测验做的准备更充分
- 考试焦虑减低
- 完成的练习和复习增多
- 对取得并保持更高成绩的能力增强了信心
- 竞争减少
- 内在动机增强

我的学生说什么

我曾从学生那收到的最佳评论之一是"这门课使我的自我感觉更好"。

来源:Reprinted with permission from Ben Arcuri, Penticton Secondary School:Penticton,BC.

图 6.15

来自课堂

我给什么评分……什么不评分

我做什么

经常有人问我是怎样让学生去做那些练习作业而又不评分的。回答是:如实告诉学生我为什么布置作业,并解释作业与学习目标有何关联。如果我对布置练习作业的原因并不满意,那么我需要再次思考我为什么布置它。

课程伊始,我会向学生谈及形成性评价与终结性评价之间的差异。我希望他们理解这一语言,并在我们合作时用于他们的学习历程之中。在我们的进度报告里,我一部分会用"FA"和"SA"来描述作业,这样学生就可以追踪他们已完成的作业。我借助非数字编码系统来追踪形成性评价的进程:

* = 按时提交并完成作业

P = 按时提交但部分完成作业

L = 迟交但完成作业

图 6.15(续)

　　PL = 部分完成作业且迟交
　　O = 没有做
　　这样做能够帮助我了解到哪些学生没有做到位，或者哪些学生养成了不完成练习作业的习惯。在我的班级里，未完成练习作业的学生不会受到处罚。如果学生没有完成作业，那么我会询问原因。如果学生不做作业就可以证明自己已经掌握，那非常好！如果是因为不理解作业，那么我需要对此知情。我试着去营造一种班级环境，让我能够同学生谈这些话，出现任何情况我都能处理。
　　我给终结性评价题目打分，为形成性评价题目提供反馈。这样做的原因是通过反馈帮助学生在接受终结性评价之前取得进步。对于某些练习作业，学生可以先自我评价，有问题就来问我。每周，我设立几次问题服务台，学生可以在那里得到个别支持。他们也可以把题目带过来，以便弄清反馈的意思。
　　我也教学生做自我评价。学生练习自我评价后，就应用到随后的单元里；终结性评价完成之后，学生则以一种更正式的方法进行自我评价。自我评价是学习的检查手段，能够帮助学生重点关注他们获得的反馈，并决定如何利用反馈提升自己。在终结性评价之前，学生为了证明自己对所学到底掌握得如何，需要确定应该完成的事项及目标。终结性评价之后，学生将自己在每个学习目标上的表现与掌握学习目标必须有的表现相比较，进行自我评价。他们确定自己掌握了哪些目标，哪些还没掌握，然后制定一份练习和重测计划。

对学习的影响
　　一旦学生意识到学习目标、练习和终结性评价之间有直接联系，他们完成练习就不再成为问题了。因为他们将其视为在终结性评价前真正地练习、获得反馈和进步的一个机会。
　　清晰、具体的反馈对于这个过程来说尤为重要。我发现当我以提供描述性反馈为重点时，我批改试卷所花费的时间要比多年前我努力给所有作业公平打分时花费的要少。当我的教学聚焦在帮助学生理解和形成作业的质量观时，学习过程对我们所有人来说就更富成效。
　　教导学生如何自信地进行自我评价是需要花时间的，但这些时间值得耗费。刚开始时需要规划和设计过程，重点在于如何把学习目标与作业联系起来。让学生对反馈产生信任，不再事事期待分数也是需要时间的。学生开始意识到学习是一个持续长久的过程，只要自己愿意付出努力，那么就能够理解学习内容。一旦自己对学习内容有了更深入的理解，作业质量就会提高。

我的学生说了什么
　　"我过去总是关注我获得的分数，但我对它毫无办法，只能硬着头皮往前走。现在我知道我可以对它做点什么了——我可以练习，提问题，学习和重测。我记住学到的东西，并加以运用。在这门课里，我不断学到新东西，并不断地运用。"
　　Amethyst C．，Rockcastle County 高中的 11 年级学生

来源：Reprinted with permission from Stephanie Harmon, Rockcastle Country High School：Mt. Vernon, KY.

结论

　　我们运用策略 5 做正式的或非正式的评价，去了解每一位学生与学习目标的差距。策略 6 就是要结合前四个策略，为学生搭建一座能够实现预期学习的桥。策略 5 和 6 共同回答了四年级教师 Crystal Thayer 向自己提出的问题："为了把这里打造成为学生未来更好的学习场所，我现在需要做什么？"在探寻问题答案的过程中，我们证实：我们关心每个学生的学习，赢得学生的信任，使他们愿意向我们请教，与大家一起

共同学习、相互切磋。

第6章的理解与应用

本章末的活动旨在帮助你掌握本章的学习目标并将这些理念应用于教学。设计这些活动的目的是为了加深你对章节内容的理解，为合作学习提供讨论话题以及指导本章所授内容和练习的施行。完成每个活动所需的表格和材料以可编辑的微软文档格式存放于第6章的 DVD 文件中。一个活动所需的每种表格列于活动指南之后，并用 ◉ 标记。

第6章　学习目标

1. 理解无风险练习的重要性；
2. 在评分之前，拥有一份策略清单，此清单可以用作附带反馈和修正的教学。

第6章　活动

讨论问题（所有学习目标）
活动 6.1　记反思日志（所有学习目标）
活动 6.2　反思练习机会（学习目标 1）
活动 6.3　采用多重选择题设计课程（学习目标 2）
活动 6.4　选择并修改组织图（学习目标 2）
活动 6.5　设计聚焦性任务（学习目标 2）
活动 6.6　将评价量规作为教学工具使用（学习目标 2）
活动 6.7　为反馈回路创建时间（所有学习目标）
活动 6.8　探究对第6章观点的反应（所有学习目标）
活动 6.9　选择一个策略6的应用活动（所有学习目标）
活动 6.10　添加至你的成长记录袋（所有学习目标）

第6章　讨论题

还可以通过括号里列出的活动对讨论的问题做深度探究。
学习第6章之前讨论的问题：
1. 当学生的作业表明他需要重新学习时，你一般怎么做？（活动 6.2、6.3、6.4、6.5、6.6 和 6.7）

学习第6章之后讨论的问题：
2. 关于为教学和练习提供多重选择题的建议，你可能尝试其中的哪一条？（活动 6.3）

3. 关于为教学和练习提供组织图的建议,你可能尝试其中的哪一条?(活动 6.4)

4. 关于为教学和练习提供支架型任务的建议,你可能尝试其中的哪一条?(活动 6.5)

5. 关于为教学和练习提供评价量规的建议,你可能尝试其中的哪一条?(活动 6.6)

6. 为了避免在学习中过早评分,你打算做什么来改变自己的评分练习?(活动 6.7 和 6.8)

7. 你在课堂中尝试了第 6 章的哪些活动?它们如何起作用?你注意到了哪些成功?你打算如何改进?(活动 6.1、6.2、6.3、6.4、6.5、6.6、6.7、6.9 和 6.10)

活动 6.1

记反思日志

这是一个独立完成的活动。如果你进行了这一活动,你还可以和你的学习小组讨论你记录的想法。

记录你在学习第 6 章时的想法、问题以及尝试过的任何活动。

第 6 章 活动 6.1 反思日志表格

活动 6.2

反思练习机会

这是一个独立完成的活动。如果你完成了它,你还可以与你的学习小组一起讨论活动结果。

阅读"练习在学习中的作用"这一部分后,挑选一个你教过的或将要教的小单元,为这个活动确定一个核心,并作为学习目标。

1. 利用 DVD 上的表格,简述学生在终结性评价之前参与的每个练习活动。

2. 根据图 6.1 所列的有效练习的四个特征对练习活动进行审核。每个特征在活动上的体现有多少?

3. 记录或讨论你可能要对教学进度、练习和评价做哪些改变。

活动 6.2 反思练习机会

活动 6.3

采用多重选择题设计课程

这个活动可以独立完成，也可与搭档或学习小组共同完成。如果你独立开展这个活动，那么你还可以和同事讨论结果。

阅读标题为"采用多重选择题的教学和练习"的部分后，挑选学生还需要进一步学习的概念或推理模式。

1. 按照这部分的建议，为挑选出来的概念或推理模式编写或改写一道多重选择题目（题干和可能的答案选项）。你可以与你的搭档或小组一起完成。

2. 从这部分介绍的且图 6.8 总结的练习课程方案中选择一个方案。

3. 多重选择题的格式要与你选择的练习课程方案相匹配。参考图 6.5、6.6 和 6.7 提供的例子，以获取建议。

4. 与学生一起上练习课。看看给他们的学习带来什么影响。

5. 跟同事或在学习小组会议上分享一些学生的回答，并探讨课程对他们理解的影响。如果学生还需要更多练习的话，你的课程方案可以不变，也可以换一个新的，然后你可以为之设计更多的题目。

活动 6.4

选择并修改组织图

这是一个独立活动。如果你独立完成它，你还可以与你的同事或学习小组一起讨论活动结果。

阅读"采用组织图的教学和练习"部分后，为学生挑选一个需要练习的推理模式。

1. 查看本部分和 DVD 介绍的组织图，看看是否能找到适合的。同时，翻阅你的教学资料，看看能否找到一份可以直接使用的，或者修改后就能用的组织图。

2. 如果你决定使用一份现成的设计好的组织图，那么请查看它是否包含推理模式的介绍（基本上是亲学生型定义），以及是否与你提供给学生的那份组织图相匹配。如果你需要插入一条定义或者修改定义，那么你需要修改组织图。定义与组织图在概念上的匹配很重要。

3. 如果你手头上没有适合的组织图供学生练习推理模式，那么和你的搭档或学习小组一起设计一份，帮助学生理解质量诸要素。首先提出关于质量定义的清晰陈述，然后制作一张图表，用来指导学生将所有相关的组成成分囊括进来。DVD 里的例子提供了指导，请参考。

4. 学生练习回答需要运用推理模式的问题时，让他们使用组织图。

5. 把学生的作业样品带给学习小组分享。如果某些学生比其他学生做得更好，那么带上成功尝试和尝试失败的样品。和小组一起讨论可能的解决方法：修改组织图、完善质量的定义，如第 2 章所述那样更进一步地运用好例子和差例子。

◎ 活动 6.4 组织图的例子

活动 6.5

设计聚焦性任务

这是一个独立活动，不过与教相同单元或者相同科目的搭档或同事一起参加步骤 1、2 可能会有帮助。

阅读标题为"用表现评价任务和评价量规支撑教学"的部分后，挑选一个需要完成复杂任务才能实现的学习目标。确定你想让学生练习质量的一个或几个方面（即评价量规所描述的那些）。

1. 设计或挑选一个任务，让学生能够专注于你想让他们练习的质量的某一（些）方面。
2. 教给他们能够完成任务的策略，如果需要的话，再给学生布置策略的练习任务。
3. 如果学生的作业表明他们已做好接受反馈的准备了，那么就为他们正在练习的质量诸方面提供反馈。给他们留出应对反馈的时间，并且可以根据需要提供进一步的教学。
4. 增加一个或更多的任务，重复上述过程。
5. 问学生，他们就所做练习对自己学习产生的影响有什么看法。
6. 把学生的一些作业样品与学习小组分享。向他们介绍你尝试了什么、你注意到学生的动机和成就最终发生了什么变化，还有学生说了什么。讨论怎样修改或拓展练习活动。

活动 6.6

将评价量规作为教学工具使用

这是一个独立活动。如果你独立完成它，你可以与你的学习小组一起讨论活动结果。

阅读"评价量规指导练习"部分，从介绍的七个备选活动中挑选一个或几个，和学生一起尝试。

1. 实施活动;注意观察学生的动机和学习受到的影响。
2. 询问学生对活动带来的影响有何看法。
3. 和你的同事或学习小组一起讨论你尝试了什么活动,你注意到了什么,学生说了什么;如果可能再搞一次活动,你会做什么修改。

活动 6.7

为反馈回路创建时间

这个活动需要与搭档或学习小组共同完成。

学习第 5 章的引言部分和第 6 章的"进一步的学习机会有重要影响"与"过早评分"部分后,与你的同事或学习小组讨论下列问题。

1. 你认为应该怎样改动教学和评价节奏,以帮助学生在学习中取得更大进步?
2. 这些改动受到哪些条件的限制而难以实施?
3. 哪些改动你能够做到?你会做些什么?还需要谁来参与?
4. 哪些改动超出你的能力范围?需要谁参与进来解决问题?你会怎样让他们参与进来?

活动 6.8

探究对第 6 章观点的反应

这是一个独立活动,随后有学习小组讨论。

1. 在第 6 章中找出触动你的一句或一段话。你可能非常赞同它;它也可能与你当前的练习相悖,因而你不赞同它;或者你可能受其启发而有更深刻的想法。
2. 把它写在记事卡上并带至后面的小组会议。
3. 在会上,花 3 至 5 分钟分享你摘取的内容,并简短介绍你对它的反应。如果合适的话,提出一个问题以便全组讨论。
4. 然后留出 5 至 15 分钟进行全组讨论(如果小组同意,讨论时间可以延长)。
5. 对每个小组成员的引用内容都重复这一过程。
6. 在会议最后,单独或小组合作总结出新的结论、见解或问题。

活动 6.9

选择一个策略 6 的应用活动

这是一个独立活动。如果你独立完成它,你可以与你的学习小组一起讨论活动结果。它可以替代前面逐一介绍的各个活动。

学习介绍策略 6 的第 6 章后,选择一个应用活动来尝试。与学生一同尝试活动后,利用 DVD 上的表格来对活动进行反思:你做了什么尝试,你注意到了什么结果,以及(如果有的话)你采取了什么行动,或者基于这一次的经验,你将采取什么行动。如果你与学习小组一起工作,那么请考虑与他们分享你的反思。

◎ 活动 6.9 选择一个策略 6 的应用活动

活动 6.10

添加至你的成长记录袋

这是一个独立活动。

本章的任何活动都可成为你自己成长记录袋的条目。选择你已完成的活动或创作的作品,它们能证明你对第 6 章学习目标的把握。如果你坚持记反思日志,那么你可能想将第 6 章的条目放进记录袋。DVD 上提供的记录袋条目的封面清单将促使你思考,你选择的每个条目如何反映你对本章一个或多个学习目标的学习。

◎ 活动 6.10 第 6 章的记录袋条目的封面清单

第7章

我如何缩小差距？
——追踪、反思和分享学习

策略7
给学生提供机会去追踪、反思和分享他们的学习过程

> 当我们……帮助学生学习如何一次针对一个重要属性来提高作业的质量时，当我们帮助他们学会发现和记录自身能力的变化时，当我们帮助他们对所获得的这些进步和他们自身行动之间存在的联系进行反思时，[我们]就能帮助学生们不断提高效能。
>
> ——*Stiggns*，2007，*p. 75*

学生对策略7的运用，就是回顾过去，注意到自己的成功和进步，进行反思，并予以分享。意识到自己朝着一个目标取得了进步，这可以强化努力的价值。作为学习者，渐进式成功会使得学生对自身能力的信心不断递增，这会激发学生更加努力，回过来，努力又会带来更高的成就。

当学生们记录自己的进步，并定期地加以反思时，他们就是在关注自己的学习。这是一种元认知，即对思考的思考。对教学和学习周期的元认知能提高成就这一结论得到研究的支持。例如，一项基于伍德沃克—约翰逊测验第三版（Woodcock-Johnson Ⅲ test）（Allen & Hancock，2008）的研究中，四、五、六年级的学生们得到一份阅读理解优势和劣势的个人分析。在这项研究中，学生们定期用剖面图书面反思自己作为阅读者的优势。研究者发现，这一小组的学习收益比控制组（无反思）以及接受不同干预的另外一组更大。

研究者 Paul Black（2013）提醒我们存在两种水平的学习，一种是掌握内容标准，另一种是自我调控过程。我们要为学生提供关注自己学习、讨论自己学习的机会，从而帮助学生创建起自我调控的内部对话。要想成功地进行这些自我监控活动，学生们须清楚自己要去哪里、现在位于何处，以及向目标迈步的途中需要获得哪些进步？策略1至策略6为学生准备了相关的信息和进程，要求他们去回答策略7中暗含的问题："我已经学了什么？""我已经走了多远？"在本章，我们将检验这些能帮助学生追踪学习、反

学习过程包含监控进程以及为实现掌握目标而调整策略的能力。

思学习和与别人分享学习的方法。

> **第 7 章学习目标**
>
> 在第 7 章结束时,你将知道如何做以下工作:
> 1. 有一份让学生能够随时了解自己学习进程的策略清单;
> 2. 有一份策略清单,使学生能够对自己的学习和对自己作为一名学习者进行元认知和反思;
> 3. 有一份让学生有机会与别人分享自己学习进程的策略清单;
> 4. 在整个《学习评价 7 策略》的学习和应用中,能够追踪、反思和分享你自己的学习进程。

学生追踪自己的学习

让学生追踪自己的学习,其主要目的就是帮助学生庆祝自己朝着积极的方向又迈进了一步。电脑游戏是建立在渐进收益的前提上:人们玩游戏,玩了一次又一次,就是想要一点点进步;每当有了一点进步,玩游戏的人就愿意投入更多时间,继续铺就进步轨迹。只要有进步的希望,他们就会沉浸其中。当游戏者遭遇挫折,他们会继续玩,直至屡次未能取得进展,而到那时他们就会找另一个让他们不断进步并定期提供证据的游戏来玩。

通过为学生创造一个或多种追踪学习进程、观察自己成长的途径,我们也可以为学习建立循环激励。对学习进程的观察尽管简单,但它是一种能够帮助学生相信自己的努力连接着成功的有力工具。回过来,我们也必须关注学生的学习进程,当他们遭遇挫折时,及时进行指导或重新教学等干预,以确保学生最终有希望成功。

学生们可以通过记录任务和评价的信息、坚持记学习日志、用记录袋收纳证据等来追踪成就水平提高的进程。图 7.1 统计了本节所讨论的三种追踪选项。在本章的末尾,我们将查看学生们基于这些记录和他们收集的证据,对自己的学习和作为学习者是如何进行反思的。

> 追踪学习帮助学生们将努力和进步链接起来。没有这一链接,动机就会干涸。

图 7.1

> **追踪选项**
>
> - 记录任务和评价的信息
> - 坚持记学习日志
> - 用记录袋收纳证据

记录任务和评价的信息

一旦学生们追踪他们的学习进程,所做的记录就应该将每个条目与对应的学习目标联系起来。因为策略 7 包括回顾过去、反思成长,追踪表格也应该设置专门区域,就像图 7.2 至图 7.5 展示的那样,让学生能够把他们多次尝试的时间和结果记录下来。

有些任务和评价结果本身就可以帮助学生通过任务来追踪进程。图 7.2 中表格就是根据这一功能来设计的,它包括了以下内容:

- 任务名(例如页码、标题、项目名称)
- 进入日期以及确认学习目标(可多个)的相关信息(例如为学生提供转换为数字的单元或评分周期的一列学习目标)
- 给完成的任务记分或评分(例如,获得的分数或可能的分数)
- 将任务划分为形成性(为了练习)或者终结性(为了一个分数或成绩)
- 给学生设置记录优势的区域,他们可以填入星号作标记;还留有一个区域,用来记录有待提高或者接下来要进行的步骤,可用星—台阶符号来标记。

图 7.2

通过任务追踪进程

任务	日期	目标	分数	形成性/终结性	★

图 7.3 展示了一个数学目标的例子,采用了"星和台阶"表格。每当学生们实现每一步的目标,就给星星填色并记下日期。你可以采用与之类似的、用亲学生型语言描述系列发展的学习目标表格。

图 7.4 提供的例子是学生用图形汇总阅读学习目标的练习任务和测验结果。"我可以区分同义词和反义词"以及"我可以说出前缀和后缀的意义"这两个目标是知识目标,用多选一问题——多项选择题和填空题进行练习和评价。第三个目标"我可以大声流畅地朗读"是一个技能目标,可采用五点记分法进行评价。这个例子表明学生可以用图来汇总不同学习目标的结果,让他们通过一份份的作业或者一个个的任务看到自己的进步。

图 7.5 介绍的追踪表,是用来让学生们针对用书面回答项目来评价的社会研究目标,描述自己的优势和需要进一步提高的地方。带着诸如此类的学习目标,学生们可以通过记录你提供的反馈评语以及他们自己的评价观察,来追踪他们在不同尝试上的进展。

第 7 章 我如何缩小差距？

图 7.3

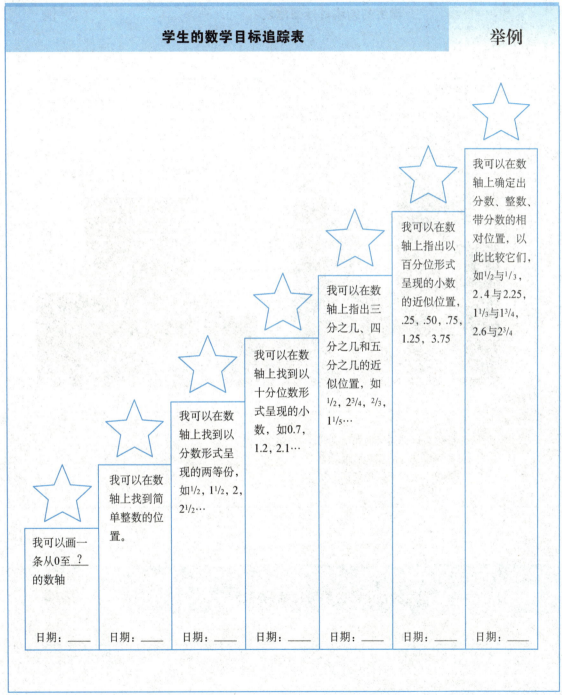

来源：Reprinted by permission from Rick Croom, San Juan Unified School District; Carmichael, CA. Unpublished classroom materials.

274 图 7.4

| 学生的阅读目标追踪表 | | | | | | | | | | | 举例 |

	实践								测验		
	同义词/反义词			前缀/后缀			口语流畅性		同义词/反义词	前缀/后缀	口语流畅性
	(任务#)	(任务#)	(任务#)	(任务#)	(任务#)	(任务#)	(任务#)	(任务#)	(任务#)			
10											
9			■								
8		■	■			■			■	■	
7		■	■		■	■			■	■	
6	■	■	■		■	■			■	■	
5	■	■	■	■	■	■			■	■	
4	■	■	■	■	■	■			■	■	■
3	■	■	■	■	■	■	■		■	■	■
2	■	■	■	■	■	■	■	■	■	■	■
1	■	■	■	■	■	■	■	■	■	■	■
日期											

学习目标：我可以区分同义词和反义词。
我可以解释前缀和后缀的意义。
我可以大声流畅地朗读。

275 图 7.5

| 学生的社会研究学习目标追踪表 | | | | 举例 |

学习目标	日期	我做得好的地方	我需要继续努力的地方
1. 我可以解释政府的宪法制度			
2. 我可以描述制定、修改和废除法律的程序			

坚持写学习日志

学习日志本质上是对学习各方面想法的收集，包括问题、洞见、对（重要的、喜欢的和不喜欢的）事物的观察、进程、优势、有待提高之处，等等。学习日志可以是特意做成综合型的，也可以是分门别类的，可以精心设计，也可以随手取材。学习日志可以做成电子版，也可以录像，还可以手写。学生们可以自己做日志本，也可以使用螺旋装订的笔记本，甚至还可以用马尼拉文件夹。日志的目的决定了它的内容。在本节，我们看一看两个以追踪学习为目标的学习日志选项：对话日志和学习日志（图 7.6）。

图 7.6

学习日志选项

对话日志
　　学生们陈述与当前学习有关的想法和观点。教师们在日志里做回应，或者通过下一步的教学做出回应。

学习日志
　　学生们不间断地做记录，证明学习、取得的进步、过程和利用的资源。

来源：Chappuis, J., Stiggins, R. J., Chappuis, S., & Arter, J. A. *Classroom Assessment for Student Learning：Doing It Right — Using It Well*, 2nd Ed. © 2012 Reprinted by permission of Person Education, Inc., Upper Saddle River, NJ.

对话日志

对话日志是学生和教师与学习有关的对话。在整个单元教学期间，学生把他们对需要完成的学习的诠释（即他们认为自己应该学习什么）、对进步的自我评价、有困惑的地方和新的理解（Chappuis et al., 2012）记录下来。对话日志让老师深入了解到学习情况如何、需要怎样改进。例如，在得克萨斯州的休斯顿，马克·吐温小学四年级的学生用有划横线的记录纸来写某科目的日志，日志封面采用硬纸。他们记录自己正在学习的事实和概念，描述实验，提出问题，表达观点，记录洞察。教师 Kathleen Blakeslee（个别交流，2013）解释了日志如何帮助教师和学生：

> 日志为学生和教师定期提供描述性反馈，能够指导次日的教学。教师们喜欢阅读这些日志，因为他们可以"看到"学生脑袋里想什么，从而看到错误概念以及需要重新教些什么。当教师们阅读学生日志的时候，他们会记录如何对教学进行调整。教师们认为日志的目的和成功之处就在于它容易上手。它能让每个学生发声，让每个学生的想法都得以显现，因为并非所有学生都会在课堂上畅所欲言。它能够让学生自我反思，追踪自己的学习并和他人分享。

学习评价7策略　支持学习的可行之道

学习日志

学习日志是供学生选择的另一个选项,用以记录学生采取的行动、使用的程序和已取得的学习进展。它与对话日志有相似之处,因为教师和学生都使用日志记载的信息。但是学习日志要求学生把他们做的任何事情都记录下来,主要为了帮助学生专心学习。教师们定期检查学习日志,确保学生追踪学习,并根据需要提供额外指导和改进措施。图7.7,高中教师Andy Hamilton介绍了在课堂中如何有效运用学习日志。

图7.7

来自课堂

学习日志

我做什么

这些天我主要采用的课堂评价模式是学习日志的变式。学生们的日志要囊括做过的所有练习作业并做笔记,帮助他们去追踪为实现特定目标而做的事情,并提供证据。他们自始至终都进行自我评价。如此一来,一旦他们遇到困难,找到与他们正在努力达到的目标相匹配的笔记和实践就容易了。练习小测验与特定目标关联,因此学生可以不时地评价自己。把一个单元汇编成学习日志,并在评分周期的末尾收上来。日志唯一不记录的是实验。因为我们是根据心目中的质量对实验进行评分。鉴于此,我们一般是在课堂实验完成几天后再收交日志。

对学习的影响

我已经注意到,我的学生作为学习者,因为有学习日志在手而变得越来越独立。首先他们花时间利用学习日志去解决问题,从而很少依靠外界的帮助。他们知道在哪里能够找到信息,当他们确实看到任务与目标有关联时,他们普遍更愿意接受任务。如果这些评估是诚实的,那么他们就能够把时间花在他们最需要的学习上。它也为我提供了追踪他们学习的一个途径,而无需经常收家庭作业和检查作业。我能看一眼他们的练习小测验做得怎么样、他们的自我评估说了些什么。我很容易就能判定哪些学生学习吃力,学生在哪些概念上普遍存有疑惑。我把每天批改家庭作业的时间省下来,更多用来做形成性评价。

我的学生们说些什么

我的一些学生说他们过去花费不少时间学习,现在用的时间更少,获得的结果却更好了。这是因为他们完全知道自己需要学习什么。

来源:Used with permission from Andy Hamilton, West Ottawa Public Schools: Holland, MI. Unpublished classroom materials.

用记录袋收集证据

除了以上方式,学生还可以用纸质记录袋或者电子记录袋来追踪自己的进程。记录袋就是有目的地把讲述某一预定故事的作品收集到一起。图7.8展示的是记录袋的常见类型、目的以及收集到的各种相关作品。

经过深思熟虑而得到的记录袋能够不断组织学生,强化他们对学习的责任感,其功能就是作为自我反思的证据,证明努力与进步之间的链接。

所有类型的记录袋都可以用以追踪和自我反思,但需要一开始就弄清证据属于什么类别,因为这决定了最终要收集什么作品。所有类型的记录袋,应给收集的条目标注日期,并且学生们应该知道每一个条目与何种学习目标相关联。只含有分数或成绩的条目提供的信息常常不足以进行深刻的自我反思,也无法向别人详细介绍自己的成就。本节所举的记录袋例子,证实的是成长、项目的完成以及成就。

> "成为反思型学习者、形成一个内部反馈环路、学会设立目标、觉察新的能力和新的挑战,这些都是能用记录袋培养学生形成的思维习惯。"
> Chappuis, Stiggins, Chappuis, & Arter, 2012, p.364

图 7.8

记录袋的类型

记录袋的类型	目的	需要收集的作品
成长	展示朝一个或多个学习目标的进展	学习以前、学习期间和学习后的各种作品
项目	记录一个项目的轨迹	在产品或表现创作期间产生的草稿
成就	证明当前在大量学习目标上达到的成就水平	作品包含一个能代表成就水平的例子
能力	提供在一个或多个领域已具备能力的证据	能反映最高成就水平的作品
祝贺	展示学生最好的或者最骄傲的作品	基于作品的质量或个人喜好,学生做出的选择

来源:Based on Stiggins, R., Arter, J., Chappuis, J., & Chappins, S. (2008). *Classroom Assessment for Student Learning: Doing It Right—Using It Well*. Pearson Assessment Training Institute:Portland, OR.

收集成长记录袋的证据

成长记录袋展示的是向掌握一个或多个学习目标迈进的过程,见证能力水平的不断提高,因此它收纳了在教学单元或周期不同时间的成就水平的证据,显示学生历经时间的成长。为了制作成长记录袋,学生们需要将他们所有的作品(例如作业、小测验、反馈、自我评价)保存在一个工作文件夹里,再从中选择适合的装入记录袋,说明他们刚开始向一个或多个学习目标努力时的成就水平,以及发展时期的成就水平和最终的成就水平。

每一个选择都见证了不同时期最好的或者典型的作品。为了物尽其用,每个样品应该展示学生们已完成的学习或者做得好的事情,以及他们尚需学习或者有必要改善的地方。为了挑选出能够说明学生已掌握了学习目标的作品,学生们可以用"我能够"打头的陈述句写出学习目标,并将学习目标和活动联系起来。或者他们可以完成句子,示例如下:

- 我的_____达到了这些标准：_____，因为_____。
- 我在_____方面的优势是_____。

对于复杂的学习目标，你可以使用如图 7.9 展示的封面清单，从而更加完整地体现作品所见证的学习进步。

图 7.9

记录袋条目的封面清单

表 A

日期：_____　　条目的标题：_____
此条目证明的学习目标：
此条目展现我学习方面：
我为什么选择此条目：

表 B

日期：_____　　条目的标题：_____
此条目表明我擅长什么/已掌握了什么/知道如何去做：
此条目说明我需要继续做什么：

很多教师要求学生在日记本上（有时称为资料笔记本）记录他们成长的证据。有一种资料笔记本会留出空间，让学生记录自己在学习目标上的前测分数；再留出空间让学生设定目标，根据具体学习目标制定改进计划；还要留出空间来，让学生记录自己在学习目标上的后测分数；最后留出空间，让学生反思自己的学习和进步。

高中数学教师 Jennifer McDaniel 让每个学生做一个三孔活页夹，收纳了目标表（图 2.11）、完成的实践作业和评价、测验反思和修正（图 4.16 和图 4.17）。通过使用活页夹，学生的学习变得有条理，并且在单元结束时对自己的进步作了反思。

收集项目记录袋的证据

项目记录袋见证了完成一个项目所经历的诸步骤，项目可以是表现或者创作产品，也可以是两者的结合。目的是让学生们回顾项目的历程，反思自己从中学到了什么。为项目记录袋挑选的每一条证据，都需要配备对学习的诠释，即它想要证明什么（比如像这样，"这个条目表明_____"）。

当最终学习目标是表现或者创作产品时，还应该挑选要掌握最终学习目标而必须实现的中期学习目标的证据。例如，某个研究项目的产品可以包括一个学生最初所做的工作，然后在每一个主要步骤上完成的工作，直至最后完成的论文。

项目记录袋也可以用来证明经过整个项目的运作，学生还掌握了运作程序。例如，为了证实自己运用了写作的程序，并且对自己通过做项目还学习到有关写作程序方面的哪些知识进行了反思等目的，学生可以保留所有的文章草稿。或者，他们也可以保留与一个科学调查相关的所有作品，并反思自己通过调查学到哪些科学研究程序的知识。

收集成就记录袋的证据

成就记录袋收集的是教学单元或教学周期结束时，在一个或多个学习目标上的成就水平的最好和最新证据。它们本质上是作品的集合，支持的是对最终掌握水平的终结性评价结论。当为成就记录袋挑选证据时，多少证据才能充分地支持结论这一取样问题值得重点关注。和其他类型的记录袋一样，选择的每个条目应该与学习目标保持明确的联系。

关于比较的几句话

追踪系统搭建起来后，让学生把自己的进步去和别人比较的做法并不可取（Hattie，2009，p. 214）。引入竞争元素的目的在于希望借此提高动机，人为制造出成功者和失败者，这与把追踪作为增强努力的途径的原旨相对立。对所有学生而言，仅仅与自己先前状况有关的比较才是公平的。

竞争进步

不能搭建让学生相互竞争的进步追踪系统。

与比较相关的问题也会出现在记录袋中。老师有时会努力将记录袋标准化，因此个别学生的学习情况会与学生群体做比较。然而，记录袋在课堂上的作用存在于它对正在产生的学习活力及对教师和学生的需求做出反应，标准化会消除这种作用。记录袋是学生和教师之间的一种合作。教师指导学生把什么东西放进记录袋，教学生如何自我反思，但是，归根结底记录是对每个学生学习的汇集，学生们各自使用记录袋去了解如何学习和自己如何学习。标准化并不能满足学生的需求，它剥夺了学生对记录袋的加工和所有权。它把记录袋变成一种为了让其他人满意而必须去做的事情。出于责任的缘故从而提出受外部驱动的总结性目的，这会对学习造成极大损害。请在培养学习者方面投入最多的时间，在有碍培养的要求上尽量少费时间，积极行动起来保护你的课堂和学生，避免受到损害学习的活动的影响。

学生反思自己的学习

收集作业和产品、记录进步确实很重要，但是它并不保证反思一定会发生。学生在记录或者收集证据之后，接下来就到了再看一眼的时候。当学生们自我反思时，他们重温经过一段时间以来所取得的进步，对自己的学习做元认知的思考。策略 4 的自我评价和策略 7 的自我反思之间的差异就是*自我评价的核心在于回顾个别的证据，以发现具体的优势所在和需要进一步努力的地方。而自我反思指的是一个更为全面的回顾一系列证据的过程*。它要求学生对于他们已经学习了什么、如何学习，哪些起作用、哪些不起作用,如果现在重新做又会有什么不同,或者他们已走了多远等得出结论。在本节,我们将看看分别以成长、从项目中学习、成就等方面为重点,如何建构自我反思。

反思成长

当学生对成长进行反思时,他们会将过去知道什么、做了什么与现在知道什么、能做什么加以比较。当你在整个过程中始终向学生澄清学习目标时,他们就能够成功地反思成长。如果学生们手中有显示自己思考的证据(或就像前一节中介绍的证据记录),这也是有用的。反思一般包括两部分。第一部分是对成长进行断言,第二部分是陈述证据:"我已经在_____变得更好。过去我_____,但现在我_____。"

学生既可以具体地,也可以概括地陈述自己发生了什么样的变化。他们可以通过陈述一个或者多个学习目标来具体说明自己下的断言,例如重要的理解、技能或者精通:"我对政府的主要结构有了更好的理解";"我的上篮变得更好了";或者"我能更好地解释相似点与不同点了"。他们也可以做概括性陈述:"我排球打得更好了","我画画变得更好了",或者"我的数学变得更好了"。

只要对过去的状态和现在的状态的比较能有详细资料的支持,对改变做概括性的断言也是行得通的。图 7.10 以排球为例,展示了具体的支持性证据应该像什么样。

图 7.10

| **反思成长:排球** | 举例 |

> 我已经变得更擅长打排球。
> 我过去无法保证发球不出界,不善于接球,我不喜欢拦网。
> 现在我可以准确发球。我低下身,并能缓冲接发球的力量,故我的传球能更加到位。如果我站到前排,我跳起来拦网会比以前做得更好。

为了适合你的教学内容和学生,你可以对证据的要求进行修改。对于年龄小的学生,你可以要求他们像图 7.11 那样去描述(或画出)他们的"之前"的情形和他们"之后"的情形,而不是"我过去……/现在我……",并附上分别与"之前"和"之后"描述相匹配的作品样例。图 7.12 展示的是关于"之前"和"之后"的叙述,并提供了当前状况证据的简短介绍。

图 7.11

| "之前"和"之后" | 举例 |

> 我变得更会在横线上写字了；
> 我"之前"的情形：我写的字母不在线上。
> 我"之后"的情形：它们都在线上了。

图 7.12

| 配有证据的"之前"和"之后" | 举例 |

我"之前"的情形	我"之后"的情形	我的证据
我正在学习将分数转化为小数。	我知道怎样将分数转化为小数。	这张纸表明我可以将 $\frac{1}{8}$ 这样的真分数、$\frac{5}{4}$ 这样的假分数和 $2\frac{2}{3}$ 这样的带分数转化为小数。
推理：我正在学习根据阅读内容中的线索进行猜测。	我可以做出很好的推理。我可以根据所阅读内容中的线索进行猜测。	这是一个出色推理的例子。我运用故事中的线索猜测 Laurie 为什么会死。
我正在学习写一个很棒的开头。	我知道如何写一个很棒的开头。	在引入部分，我提了一个问题，让读者感到疑惑的同时确立了主题。我认为这个问题是起作用的，因为大多数人不会想到它，能把读者吸引到我要讲述的内容上。

年龄大一些的学生可以写一篇反思成长的文章。有一种方法是在单元或者评分周期开始的时候，让他们写一个短文，讲述对于将要学习的主题有什么样的了解。保存好这篇短文。在单元或评分周期结束时，要求学生重新阅读它，思考自己的理解如

何发生了改变,并且写第二篇短文,描述自己的成长。对采用评分量规来评价的复杂学习目标,学生们可以在年初解释自己对质量的理解,然后在年末时再解释一次,将前后两次一对比,就能看出对质量的理解如何发生了改变。

下面的例子由一位准备上"我课堂中的教育技术"这门研究生课程的教师提供,该课程要求反思成长:

> 反思你在第一堂课"将技术整合到课堂的思想"上所写的那篇短文。基于你在过去几周里阅读的文章、做的作业、参与的课堂活动和接触到的额外资源,在计划如何将科技整合到课堂这个问题上,把以前的短文与你现在的观点进行比较和对照。为了丰富你的课程内容,请引用具体的工具、网站和你想使用的练习(Osborne, 2008)。

John Thomas 老师讲述了这一任务对他学生所产生的影响(个别交流,2008):

> 不出所料,在课程结束时,所有学生都非常疲惫,对于工作量有一些牢骚,持续的、无间隙的工作步伐,让大多数学生有抱怨。他们第二次评价关于"将如何在课堂中使用科技"的想法和观点时,要集中在他们已经学习的东西上,这会帮助他们领悟自己习得的诸多新信息和新知识。每位学生有着同等的顿悟。对作为教导者的我而言,这是为"学习在这个过程中已经产生"提供了强有力的保证。

图 7.13 节选自一名学生的回答。她的评论揭示了深度学习产生于对自己已经前行了多远所做的反思。

反思项目

挑战性的项目同样能够为加深自我意识和元认知提供机会。学生们可以记录他们采取的步骤,反思研究过程的有效性——什么是有用的?什么没有用?他们应该怎么做才有用。通过完成项目,他们可以反思,对自己作为一个学习者有何认识。或者,学生们可以反思项目引发他们对主题或学科做何思考,有何感受。经历项目的完成,他们会产生一些见解。下面列出了一些能够激发见解的问题样例。

- 为了完成这个项目你经过了哪些步骤?在完成过程中,你采取的措施起作用了吗?你遇到困难了吗?如果有的话,困难是什么?你怎样解决了困难?如果有下一次,你会采取哪些不同的措施?
- 通过做这个项目,你对自己作为学习者的了解是什么?
- 做了这个项目,最终你掌握了什么技能?做了这个项目,你希望最终掌握了什么技能,或者什么技能可以得到改善?

- 做了这个项目,最终你对_____的思考发生了改变?
- 做这个项目对你在_____上的兴趣已经产生了影响?
- 做这个项目,你最喜欢什么?为什么?你最不喜欢什么?为什么?
- 做这个项目,教会了你_____?

你可以选一个问题进行一次简短的反思,或者将它们组合起来,要求学生们去写一篇有关过程的文章来回答上述问题。又或,你可以让学生们选择一些问题或者组合一些问题,然后写一篇短文来回答。

图 7.13

| 大学课程的反思成长之节选 | 举例 |

重温了自己在第一堂课上写的短文之后,我认识到在过去七周里,我切切实实从课堂上学到多少。我过去的真实经历并不见得一定能够用到今天的课堂上。今天的课堂与我童年时的课堂相去甚远,即便是和十年前相比,也是有差别的。我察觉到自己的观点已经得到了演进,就像科技的演进一样。从内容上看,我的第一篇短文很粗浅,随着自己上每一堂课、完成每一次任务,我对于"课堂技术是什么"的理解已经发生改变。有一些课的挑战性极大,但是一旦完成,就会发现这是一个能用于促进学生课堂学习的绝妙方法……

[在我的首篇短文中]我谈到,可以将使用显微镜和看电影作为将技术融入课堂的例子。但是这两个例子连一点笔墨都没有给予如何使技术融入成为可能。就像 Lever-Duffy 和 McDonald(2008)所提到的一样,数字科技……

总之,我可以坦白地说,把我八周前的观点与现在的看法进行对照和比较,其结果会让人大为惊奇。与其将它看成是观点之间的比较,我更愿意视之为技术随着时间在成长……我期待将我的知识用于课堂,并且现在我要感谢过去八周的焦虑和学习。

来源:Reprinted with permission from Mishell Mueller, Mount Vernon Nazarene University Adult and Graduate Studies: Mount Vernon, OH. Unpublished classroom materials.

反思成就

当学生们反思成就时,他们会回顾一项记录(例如一份已经完成的追踪表)或者一系列工作,确定他们已经掌握了什么。如果有的话,他们还需要确定集中关注什么。所做的记录和一系列的工作会非常重要,它们能够提供明确的证据,以表明他们的长处在哪里,还有什么地方需要改进的。你可以用诸如下面列出的问题,引发这一类的自我反思:

- 我学习了什么?
- 我已掌握了什么学习目标?
- 在该学科上我有何优势?
- 什么地方我还需要继续努力?
- 我尚未掌握什么学习目标?

学习评价 7 策略　支持学习的可行之道

对一份成就记录或一份作业集进行反思,也能够激发个体去思考那些能够产生成就的过程。这种反思有时比单单关注成就本身更有建设性。你可以采用下面列举的问题,促进学生对过程进行反思:

- 我学习了什么?
- 我是怎样学习它的?
- 对于我做的事情,如果行的话,我可以做哪些改动?
- 我应该记住要再做一遍什么事情?
- 对自己是一名学习者,我有什么认识?

随着时间的推移,学生们通过回答系列问题,越来越普遍地反思自己的学习:什么有趣?我已经学了什么?我最骄傲的是什么?等等。待你阅读过这些反思之后,学生们可以将之保存于学习日志中,并且予以回顾,做学习总结或评论,从而为家长会做准备。图7.14展示的例子是对一中学社会研究课的定期反思。图7.15提供的是对中学语言艺术课的每周反思。如果学生能使用数据或作品完成这些表格,则有裨益。

你可以让学生以小组或班级的形式进行反思,也可以独自进行。使用一个或多个自我反思的提示,学生们可以在一周、一个单元、一个月或者一个评分周期内讨论学习,并做一个展示,例如贴海报,总结已经学习的内容。图7.16中,Laura Grayson老师介绍了如何在四年级学生中开展这项工作。

图 7.14

反思我的社会研究成就	举例

姓名:_____

请仔细思考,填充下面的题干,使句子变完整。你可以用社会研究活页夹来辅助回顾你今年以来所做的事情。

今年到目前为止,我已经学习了……

我对……仍然感到疑惑。

我能通过……找到这些问题的答案。

在……方面,我需要更多练习。

我评分周期末的目标是……

来源:Reprinted with permission from Brenda Doyle, Olentangy Local School Disrict: Lewis Center, OH. Unpublished classroom materials.

图 7.15

| 每周反思 | 举例 |

第_____周
本周,我学习了三件有趣的事情:
1.
2.
3.
本周,我的学生笔记本中最骄傲的一件事是:
下周,我想要推进的一件事情是:
下周,我想让老师做的事情是:

来源:Used with permission from Jessica Hendershot, Olentangy Local School District: Lewis Center, OH. Unpublished classroom materials.

图 7.16

| 来自课堂 |

学习的礼物

我做什么

今年我新尝试了一件事情,就是持续一年对我的课堂学习做反思。我已经在我的墙上悬挂了九个帆布(学年的每个月都有一个),并称之为"学习的礼物"。每当月末时,学生们利用班会的表格反思个人一个月以来的学习,确定什么能够代表该月的学习。

对学习的影响

鉴于反思的内容涉及学生自己的学习、与同学们的协作、寻找能够代表学习的途径等不同方面,因此反思对上我课的学生们影响甚大。另外,我们还可以反思之前的学习。整个一年里,我们把这些纳入讨论主题,并挂到墙上。

我的学生们说什么

我已经听到学生们说:"记得在九月份我们学习了州和首都。这与我们现在学习的内容相吻合。"

来源:Used with permission from Laura Grayson, Kirkwood School District: Kirkwood, MO. Unpublished classroom materials.

反思作为学习者的自己

检查记录下来的过程、学习日志中记载的一系列反思,一组证据,或者一个项目作品,这些都为学生们提供了一个加深了解自己的机会。元认知思考表需要回答以下问题:

- 什么有助于我成为一个学习者?

- 什么阻碍我成为一个学习者？
- 对作为学习者的我而言，什么事情是困难的？
- 有什么过去原本是困难的，现在变得容易了？
- 这是怎么发生的？
- 我做了什么让这些发生？

我们的学生还可以从对行为、完成作业和学习习惯的自我评价和反思中受益。图7.17举的例子是六年级语言艺术教师Jessica Hendershot要求她的学生们做的事情。她还介绍了花时间让学生完成反思的好处，原文如下：

> 通过与学生谈论他们的学习，且不局限于特定项目，我感到我对学生们的学习习惯和他们为自己许下的期望了如指掌。这种反思对学生们设定未来的学习目标也有帮助。

图 7.17

反思第一个九周			举例

姓名：_____   日期：_____
整体情况
本年级/课程和我的预期相比_____（更难、更易还是接近）
社会交往

第一个九周，我的社交	太多	足够	还不够
第一个九周，我的父母认为我的社交：	太多	足够	还不够

家庭作业

我按时完成所有课程的家庭作业。	是	否
我每天晚上都在家核查我的日程本。	是	否
我做家庭作业的地方舒适、采光好。	是	否
我做家庭作业的时间有规律。	是	否
在拿起手机或者打开电视等之前，我会完成我的家庭作业。	是	否

学习习惯

第一个九周里，我的学习：	太多	足够	还不够
第一个九周里，我的父母认为我的学习：	太多	足够	还不够
我通常拖到考试前一晚才学习。	是	否	

课堂

我在课堂	太多	足够	还不够
向教师求助，我觉得很坦然	是	否	
我参与课堂讨论	是	否	

图 7.17（续）

> **反思成绩单**
> 我认为我在第一个评分周期已全力以赴。　　　　　　　是　　否
> 我的父母认为我在第一个九周全力以赴了。　　　　　　是　　否
> 我的教师认为我在第一个九周已全力以赴。　　　　　　是　　否
> 我的成绩能说明我在课堂中所学到的。　　　　　　　　是　　否
> 当我能够_____时，我学习得最好。
> 如果我有一个季度可以重新来一次，我愿意_____。
> 对于第二个九周，我已经决定_____，那样我的成绩单会让我更满意。
> 对我第一个九周的反思进行检查之后，我决定……
> 我的挑战是：
>
>
> 我的目标是：

来源：Reprinted with permission from Jessica Hendershot, Olentangy Local School District; Lewis Center, OH. Unpublished classroom materials.

学生分享自己的学习

学生保留着关于学习历程的记录，并且进行了反思。最后一步工作就是要把自己的反思与一名听众分享。学生的父母或学生生命中的其他重要人士，同学或教师，均可以做听众。

学生和父母谈论学习进程的一大益处是这些谈话会有助于父母提高对孩子的学习期望。Hattie(2009)对与家庭相关的因素及其对成就影响的研究进行了分析，发现所有的家庭变量中，父母对孩子成就水平的希望和期望是对高成就贡献最大的因素。他对元分析做了梳理，发现与诸如家庭结构、监督程度、家庭作业或学习规则等其他因素相比，家庭中大人的信念和期望对成就水平的影响更加显著。当学生们在取得进步后与父母讨论自己的学习，这会加强父母对孩子能力的信念。

我们可以通过评价学习实践来培养学生对自己学习能力的信心。在所分享证据的支持下，学生的信心有助于父母相信孩子们有能力在学校获得成功，回过来这又会影响学生对自己的期望。此外，学生们介绍自己正在学习什么、获得了哪些成功、哪些

地方学得不容易后，父母会更加支持他们在家时的学习。

学生有很多方式来讨论他们的进步和成就。在本节，我们来看看以写作和会议的形式进行分享。

通过写作来分享

学生们可以记笔记、写一封信或一份日志目录，也可以发一封电子邮件给他们的父母或者家里的其他成人，介绍自己在一周、一个单元或评分周期已经掌握或学习的东西，或者做了什么。二年级教师 Amy Meyer 为班级一周的学习目标制定了清单，并用来与学生父母交流（图 7.18）：

> 每周五在我的课堂上，学生们核对自己实现了哪些目标，然后我再核查他们实现了哪些目标。例如，过去几周的学习目标是根据一个主题句和一些支持的细节来写一段话。然后学生们给家里的某个成员写一封信，这个成员会在家庭留言本中回信给学生。这些来回的书面会话被保存在笔记本里，当父母和孩子们阅读这些信件时，就可以看到会话。

图 7.18

家庭留言本里的学习目标	举例

_____ 我能运用正确的信件格式，它包括一个日期、问候、行首空格、主体、结尾辞和署名。
_____ 我能针对两个主题，结合支持的细节来写两个段落。
_____ 我能写听上去正确或者有道理的句子。
_____ 我能正确地使用标点符号和正确大写。
_____ 我写作的书写能够做到最好。
_____ 我能够把单词的笔画写清楚，让拼写看起来正确。

来源：Reprinted with permission from Amy Meyer, Worthington City Schools; Worthington, OH. Unpublished classroom materials.

小学生可以每天填写成就日程表，周末时把日程表与他们的作品一起带回家，这样就可以和父母一起讨论他们在学校取得的成功。图 7.19 是日程表的样例，它是为还不会写完整句的学生所设计的。

图 7.19

		看看我一周取得的成就				举例
		星期一	星期二	星期三	星期四	星期五
		我阅读了：	我阅读了：	我阅读了：	我阅读了：	我阅读了：
		我写了：	我写了：	我写了：	我写了：	我写了：
	+ & -	我做的加法和减法：	我做的加法和减法：	我做的加法和减法：	我做的加法和减法：	我做的加法和减法：

来源：Used with permission from Donna Snodgrass, Cleveland State University, Cleveland, OH. Unpublished classroom materials.

参加会议

学生们可以在家主持与父母或其他重要长辈的会谈，也可以在学校与同伴、老师、父母或其他长辈会谈。大家可以讨论他们在某个学习目标上的进步，也可以讨论在一个单元甚至整个科目所有学习目标上取得的进展，还可以探讨当前的成就水平，或者目标实现的程度。图 7.20 总结了所有的讨论选项以及各选项所需要的证据。你可以根据学生准备分享何种信息以及诸如学生们年龄、有关的组织工作等背景方面的考虑做出选择。

在家开会

任何作品，诸如一个伴有反馈或自我评估的小测验、一份学生保存的有关进步的记录、一本学习日志或者一个记录袋等等，都可以成为学生与父母或其他重要长辈在家会谈的焦点，尤其是作品确实能够显示出学生的成长。对于父母来说，不必等到评分周期结束就能从自己孩子那里获知他们做得如何。然而随着学生年龄增大，他们会不太自愿提供这些信息。你可以将它作为家庭作业布置下去，要求学生们每个季度在家中就自身的成长、当前的成就水平或者目标实现的程度与长辈做一次或者多次的分享，并要求家长和学生们针对讨论的内容写一个简短的反思或总结。这个反思或总结可以纳入学生记录袋，在评分周期结束时还可用于家长会。

图 7.20

学生主持的会议

讨论主题	证据	参加者	地点
在某个学习目标上的进步	● 追踪表格 ● 两个及以上的作品样本，均标注了日期，能表明随着时间推移取得了进步，项目记录袋亦可 ● 学生对成长的反思	● 学生和父母 ● 学生和其他长辈 ● 两名及以上学生 ● 学生和教师	● 家里 ● 学校
在整个科目上取得的进步	● 追踪表格 ● 对话日志 ● 学习日志 ● 成长记录袋 ● 项目记录袋	● 学生和父母 ● 学生和其他成人 ● 两个或多个学生 ● 学生和教师	● 家 ● 学校
当前在某科目上的成就水平	● 追踪表格和作品样本 ● 成就记录袋	● 学生和父母 ● 学生和其他成人 ● 两个或多个学生 ● 学生和教师	● 家 ● 学校
目标的实现	● 短期或长期目标，进步或者实现目标的证据	● 学生和父母 ● 学生和其他成人 ● 两个或多个学生 ● 学生和教师	● 家 ● 学校

在校开会

在学校，学生可以与同伴、教师、父母或者其他重要的长辈讨论他们的成长或目标实现的程度。学生和成人仅就学生当前的成就水平进行讨论，避免将学生的学习状态与同伴进行对比而可能带来的消极后果，这对会议而言是有利的。

你可以利用一个上午或下午或者几天的时间，在教室里同时组织学生—家长会议。在一天之内，你可以在教室里采取轮流的方式，同时召开几个学生—家长会议，并一组一组地检查。在评分周期期间或结束的时候均可安排学生—家长—教师会议。

学生主持会议的准备工作

从策略 1 至 6 的活动中挑选一些让学生参与，为学生作为学习者而言，在成长、成就、优势、目标以及需求方面的探讨做好知识储备。你选择一个主题，给学生们机会去反思与之相关的作品，帮助他们为自己要主持的会议制定议程，为同伴会谈安排时间。

邀请父母来校

当邀请父母某天来开会或观看展示时，请把不同的时间安排提供给他们选择，并请他们参与其中一项。图 7.21 是从事学前教育的教师 Beth Fujikawa 设计的一份邀请,鼓励家长们来参加孩子的项目展示。据她的报告,她与另一位也采用此表格的老师已成功地让所有学生的家长来参加展示。然而过去几年采用的是更短的邀请,其中没有时间选项,结果仅有三分之一的家长观看了展示。

很多教师报告,当每个学生给自己的家长写一份邀请时,出席率就提高了。如果父母事先得到一些信息,让他们了解预期看到什么,以及对他们参与活动的建议,这将大有裨益。如果父母们有一个关心的问题想要讨论,你还可以让他们清楚如何在孩子不在场时,另外单独安排一场会议。

图 7.21

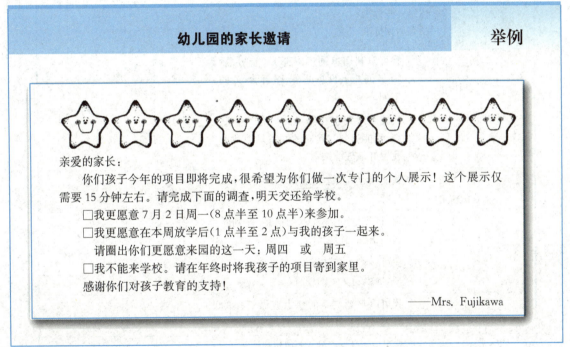

来源:Reprinted with permission from Beth Fujikawa, Central Oahu School District: Mililani, HI. Unpublished classroom materials.

举行由学生主持的会议

典型的由学生主持的会议开场时让学生做介绍,如果有需要的话,学生还可以分享会议议程。然后学生介绍学习目标,这是会议的焦点,接着通过展示和讨论选择的作品来阐释主题(例如成长、成就、某个项目的成功完成,或者目标的实现)。家长们可能询问一些需要澄清的问题,并会对作业或学习进行讨论。学生们应该事先想想父母可能会提出问题,并做好回答的准备。会议结束时学生们要向父母的到来致谢。

依据你选择的会议类型,你或许可以将一些作品样本事先寄到学生家里,供家长们查看。你也可以联合你的学生共同完成一份介绍学生进步的报告,并在家长会议之前寄到学生家里。图 7.22 是教师与学生联合完成的报告样例,它实际成为学生—家长会议或者学生—家长—教师会议的基础。学生还可以与父母分享他们所保存的记

图 7.22

7年级　自我评估与教师评估　　举例

记分标准	阅读 5＝超过标准 4＝达到标准，有时超过标准 3＝始终达到标准 2＝达到一些标准 1＝没有达到标准		学期1		学期2		学期3	
			学生	教师	学生	教师	学生	教师
7-1	单词分析和词汇	我可以利用单词组成部分（前缀、后缀和词根）的意思来理解课文的单词。						
7-2	理解策略	我能够对我正在阅读的内容建立联系，我能够分辨建立的联系是否帮助我更好地理解文章。						
7-3		我能够弄清楚文章的主要思想或主题。						
7-4		我可以思考不同文章的信息，并判断这些信息的价值。						
7-5		我可以将文章与世界、与自己联系起来，加强对文章的理解。						
7-6		我可以归纳文章的要点或做简短的陈述。						
7-7		我可以讲述文章的主要思想和细节。						
7-8		我可以准确归纳文章的重要思想，并形成结论。						
7-9	阅读技巧	我可以解释文章的特征（开头、图形、图表、章节提要、专业印刷字体、说明文字等）是如何展示文章的意图。						
7-10		我可以根据作者的语言和对词语的选择来理解其观点。						
7-11		我能够比较不同作者对同一件事、经历或话题（观点）的想法和意见。						

来源：Reprinted with permission from Jill Meciej, Community Consolidated School District 93, Bloomingdale, IL.

录,为学校的会议做准备,也可以替代学校的会议。

汇报体验

会议结束之后,听取班级的汇报。你可以比较正式地让学生填写会议评估表(图7.23),也可以非正式地把会议评估表中的部分问题作为讨论的指南。你还可以请家长们填写这个表格,将他们的感受反馈给你。

图 7.23

会议评估表格

姓名：_____	日期：_____
我从这个会议中学习到	
我喜欢这个会议的地方是	
我想对这个会议做的改动是	
其他意见	

来源：Chappuis, J., Stiggins, R. J., Chappuis, S., & Arter, J. A. *Classroom Assessment for Student Learning: Doing It Right—Using It Well*, 2nd Ed. ©2012 Reprinted by perimissionof Pearson Education, Inc., Upper Saddle River, NJ.

结论

策略 7 带来的是对整个学习周期的评价。当我们提供精心构建的机会,让学生去觉察学习、去反思学习、去与重要的人分享时,评价过程及结果就能够在学生心中生长出学习的内在动机。参与策略 7 提供的元认知过程不仅能夯实学生的成就,而且能深化他们对自己作为学习者本身的洞察。

尾声

有个第二外语系为每一位一年级学生准备一盘录音磁带,它记录了他们最初尝试说自己所学的语言。一年里,学生每隔一段时间就将一些三分钟片段录入自己的磁带中,在年末时,他们能听一听自己已经取得的进步。因为他们定期记录三分钟对话片段,所以在他们学习外语期间,磁带会一直伴随着他们。磁带变成了一种学生们可以在任何时候收听的记录袋和成长记录。在毕业时,老师精美包装每一盘磁带,将它们作为礼物送给学生。

为学习而评价是我们送给学生的一个礼物。它是我们所持的一面镜子,用来向学生展示他们已经走了多少路程。我们承诺,我们运用评价是为了指导学生沿学习的旅程之路前进,而非惩罚和奖励。

第7章的理解和应用

每章末尾的活动能帮助你把握每章的学习目标,并将理念应用于你的课堂。设计它们的目的是,加深你对每章内容的理解,为合作学习提供讨论主题,指导落实每章所学的内容和练习。第7章的 DVD 文件内含完成每一个活动所需要的表格和材料,采用的是可编辑的微软文档格式。每一个活动所需的表格列在活动指南之后,并用 ◉ 标示。

第7章的学习目标

1. 有一份让学生能够随时了解自己学习进程的策略清单;
2. 有一份策略清单,使学生能够对自己的学习和对自己作为一名学习者进行元认知和反思;
3. 有一份让学生有机会与别人分享自己学习进程的策略清单;
4. 在整个《学习评价7策略》的学习和应用中,能够追踪、反思和分享你自己的学习进程。

第7章的活动

讨论问题(所有的学习目标)
活动 7.1　坚持记反思日志(所有的学习目标)
活动 7.2　追踪学习(学习目标 1 和 4)
活动 7.3　反思学习(学习目标 2 和 4)
活动 7.4　分享学习(学习目标 3 和 4)
活动 7.5　选择策略 7 的一种应用(所有的学习目标)
活动 7.6　添加到你的成长记录袋(所有的学习目标)
活动 7.7　追踪你自己的学习(所有的学习目标)
活动 7.8　反思你自己的学习(所有的学习目标)
活动 7.9　分享你自己的学习(所有的学习目标)

第7章 讨论问题

还可以通过括号里列的活动对问题进行深度探究。

阅读第7章之前要讨论的问题：

1. 追踪学习、反思学习和分享学习是怎样起到"缩小差距"的作用？（活动7.1）
2. 根据策略7对活动的分类，你的学生目前参加的是什么活动？（活动7.1）

在阅读第7章期间或阅读之后，需要考虑的问题：

3. 哪一种追踪选项最适合你的情况（年级水平、科目、学习目标）？（活动7.2）
4. 你如何区分策略4解释的自我评价活动与策略7描述的自我反思活动？（活动7.1）
5. 哪一种自我反思选项最适合你的情况（年级水平、科目、学习目标）？（活动7.3）
6. 哪一种分享选项最适合你的情况（年级水平、科目、学习目标）？（活动7.4）

结束时要讨论的问题：

7. 你在课堂中尝试了第7章的哪些活动？它们的效果如何？你观察到了什么成功的事情？你会怎样改进？（活动7.5和7.6）

活动7.1

坚持记反思日志

这是一个独立活动。如果你选择做这个活动，你也可以与你的学习团队讨论你所记录的想法。

当阅读7章时，坚持记录你的想法、问题和任何你努力实施过的活动。

第7章活动7.1反思日志表

活动7.2

追踪学习

这是一个独立的活动。但是如果与教授相同单元或科目的搭档或团队一起执行步骤1—4时，你会发现它依然很有用。

1. 阅读标题为"学生追踪自己的学习"的小节后，把你要教的某个单元或评分周期的学习目标列成一张清单。
2. 为每个学习目标选择最有效果的追踪选项。所有的目标可以用相同的选项，也可以把选项组合起来运用，这要根据你所列学习目标的类型而定。追踪选项包括用学习目标或任务记录学习进程、记学习日志，或者收集和注释记录袋的证据。

3. 确定学生多久追踪一次他们的学习，完成每次追踪活动要花费多少时间。将这些时间纳入你的教学计划。

4. 制定学生要使用的表格。（DVD中能找到本章的表格。）

5. 在单元学习或评分周期期间，让学生们坚持追踪自己的学习。可以考虑请学生们就这一活动对自己有何影响谈谈看法。当学生在记录自己的进步时，请你追踪他们对活动、对自己的学习或者对自己作为学习者的评论。

6. 到单元或评分周期的末尾，向你的学习团队分享学生完成的表格或日志样本。就学生对活动的评论和反应以及你所注意到的学生在动机和成就方面发生的任何改变进行讨论。

7. 为了以后的使用，请把你想对过程或者表格做的任何修改记下来。

◎ 活动7.2a 追踪表格

◎ 活动7.2b 记录袋条目的封面清单

活动7.3

反思学习

此活动圆满完成需要先完成活动7.2。这也是一个独立的活动，但是如果你与教相同单元或同一学科的搭档或团队一起执行步骤1和2时，你会发现它仍然很有用。

1. 阅读标题为"学生反思自己的学习"一节后，选择反思选项时，要选最适合于你所教内容的学习目标、你已选择的追踪选项、学生将持有的第一手证据（其取决于你所关注的学习目标）以及学生的年龄。反思选项包括反思成长、反思一个项目、反思成就以及对自己作为学习者的反思。

2. 确定学生需要参考哪些证据，以及你怎样引发他们反思：通过一张表格、一份书面提示或者一系列问题（7.1介绍的反思表格模板见DVD）。

3. 让学生运用反思表、提示或问题。学生分享他们怎么看待活动对自己的影响，活动对理解自己作为学习者、继续学习的动机以及成就等方面产生影响。请追踪记录你对这些影响留下的印象。

4. 与你的学习团队分享学生反思的几个例子。讨论学生对活动的反应和你对活动产生影响的印象。

5. 为了将来的使用，请把你想对过程、表格、提示或问题做的任何修改记录下来。

◎ 活动7.3 自我反思表格

活动 7.4

分享学习

本活动要圆满完成,需要先完成活动 7.2 和 7.3。这也是一个独立的活动,但是如果你与教同一单元或同一学科的搭档或团队一起执行步骤 1 和 2 时,你会发现它仍然很有用。

1. 阅读完标题为"学生分享自己的学习"的小节后,选择分享选项时,要选择最适合你将教授内容的学习目标、学生要做的追踪和反思、学生的年龄以及可行的时间。选项包括书面交流、在家开会和在校开会。
2. 准备好你要使用的表格或方案。确定学生们需要拿出哪些作品来分享或者用来举证。
3. 向学生和家长解释分享的过程及其目的。
4. 让学生参加你选择的分享选项。
5. 如果学生已经参加了一次会议,那么根据第 7 章的建议,让所有的参与者汇报会议经历(DVD 中有图 7.23《会议评估表》完整版)。追踪记录你自己对这几个方面的印象:此活动对学生理解作为学习者的自己的影响、对学生继续学习动机的影响以及对其成就的影响。
6. 与你的学习团队分享几个学生的书面交流例子,或者分享几个学生简要评价"口头分享经验"的例子。
7. 为了将来的使用,如果你想对表格或方案进行修改,均请记录下来。

◎ 活动 7.4a 分享学习计划表

◎ 活动 7.4b 第 7 章的会议评估表

活动 7.5

选择策略 7 的一种应用

这是一个独立的活动。如果你独立活动,你也可以与你的学习团队讨论活动结果。它可以替代前面逐节介绍的各个活动。

阅读第 7 章后,选择一种应用去尝试。与学生一起尝试后,运用 DVD 中的表格对活动进行反思:你们尝试了什么,你观察到的结果是什么;以及如果有的话,你采取了什么措施,或者基于此次经历你将要采取什么措施。如果你正与学习团队一起工作,请考虑和他们分享你的反思。

◎ 活动 7.5 选择策略 7 的一种应用

活动 7.6

添加到你的成长记录袋

这是一个独立的活动。

这一章的所有活动都可以成为你自己的成长记录袋的条目。选择你已经完成的那些活动，或者选择你自己创作的作品，这些活动和作品能够表明你具备了达到第 7 章学习目标的能力。如果你在记反思日志，你可以把第 7 章的条目收纳进你的成长记录袋。DVD 上的成长记录袋条目的封面清单会促使你去思考，你选择的每一个物件如何反映出你对学习目标的学习。

◎ 活动 7.6 第 7 章记录袋条目的封面清单

活动 7.7

追踪你自己的学习

设计了活动 7.7、7.8 和 7.9，你就可以与别人分享一些选择，这些选择发生在你自己的研究、讨论和对本书理念的应用的学习过程。这是一项独立的活动。

A 部分

1. 把你进行的七个策略的实践制作成一份清单。

2. 将你当前做的实践与第 1 章活动 1.6 列出的练习"终结形成性评价实践"进行对比。

3. 请书面介绍你的班级评价实践是怎样改变的，以此作为你学习的成果。

B 部分

回顾本书中每一章的学习目标。从你的成长记录袋中挑选一个或多个能展现你学习方方面面的，而且你愿意与人分享的作品。

◎ 活动 7.7 追踪你自己的学习

活动 7.8

反思你自己的学习

一旦你收集了能展现自己学习的作品，你就可以从下面挑选一个或几个反思选项。为了实现自我反思的目的，你可以运用每一章的学习目标。

1. 使用或者变通学生在"反思成长"小节提出的建议之一，对你自己用作品集来证实的学习进行反思。你可以使用本章介绍的记录袋条目的封面清单(见 DVD 中的活动 7.2)。

2. 使用或者变通学生提出的建议之一,对你亲眼所见的学生动机和成就的变化进行反思。你确信这些变化是由于实施了本书介绍的一个或几个策略才产生的。

3. 使用或者变通反思项目的建议之一,对你自己学习《学习评价 7 策略》进行反思。

4. 设计并完成你自己的反思提示或表格:(a)紧扣你的学习以及你得出的结论;(b)证明你掌握了策略 7 的自我反思部分。

活动 7.9

分享你自己的学习

你的学习团队可以策划一次学习"分享会",让其他人了解你们在课堂里和团队会议上是如何评价学习的。活动 7.9 的成功取决于活动 7.7 和活动 7.8 的完成。你的观众可以是其他学习团队,或者没有参加这项研究的同事。针对的不同观众,分别根据以下两个部分对之进行讲解:

选择一:与其他学习团队的分享

1. 每个学习团队分别单独开会,计划要分享的内容。学习团队的成员把他们活动 7.7 和活动 7.8 所做的工作带到会上,每个人花几分钟时间来解释自己的作品和要证明的东西。

2. 每个学习团队选择他们想和别人分享的作品,准备好展示每个作品意欲表达的核心思想、需要的简要解释性信息、作品(集)、活动 7.8 完成的反思,以及提交作品的人的姓名和联系方式。通常情况下,团队举办一次会议来分享和选择作品,然后另外举行一次会议来做展示的准备。

3. 找一个好地方举行分享会。把每个团队安排好位置。

4. 安排一个人负责主持团队的展示,并做简短解释、回答问题。其他团队轮流展示。你可以来轮转安排人来主持展示,这样所有人都有机会看到其他人做的事情。

选择二:与非学习团队成员的同事分享

1. 所有学习团队成员把他们活动 7.7 和活动 7.8 所做的工作带到会上,每个人花几分钟时间来解释自己的作品和要证明的东西。然后每个人选择自己的作品与大家分享。

2. 由团队决定分享的时间和形式。这里提供几种选择:
- 组成像教工大会这样的大组,你们每个人都可以简介自己作品表达的核心思想,自己是怎么应用它的,以及结果发现在学生身上发生了什么变化。如果合适的话,你们可以让观众参与一个小型活动,模拟你让学生做了些什么。

- 也可以采取小规模会议的形式,比如部门会议,依然按上述流程开会。
- 你们每个人都可以进行与上述类似的展示,可以把展示安排在一个像自助餐厅或者图书馆的地方。当观众小组轮流参观到你们的展示时,你们每个人都可以向观众做简短的报告。

3. 无论选择这两种分享形式中的哪一种,都要确保不遗漏每件作品所展示的学习目标,以及对其带给动机和成就的影响的反思。

参考文献（Bibliography）

Allen, K., & Hancock, T. (2008). Reading comprehension improvement with individualized cognitive profile and metacognition. *Literacy Research and Instruction*, 47, 124 – 139.

Ames, C. (1992). Classrooms: Goals, structures, and students motivation. *Journal of educational Psychology*, 84(3), 261 – 271.

Andrade, H. (2010). Students as the definitive source of formative assessment: Academic self-assessment and the self-regulation of learning. In H. Andrade & G. Cizek(Eds.), *Handbook of formative assessment* (pp. 90 – 105). New York, NY: Routledge.

Andrade, H. (2013). Classroom assessment in the context of learning theory and research. In J. McMillan (Ed.), *The SAGE handbook of research on classroom assessment* (pp. 17 – 34). Los Angeles, CA: SAGE Publication, Inc.

Arter, J., & Chappuis, J. (2006). *Creating & recognizing quality rubrics*. Portland, OR: Pearson Assessment Training Institute.

Bennett, R. E. (2011). Formative assessment: A critical review. *Assessment in Education: Principles, Policy and Practice*, 18, 5 – 25.

Black, P. (2013). Formative and summative aspects of assessment: Theoretical and research foundations in the context of pedagogy. In J. McMillan (Ed.), *The SAGE handbook of research on classroom assessment* (pp. 167 – 178). Los Angeles, CA: Sage.

Black, P., Harrison, C., Lee, C., Marshall, B., & William, D. (2002). *Working inside the black box: Assessment for learning in the classroom*. London, England: King's Colleage Press.

Black, P., & William, D. (1998a). Assessment and classroom learning. *Assessment in Education*, 5(1), 7 – 74.

Black, P., & William, D. (1998b). Inside the black box: Raising standards through classroom assessment: *Phi Delta Kappan*, 80(2), 139 – 148.

Blackwell, L., Trzesniewski, K., & Dweck, C. (2007). Implicit theories of intelligence predict achievement across an adolescent transition: A longitudinal study and an intervention. *Child Development*, 78(1),246-263.

Brown, G., & Harris, L. (2013). Student self-assessment. In J. McMillan (Ed.), *The SAGE handbook of research on classroom assessment* (pp. 367-393). Los Angeles, CA: SAGE Publications, Inc.

Butler, R. (1988). Enhancing and undermining intrinsic motivation: The effects of task-involving and ego-involving evaluation on interest and performance. *British Journal of Educational Psychology*, 58,1-14.

Chappuis, J., Stiggins, R., Chappuis, S., & Arter, J. (2012). *Classroom assessment for student learning: Doing it right — Using it well* (2nd ed.). Portland, OR: Pearson Assessment Training Institute.

Chappuis, S., Stiggins, R., Arter, J., & Chappuis, J. (2010). *Assessment for learning: An action guide for school leaders*. Portland, OR: Pearson Assessment Training Institute.

Cizek, G. J. (2010). An introduction of formative assessment: History, characteristics, and challenges. In H. Andrade & Cizek (Eds.), *Handbook of formative assessment* (pp. 3-17). Routledge, NY.

Common Core State Standards Initiative. (2010a). *Common Core State Standards for English language arts & literacy in history/social studies, science, and technical subjects*. Washington, DC: Council of Chief State School Officers & National Governors Association. Retrieved January 2011 from http://www.corestandards.og/assets/CCSSL_ELA%20Standards.pdf.

Common Core State Standards Initiative. (2010b). *Common Core State Standards for mathematics*. Washington, DC: Council of Chief State School Officers & National Governors Association. Retrieved January 2011 from http://www.corestandards.og/assets/CCSSL_Math%20Standards.pdf.

Cowie, B. (2013). Assessment in the science classroom: Priorities, practices, and prospects. In J. McMillan (Ed.), *The SAGE handbook of research on classroom assessment* (pp. 473-488). Los Angeles, CA: Sage.

Crooks, T. (2007, April 9). Key factors in the effectiveness of assessment for learning. Paper presented at the 2007 Annual Meeting of the American Educational Research Association, Chicago, IL.

Dweck, C. S. (2007). The Secret to raising smart kids. *Scientific American Mind*, November 28,2007. Retrieved November 12,2008, from http://www.sciam.com/artical.cfm?id=the-secret-to-raising-smart-kids&print=true.

Gladwell, M. (2008). *Outliers: The story of success*. New York, NY: Little, Brown.

Gollwitzer, P. M., & Sheeran, P. (2006). Implementation intentions and goal achievement: A meta-analysis of effects and processes. *Advances in Experimental Social Psychology*, 38, 66–119.

Gregory, K., Cameron, C., & Davies, A. (2000). *Knowing what counts: Self-assessment and goal-setting*. Merville, BC: Connections.

Halvorson, H. G. (2012). *Succeed: How we can reach our goals*. New York, NY: Penguin.

Harlen, W. (2007). Formative classroom assessment in science and mathematics. In J. H. McMillan (Ed.), Formative classroom assessment: *Theory into practice* (pp. 116–135). New York, NY: Teachers College Press.

Harlen, W., & James, M. (1997). Assessment and learning: Differences and relationships between formative and summative assessment. *Assessment in Education: Principles, Policy, & Practice*, 4(3), 365–379.

Hattie, J., & Timperley, H. (2007). The power of feedback. *Review of Educational Research*. Retrieved 2007年10月9日 from http://rer.sagepub.com

Hattie, J. (2009). *Visible learning: A synthesis of over 800 meta-analyses relating to achievement*. New York, NY: Routledge.

Hattie, J. (2012). *Visible learning for teachers: Maximizing impact on learning*. New York, NY: Routledge.

Heritage, M. (2013a). *Formative assessment in practice*. Cambridge, MA: Harvard Education Press.

Heritage, M. (2013b). Gathering evidence of student understanding. In J. McMillan (Ed.), *The SAGE handbook of research on classroom assessment* (pp. 179–196). Los Angeles, CA: SAGE Publications, Inc.

Hunter, M. (1982). *Mastery teaching: Increasing instructional effectiveness in elementary, secondary schools, colleges and universities*. El Segundo, CA: TIP.

Hunter, M. (1993). *Enhancing teaching*. Upper Saddle River, NJ: Pearson Education.

Kanter, R. M. (2004). *Confidence: How winning streaks and losing streaks begin and end*. New York, NY: Three Rivers Press.

Kluger, A. N., & DeNisi, A. (1996). The effects of feedback interventions on performance: A historical review, a meta analysis, and a preliminary feedback intervention theory. *Psychological Bulletin*, 119(2), 254–284.

Locke, E. A., & Latham, G. P. (1990). *A theory of goal setting & task performance*. Englewood Cliffs, NJ: Prentice Hall.

Locke, E. A., & Latham, G. P. (2002). Building a practically useful thoery of goal setting and task motivation. *American Psychologist*, 55(9), 705–717.

Rodriguez, M. C., & Haladyna, T. M. (2013). Writing selected-response items for classroom assessment. In J. McMillan (Ed.), *The SAGE handbook of research on classroom assessment* (pp. 293 - 313). Los Angeles, CA: SAGE Publications, Inc.

Sadler, D. R. (1989). Formative assessment and the design of instructional systems. *Instructional Science*, 18, 119 - 144.

Sadler, D. R. (1989). Formative assessment: Revisiting the territory. *Assessment in Education*, 5(1), 77 - 84.

Schunk, D. (1996). Goal and self-evaluative influence during children's cognitive skill learning. *American Eductional Research Journal*, 33(2), 359 - 382.

Shepard, L. A. (2008). Formative assessment: Caveat emptor. In C. Dwyer (ED.), *The future of assessment: Shaping teaching and learning* (pp. 279 - 303). New York, NY: Lawrence Erlbaum.

Shepard, L. A. (2008/2009). The role of assessment in a learning culture. *Educational Researcher*, 29(7), 4 - 14.

Spandel, V. (2009). *Creating writers through 6-trait writing assessment and instuction*. Boston, MA: Pearson.

Stiggins, R. (2007). Assessment for learning: An essential foundation of productive instruction. In Douglas Reeves (Ed.), *Ahead of the curve* (pp. 59 - 76). Bloomington, IN: Solution Tree Press.

Stiggins, R., Arter, J., Chappuis, J., & Chappuis, S. (2004). *Classroom assessment for student learning: Doing it right—Using it well*. Portland, OR: Pearson Assessment Training Institude.

White, B. Y., & Frederiksen, J. R. (1998). Inquiry, modeling, and metacognition: Making science accessible to all students. *Cognition and Instruction*, 16(1), 3 -118.

William, D., & Lee, C. (2001, September). Teachers developing assessment for learning: Impact on student achievement. Paper presented at the 27th annual conference of the British Educational Research Association, University of Leeds, England.

William, D. (2013). Feedback and instructional correctives. In J. H. McMillan (Ed.), *SAGE handbook of research on classroom assessment* (pp. 197 - 214). Thousand Oaks, CA: SAGE Punlications, Inc.

索引（Index）

A

成就 Achievement
　曲解 distorting，20
　和期望效应 and expectancy effects，235
　和成长型思维与固化型思维 and growth mindset VS fixed mindset，106
　自我评价的影响 impact of self-assessment，146－151
　通过有挑战的特定目标提高 increasing through specific and challenging goals，184
　反思 reflection on，286－289
成就记录袋 Achievement portfolio，278，281
行动计划 Action planning，168，171
　目标和 goals and，183－191
　自我评价和 self-assessment and，151－152
　步骤 steps，185－187
相依概念 Alternative conceptions，208－210
解析性评价量规 Analytic rubrics，54，56
匿名 Anonymity，作业抽样 for work samples，72－76
评价 Assessment
　决定是形成性的还是终结性的，determining formative or summative，7
　诊断的 diagnostic，212－221
　有效利用 effective use，3－4
　形成性，见形成性评价 formative. see Formative assessment

联系学习 linked to learning，22
评价方法与学习目标匹配 matching methods to learning targets，37－39　　　　317
性质和类型 nature and type，7
作为有力的工具 as powerful tool，8
反思的 reflective，125
又见诊断性评价，自我评价 See also Diagnostic assessment，self-assessment
评价，表现 Assessment，performance
　带有任务和量规的脚手架材料 scaffolding with tasks and rubrics，248－253
　带有教学推动力的任务 tasks with instructional traction，219
评价，终结性 Assessment，summative，4
　平衡两者的办法 balanced approach，253，257
　同时用作形成性和终结性 used both formatively and summatively，4－5
评价对话录 Assessment dialogues，118－123，126
对学习的评价 Assessment for learning. 见对学习的7个评价策略 See Seven Strategies of Assessment for learning
任务 Assignments
　印出的学习目标 learning targets printed on，47
　在……期间自我评价 self-assessment during，161－162
　用作好作业和差作业的例子 using as strong and weak samples，76－77

＊ 索引中页码为原版书页码，参见中文版边码。——编辑注

又见练习作业 See also Practice work

B

条形图,人 bar graph, human, 160-161

基准 Benchmarks,又见学习目标 See Learning targets

搭建桥梁,从家庭的例子到学校的例子 Bridging, home examples to school examples, 64-65

列表 Bulleted,在评价量规里 in rubrics, 57-59

C

原因和效果,组织图 Cause and effect, graphic organizer, 247-248

棋子、纽扣和筹码,用于自我评价 Checkers, buttons, and poker chips, for self-assessment, 152

核查表 Checklists

 将评价量规转化为 converting rubric to, 178-179

 学习目标 learning targets, 155

自我评价周期,性质 Circle self-assessment, properties, 159-160

班级评价,见评价 Classroom assessment, See Assessment

代码,作为反馈 Codes, as feedback, 112, 117-118

普通的价评,评价的性质和类型 Common assessment, nature and type of assessment, 7

州立共同核心标准,见内容标准,学习目标 Common Core State Standards. See Content standards, Learning targets

比较,在追踪系统中避免 Comparison, avoiding in tracking systems, 281

会议表 Conference form, 124

会议 Conferences

 目标和计划 goal and plan, 192

 同伴 Peer, 122-123

学生参与 students participating in, 294-299

三分钟 three-minute, 122

结构化回答,见书面作答 Constructed response. See written response

建构地图 Construct maps, 210-211

内容标准 Content standards

 解构 deconstructing, 39-41, 210-211

 形成性测验匹配 matching formative test, 161

订正表格 Corrective form, 172-176

订正反馈 Corrective feedback, 108-109

标准 Criteria

 解析性评价量规 in analytic rubrics, 54

 与学生合作制定 co-creating with students, 67-68

 在熟悉的情境中 in familiar situations, 63-64

 向年幼的学生介绍概念 introducing concept to young students, 62-63

 现成的 preexisting, 66-67

D

日程表,交流 Daily calendar, communication

 把成果带回家 accomplishments to family with, 294

解构标准 Deconstructed standards, 39-41, 210-211

"默认"方案 "Default protocol",为了介绍评价量规 for introducing rubric, 60-61

解析性评价量规 Descriptive rubric, 52, 56

发展轨迹 Developmental continuum, 177, 210-211

诊断性评价 Diagnostic assessment, 6, 212-221

 带有提问和对话的 with questioning and dialogue, 219-221

 选择题 selected response items, 213-215

 书面作答题 written response items, 215,

217-219

图示,图示上有评价量规语句 Diagram, plotting rubric phrases on, 178, 180

对话表 Dialogue forms, 118-119

对话日志 Dialogue journals, 276

实践的差异化单元 Differentiated units for practice, 240

不一致的证据 Disconfirming evidence, 205

干扰项 Distractors, 71, 213

区级基准评价,评价的性质和类型 District benchmark assessment, nature and type of assessment, 7

E

校订,同伴 Editing, peer, 128

有效的反馈 Effective feedback, 94-114

处理片面理解 to address partial understanding, 108-109

特征 characteristics, 95

将注意力引到有意学习上去 directing attention to intended learning, 96-106

限定学生需要做的改进 limiting correctives for student actions, 114

和维持认知挑战 and maintaining cognitive challenge, 109, 110-112

在学习期间发生 occurring during learning, 107-108

自我卷入目标导向 Ego-involved goal orientation, 16-17

小学评价对话表 Elementary assessment dialogue form, 120

小学生 Elementary students

策略1和2的例子 examples of Strategies 1 and 2, 78-81

即时反馈 immediate feedback, 118

介绍评价量规标准 introducing rubric criteria, 62-67

自我评价观点 self-assessment ideas, 152-154

和反馈成功 and success feedback, 103

把测验结果用于形成性自我评价 using test results for formative self-assessment, 162, 164-167

促成策略 Enabling strategies, 34

智力研究的实体观 Entity theory of intelligence research, 106

电子记录袋,为了追踪进步 E-portfolios, for tracking progress, 276-281

错误 Errors

能够避免(问题出现)的活动 activity to avoid, 223

分析和修改 analyzing and correcting, 238-239

依据和方式 bases and approaches, 206-210

不同方式 different approach to, 239

和成长导向的思维模式 and growth oriented mindset, 107

从……中学习 learning from, 113

又见错误的想法;理解,片面 See Also Misconceptions, Understanding, Partial

评估性语言,在评价量规上 Evaluative language, in rubric, 53

评估性思维 Evaluative thinking

教学的步骤 steps to teaching, 73-75

通过好作业和差作业的例子 through examples of strong and weak work, 69, 71-77

利用"印象笔记"建立学生笔记本 "Evernote" application for creating students notebooks, 115

证据 Evidence

之前和之后 before and after, 284

收纳到记录袋 collecting in portfolio, 276-281

未能证实 disconfirming, 205

例子,用来展示好作业和差作业 Examples, using to demonstrate strong and weak work, 71, 73-78

出关条 Exit slip, 79

出关任务 Exit task, for self-assessment, 为了自我评价, 155–156

出关条, 和自我评价 Exit tickets, and self-assessment 181–182

期望效应 Expectancy effects, 235

拓展作答. 见书面作答 Extended response. See written response.

F

反馈 Feedback
    对……小心 caution with, 94–95
    代码 codes, 117–118
    订正 corrective, 108–109
    在发现学习任务中 in discovery learning tasks, 113–114
    和目标的实现 and goal attainment, 184
    确定焦点 identify focus, 119
    即时的, 对于年幼学生 immediately, for younger students, 118
    与自我评价相联系 linking to self-assessment, 146
    下一步 next-step, 96, 99–102
    提供, 在同伴互评团体中 offering, in peer response groups, 131–132
    图片或符号提示 pictures or symbol cues, 112, 115–118
    "积极"和"消极"与"成功"和"下一步" "positive" and "negative" VS "success" and "next-step", 102
    通过提问 by questioning, 112–113
    在同伴小组回应中得到 receiving in peer response groups, 131
    有规律地描述 regular descriptive, 12
    带有评分量规 with scoring rubric, 122
    特定的方式去提供 specific ways to offer, 115–118
    成功 success, 96–99, 101
    三分钟会议 three-minute conference, 122
    太少 too little, 114
    对每位学生追踪 tracking for each student, 115–116
    双色标记 two-color highlighting, 122
    版本 versions, 111–112
    年幼的学生 with younger students, 103
    又见评价对话, 有效反馈, 同伴反馈 See also Assessment dialogue, Effective feedback, Peer feedback.

反馈回路 Feedback loop, 13, 192
    把失败扭转成功 and turning failure to success, 235
    交织为回路 weaving into cycle, 253–255
    和"接下来发生什么" and "what happens next", 204–205

五点评价量规 Five-point rubrics, 77

固化型思维 Fixed mindset, 97–98, 105–106

外语学习, 为进步录音 Foreign-language study, audiotaped progress, 300

形成性评价 Formative assessment
    避免评分 avoiding grading, 253–259
    与终结性(评价)的平衡 balancing with summative, 253, 257
    待改进之处 changes to adopt, 20–22
    界定的 defined, 2–4
    和评分的问题 and grading issues, 19–22
    高效的实践 high-impact practices, 6–10
    为使影响力最大化的要求 requirements for maximizing impact, 5–6
    在学生的手中 in students' hand, 9
    学生的理解 students' understanding, 257–258
    适合的评估准则 suitable rubrics, 56–57
    在教师的手中 in teacher's hand, 8–9
    用测验结果自我评价 using test results for self-assessment, 162, 164–172
    又见反馈, 同伴反馈, 反思性评价, 自我评价 See also Feedback, Peer feedback, Reflective assessment, Self-assessment

G

概括 Generalization
    推理目标的干扰项 distractors for reasoning target, 214–215
    组织图 graphic organizers, 246–247

学习目标的题目准则 item formula for learning target, 244–245

作为合适的评估准则的品质 as quality of suitable rubric, 53–54

和亲学生型语言 and student-friendly language, 43–44

通用量规 General rubrics, 217–219

目标导向 Goal orientations, 15–18, 234

目标和计划会议 Goal and plan conference, 192

目标 Gaols

创造特定（目标）和挑战 creating specific and challenging, 185–187

困难 hard, 183–184

目标的设定 Goal setting

和行动计划 and action plans, 183–191

和自我评价 and self-assessment, 157–172

"状态，目标，计划"框架 "Status, Target, Plan" framework, 187

教给学生 teaching to students, 12–13

评分 Grading

服从与学习 compliance vs. learning, 20

作为对练习作业的反馈 as feedback on practice work, 102, 104–105

和形成性评价练习 and formative assessment practices, 19–22

终结性和形成性评价的政策 policy for summative and formative assessment, 257–259

避免 refraining from, 233–234

过早 too soon, 253–259

与自我评价 vs. self-assessment, 166–167

将反馈回路融入…… weaving feedback loop in, 253–255

学习目标的尺寸 Grain size of learning targets, 34

组织图，教学和实践 graphic organizers, instruction and practice, 246–248

成长 Growth

学习进程 learning progressions, 210–211

让学生追踪、反馈和分享 letting students trace, reflect on, and share, 14

反思 reflecting on, 282–285

追踪，见追踪系统 tracking. See Tracking system

成长型思维 Growth mindset, 97–98, 105–106

成长记录袋 Growth portfolio, 278–280

H

有难度的目标 Hard goals, 183

突出，双色，为了评价 Highlighting, two-color, for assessment, 122

整体性评价量规 Holistic rubrics, 54, 56

家庭会议，学生主持的 Home conferences, student-led, 295

人—条形图，把学习目标分成等级 Human bar graph, to rank learning target, 160–161

I

"我正在学习"声明 "I am learning" statement

（和）"我能"声明 and "I can" statement, 46

为了自我评价 for self-assessment, 155

如果—那么计划 If-then planning, 186–187

未完全理解，引起的错误 Incomplete understanding, errors due to, 206–207

智力研究的渐变观 Incremental theory of intelligence research, 106

指标 Indicators, 在评估准则上 in rubrics, 57

推理/推论 Inference

练习题目 practice with item, 242–243

和亲学生型语言 and student-friendly language, 43–44

推理评价量规 Inference rubric, 81

指导 Instruction

改进方法、缩小学习差距 adapting method to close learning gap, 206

将评价与……匹配 aligning assessment

to, 5-6

避免重新教学 avoiding reteaching, 221-223

聚焦，和带有反馈的实践 focused, and practice with feedback, 13-14

采用组织图 with graphic organizers, 246-248

采用多重选择题 with multiple-choice item, 241-245

聚焦……的策略 strategies to focus, 241

利用学生需要的证据去决定下一步 using evidence of student needs to determine next steps, 13

教学推动力 Instructional traction, 212-215, 217-221

表现评价任务和评价量规 performance assessment tasks and rubrics, 219

提问和对话 questioning and dialogue, 219-221

选择题 selected response items, 213-215

书面作答题 written response items, 215, 217-219

中期评价，评价的性质和类型 Interim assessment, nature and type of assessment, 7

干预反馈．见下一步反馈 Intervention feedback. *See* nest-step feedback

内在动机，赞扬和 Intrinsic motivation, praise and, 98

J

日志 Journals, 275-276, 293-294

理由，和自我评价 Justification, and self-assessment, 181

K

知识学习目标，用……支撑教学 Knowledge learning targets, scaffolding with, 241-248

知识—水平学习目标 Knowledge-level learning targets, 35-36

KWL策略，为了自我评价 KWL strategy, for self-assessment, 155

L

语言 Language

转化为亲学生型的 converting to student-friendly, 42-49, 51

描述性、评估性和量化的在评价量规上 descriptive, evaluative and quantitative, in rubric, 52

学习者，对自己作为（学习者）的反思 Learner, reflecting on self as, 289-292

学习 Learning

为进一步（学习）创造机会 creating further opportunities, 234-236

引导注意 directing attention, 151

建立前瞻性立场 establish forward-looking stance, 102

个人计划 individualized plans, 240

寻找不一致的证据 seeking disconfirming evidence, 205

学生与他人分享 student's sharing with others, 292-300

学生的追踪 student's tracking, 270-281

与服从，为……评分 vs. compliance, grading for, 20

学习评价计划，班级样例 Learning assessment plan, classroom example, 171-172

学习链，为了自我评价 Learning chains, for self-assessment, 153

学习文化，和学习的7个评价策略 Learning culture, and Seven Strategies of Assessment for Learning, 18-19, 21

学习差距．又见诊断性评价，学习需求 Learning gaps. *See also* Diagnostic assessments, Learning needs, 204-205

学习目标导向 Learning goal orientation, 16, 18, 234

学习意图，有意练习 Learning intention, practicing with, 237-238

学习日志 Learning logs, 276-277

学习需要 Learning needs

用以确定……的信息来源 sources of information for identifying, 210-212

类型 types, 206-210

学习计划, 评价 Learning plan, assessment, 171-172

学习进展, 让学生追踪, 反馈, 和分享, Learning progress, letting students track, reflect on, and share, 14

学习进程 Learning progressions, 210-211

学习策略, "思考, 结对, 分享"和"得到一个, 给予一个" Learning strategies, "Think, Pair, Share" and "Get One, Give One", 69-70

学习目标 Learning targets, 34-49

与评价量规契合 aligning in rubric, 52

核查对意图的认识 checking for awareness of intention, 68-71

自我评价清单 checklist for self-assessment, 155

清晰易懂的观点 clear and understandable vision, 11, 41

用文字和图片交流 communicating with words and pictures, 43, 45

转化为亲学生型语言 converting to student-friendly language, 42-49

和解构推理 and deconstructed reasoning, 211

针对学生去界定 defining with students, 78-80

剖析 dissecting, 46-48

和有效反馈 and effective feedback, 96-106

突出 highlighting, 157

与自我评价相联系 linking to self-assessment, 149-150

与评价方法相匹配 matching assessment methods, 37-39

与评价量规相匹配 matching rubric, 60

和若干评价量规水平 and number of rubric levels, 77

作为反馈的先决条件 as prerequisite to feedback, 112

用人—条形图来分等级 ranking with human bar graph, 160-161

复查和分析测验结果 reviewing and analyzing test results, 162, 164-170

用……支撑（教学） scaffolding with, 241-248

在初中版表格中 in secondary form, 168-170

分享"原文" sharing "as is", 41-42

与学生们分享 sharing with students, 46-50

小组教学 small-group instruction, 158

具体的追踪表格 specified on tracking forms, 272, 274

类型 types, 35-36

与学生们分享的方式 ways to share with students, 41-49

又见评价量规 See also Rubric

何时分享 when to share, 68 又见内容标准 See also Content Standards

学习轨迹 Learning trajectories

提供诊断性信息 to provide diagnostic information, 210-222

转败为胜 turning failure into succes, 234-235

清单 Lists

在评价量规上 in rubrics, 57-59

作为评分指南 as scoring guide, 215-217

又见核查表 See also Checklists

M

集中练习 Massed practice, 236

数学 Mathematics, 带有评价量规的记录袋 protocol with rubric, 61

元认知 Metacognition, 269-270

和科学探究 and science inquiry, 147-148

自我反思与自我评价, 又见自我反思

self-reflection vs. self-assessment, 282
See also Self-reflection
错误概念 Misconception
 能够避免(问题出现)的活动,activity to avoid, 223
 修正 correcting, 221 – 223
 发现 discovering, 239
 归因于……错误 errors due to, 208 – 210
 又见错误;理解,片面 See also Errors; Understanding, partial
差错,见错误 Mistakes. See Errors
动机 Motivation
 和竞争 and competition, 281
 和等级 and grades, 105
 内在的,和赞扬 intrinsic, and praise, 98
 循环激励,通过学生的进步而建立 Motivational cycle, building through student progress, 270 – 271
多选题,见选择题 Multiple-choice items. See Selected response items

N

下一步反馈 Next-step feedback, 96, 99 – 102
 使用符号和提示 using symbol and cues, 115 – 117
 对于年幼的学生 with younger students, 103
家庭便签,为了自我评价, Note home, for self-assessment, 156

O

目标,见学习目标 Objectives. See learning target
"过度反馈" "Over-feedbacking", 111 – 112, 114

P

家长会,学生主持的 Parent conferences, student-led, 295 – 299
家长,学生与(家长)分享学习 Parents, students' sharing learning with, 292
同伴校订 Peer editing, 128
同伴反馈 Peer feedback, 12, 123 – 134

影响自我评价 effects on self-assessment, 146 – 149
反馈表 feedback form, 130
同伴小组回应 peer response groups, 129 – 134
3分钟会议 three-minute conference, 126 – 127
同伴合作,从……中学习 Peer work, learning from, 241
表现评价 Performance assessment, 38
表现评价任务和评价量规,支撑, Performance assessment tasks and rubrics, scaffolding, 248 – 253
表现目标取向 Performance goal orientation, 16 – 17
坚持,增长 Persistence, increasing, 185 – 187
个别交流评价 Personal communication assessment, 38 – 39
图片或符号,作为反馈的提示 Pictures or symbols, as feedback cues, 112, 115 – 118
规划框架,目标和 Plan frame, goal and, 187 – 190
记录袋 Portfolios, 276 – 281
练习作业 Practice work, 233 – 234, 236 – 253
 有效(练习)的特征 characteristics of effective, 236
 用心的 deliberate, 237 – 238
 与终结性评价不同 differentiating from summative assessment, 108
 用等级作反馈 grades as feedback, 102, 104 – 105
 和评分 and grading, 253 – 259
 评价量规指导 guided by rubric, 251 – 253
 难度水平 level of difficulty, 238
 没有提供足够的时间 not allowing sufficient time, 19
 在……期间提供反馈 offering feedback during, 93
 和渐进式成长的机会 and opportunities

for incremental growth, 238 – 240

同伴切磋的成分　Peer interaction component, 241

 用选择题　with selected-response items, 241 – 245

 聚焦……的策略　strategies to focus, 241

 安排时间　structuring time, 236 – 237

 组织,获得最大成功　structuring to maximize success, 240

 学生指导的　student-directed, 241

赞扬,对成功的反馈　Praise, as success feedback, 97 – 98

预测验　Pretest

 表格用于　forms for, 173 – 175

 和后测验,自我评价　and post-test, self-assessment with, 168 – 170

 将结果用于自我评价和目标的设定　using results for self-assesment and goal setting, 157 – 160

预备知识　Prior knowledge

 获取　accessing, 123

 评价　assessing, 59

 用预测验评价和计划　using pretest results to assess and plan, 157 – 160

关于过程的文章　Process paper, 286

产品水平学习目标　Product-level learning targets, 35 – 36

进展,追踪.见追踪系统　Progress, tracking. See Tracking system

项目,反思　Project, reflecting on, 286

项目记录袋　Project portfolio, 278, 280

心理安全,和自我评价　Psychological safety, and self-assessment, 150 – 151

Q

质量　Quality,介绍评价量规中的概念　introducing concepts in rubric, 59 – 60

量化语言,在评价量规中　Quantitative language, in rubric, 53

提问,作为反馈　Questioning, as feedback, 112 – 113

小测验,见测验　Quiz, see Test

R

推理　Reasoning

 (推理)的缺陷　flaws in, 207 – 208

 组织图　graphic organizers, 247

推理学习目标　Reasoning learning target, 35 – 36

 题目准则　item formula, 215 – 216

 用……支撑　scaffolding with, 241 – 248

 亲学生型　student-friendly, 78 – 80

反思性评价　Reflective assessment, 125, 147 – 149

重新教学　Reteaching

 避免需求　avoiding need, 221 – 223

 定向的　targeted, 166

 当反馈无效时　when feedback is ineffective, 109

回顾　Review

 建议　suggesting, 159, 168

 任务分散练习并监控需求　using tasks to space practice and monitor needs, 237

评价量规组合　Rubric alignment, 52

评价量规　Rubrics, 50 – 68

 分析性的　analytic, 54, 56

 和"默认"方案　and "default" protocol, 60 – 61

 通用　general, 53 – 56, 217 – 219

 引导实践　guiding practice, 251 – 253

 整体的　holistic, 54, 56

 确定自我评价的语句, 178, 180 – 183　identifying phrases for self-assessment, 178, 180 – 183

 推理　inference,为学生而发展出　developing with students, 80 – 81

 教学推动力　instructional traction with, 219

 将能力的概念介绍给学生　introducing concepts of quality to students, 56 – 60

 将标准介绍给年幼的学生　introducing

criteria to young students, 62-67
数学 mathematics, 61
若干水平 number of levels, 77
和表现评价任务,支撑 and performance assessment tasks, scaffolding, 248-253
先决条件 prerequisites, 172
评分 scoring, 119-122
有……自我评估 self-assessment with, 172-183
好例子和差例子 strong and weak examples, 71-72
学生易于接受的 student-friendly, 56-57
适合的 suitable, 51-56
适合于形成性用途 suited to formative use, 56
特定任务的 task-specific, 54-55, 217
规定文本格式的方法 ways to format text, 172, 177-178

S

Sadler 的提高所必需的条件 Sadler's indispensable conditions for improvement, 10
支架式教学 Scaffolding, 238
　解决问题和错误概念 addressing problems and misconceptions, 13-14
　(用)知识和推理学习目标 with knowledge and reasoning learning targets, 241-248
　同伴反馈会议 peer feedback conference, 125-128
　(用)表现评价任务和评价量规 with performance assessment tasks and rubric, 248-253
学校会议 School conferences, 296-299
评分指南,清单 Scoring guides, lists, 215-219
评分量规 Scoring rubrics, 119-123
中学评价对话表 Secondary assessment dialogue form, 121
中学生 Secondary students
　策略 1 和 2 的样例 examples of strategies 1 and 2, 80, 82-83
　将测验结果用于形成性自我评价 using test results for formative self-assessment, 168-172
选择作答 Selected response, 39
　检查推理 checking for reasoning, 161-162
　和教学推动力 and instructional traction, 213-215
　(采用选择题)教学和练习 instruction and practice with, 241-245
　好例子和差例子 strong and weak examples, 71
　和书面作答,评价和目标的设定 and written response, self-assessment and goal setting, 157-172
自我评价 Self-assessment
　关注准确性和心理安全 concerns with accuracy and psychological safety, 150-151
　在任务、小测验或测验期间 during assignment, quiz, or test, 161-162
　和目标设定 and goal setting, 157-172
　影响成就 impact on achievement, 146-151
　和理由、目标的设定,和行动计划 and justification, goal setting, and action planning, 151-152
　与有意学习相联系 linking to intended learning, 149-150
　预测验和后测验 pre-and post-test, 168-170, 173-175
　在提供反馈之前 prior to offering feedback, 118-119
　带有评价量规 with rubrics, 172-183
　和自我反思 and self-reflection, 282
　教给学生 teaching to students, 12-13
　十个快速的创意 ten quick ideas, 152-157
　书写的样例 written examples, 158-159
自我评价,运用形成性测验的结果 Self assessment, using results of formative test, 162, 164-167

小学版的活动过程　elementary process, 162, 164-167

在初中的应用　secondary applications, 168-172

自我效能感,和下一步的反馈　self-efficacy, and next-step feedback, 100

自我反思　Self-reflection, 282-292
对成就的　on achievement, 286-292
对成长的　on growth, 282-285
对项目的　on project, 286
提供机会　providing opportunities, 14
对自己作为学习者的　on self as learner, 289-292
又见元认知　See also metacognition

学习评价7策略　Seven Strategies of Assessment for Learning, 10-14
建立在先前的基础上　building on previous, 145
和班级学习文化　and classroom learning culture, 18-19
策略1和2的样例　examples of Strategies 1 and 2, 78-81
策略4的四个部分　four parts of Strategy 4, 151-152
和目标导向　and goal orientations, 15-19
我如何填补差距?　How can I close the gap? 13-14
以联系评价和学习　to link assessment and learning, 22
作为进步　as progression, 14
策略5　Strategy 5, 203
运用策略1和2去识别有缺陷的推理　using Strategies 1 and 2 to identify flawed reasoning, 208
我将去哪里?　Where am I going? 11-12, 33-34
我现在在哪里?　Where am I now? 12-13

简短回答评价,见书面作答评价　Short answer assessment. See Written response assessment

模拟,在同伴反馈会议中　Simulation, in peer feedback conference, 125-128

技能—水平学习目标　Skill-level learning targets, 35-36

分散练习　Spaced practice, 236-237

踏上台阶,为了自我评价　Stamping stairs, for self-assessment, 154

星星和台阶　Stars and stairs
带有发展轨迹　with developmental continuum, 177
作为反馈符号　as feedback symbols, 115-116
在追踪表格上　on tracking forms, 272, 273

站点,为练习活动(而设)　Stations, for practice activities, 237

"状态、目标,计划"框架　"Status, Target, Plan" framework, 187

形成性评价的策略.见学习评价的7个策略　Strategies of formative assessment. See Seven Strategies of Assessment for Learning

学生　Students
共同制定标准　co-creating criteria, 67-68
学生手中的形成性评价　formative assessment in hands of, 9-10
将校订能力传授给,又见小学生,中学生　transferring editing competence to, see also Elementary students, Secondary students, 112-113

亲学生型语言,以交流学习目标　Student-friendly language, to communicate learning targets, 42-49

学生主持的会议　Student-led conferences, 295-299

学生动机,和目标导向　Student motivation, and goal orientations, 15-19

学习计划,帮助学生创建　Study plan, helping students create, 188, 190-191

成功反馈　Success feedback, 96-99, 101
使用符号和提示　Using symbols and cues, 115-117
与年幼的学生　with younger students, 103

总结,(总结的)评价量规　Summary, rubric for, 218-219

终结性评价　Summative assessment

平衡的途径 balanced approach, 253, 257
界定的, defined 4
区分练习作业与总结性评价 differentiating from practice work, 108
与形成性评价 vs. formative assessment, 7

T

表格记录袋,为了分析作业样品 Table protocol, for analyzing work samples, 76
目标表格 Target table,以引导学习和复习 to guide study and review, 47-48, 50
完成—任务目标导向 Task-completion goal orientation, 17-18
特定任务的评价量规 Task-specific rubrics, 217
教师,手中的形成性评价 Teacher, formative assessment in hands of, 8-9, 8-9
教师职业培养,和反馈回路 Teacher preparation, and feedback loop, 203-204
教学. 见指导 Teaching. See instruction
测验 Test
  完成修正表格 completed correction forms, 172-176
  在……期间的自我评估 self-assessment during, 161-162
  州,评价的情况、性质和类型 state, nature and type of assessment, 7
  同时用作形成性和终结性 used both summatively and formatively, 5
  将结果用于自我评估 using results for formative self-assessment, 162-172
  又见预测验 See also Pretes
"那很好,现在这里"反馈 "That's good, Now this" feedback, 117
思考时间 Think time, 220
追踪系统 Tracking system, 14
  和进步竞争 and competition for progress, 281
  表格 forms, 271-274
  日志 journals, 275-276
  记录袋 portfolios, 276-281

"红绿灯"法,为了自我评价 "Traffic light" method, for self-assessment, 156-157
特点,在分析型评价量规上 Traits, in analytic rubric, 54

U

"反馈不足" "Under-feedbacking", 114
理解 Understanding, defining target, 明确目标 39
理解,片面的 Understanding, partial
  有效反馈 addressing with effective feedback, 108-109
  用图片展示 demonstrating in pictures, 109-110
  缘于……的错误 errors due to, 206-207

W

何时和何地计划,和目标的实现 When and where plan, and goal attainment, 185-186
工作样例 Work examples, 好的和差的 strong and weak
  以增强评估性思维 to strengthen evaluative thinking, 69, 71-72
  用作模型 using as models, 11-12
写计划,使用策略1和2来介绍学习目标 Writing project, using Strategies 1 and 2 to introduce learning targets, 80, 82
写作回应小组 Writing response group, 129-130
书面评价对话 Witten Assessment dialogue, 119-122
书面作答 Written response, 37-38
  和教学推动力 and instructional traction, 215, 217-219
  和选择题,自我评价和目标的设定 and selected response, self-assessment and goal setting, 157-172
  好例子和差例子 strong and weak examples, 71
  追踪 tracking, 274-275

鸣谢

18 页：获得 "Align, Assess, Achieve" 翻印许可，Westerville City Schools District, Westerville, OH. DVD 可以通过拨打 614-797-5934 购买，版权©属于 Westerville City Schools District。

第 1、2 课 (pp. 62 和 63)：与 Jill Meciej & Jerry O'Shea 个别交流，获得翻印许可

第 3 课 (p. 64)：获得 Jill Meciej, Core Service Director for Student Effectiveness, Community Consolidated School District 的翻印许可。

80 页，115 页：与 Olentangy Local School District 的 Amy Meyer 个别交流，获得翻印许可。

182—183 页：获得 Stephanie Harmon Rockcastle, County High School, Mt Vernon, KY. 的翻印许可。

188 页：与 Naperville Community Unit School District 的 Paula Smith 个别交流，获得翻印许可。

276 页：获得 Kathleen Blakeslee 的翻印许可。

284—285 页：获得 Damon Osborne, Mount Vernon Nazarene University, Mount Vernon, OH. 的翻印许可。

285 页：与 John Thomas 个别交流，获得翻印许可。

292 页：获得 Jessica Hendershot. Copyright, © Olentangy Local School District 的翻印许可。

图书在版编目(CIP)数据

学习评价 7 策略:支持学习的可行之道/(美)查普伊斯著;刘晓陵等译. —上海:华东师范大学出版社,2018
 ISBN 978-7-5675-7849-4

Ⅰ.①学… Ⅱ.①查…②刘… Ⅲ.①教育评估
Ⅳ.①G40-058.1

中国版本图书馆 CIP 数据核字(2018)第 128202 号

学习评价 7 策略
支持学习的可行之道

著　　者	[美]Jan Chappuis
译　　者	刘晓陵等
策划编辑	彭呈军
特约审读	徐思思
责任校对	时东明
装帧设计	高　山

出版发行	华东师范大学出版社
社　　址	上海市中山北路 3663 号　邮编 200062
网　　址	www.ecnupress.com.cn
电　　话	021-60821666　行政传真 021-62572105
客服电话	021-62865537　门市(邮购)电话 021-62869887
地　　址	上海市中山北路 3663 号华东师范大学校内先锋路口
网　　店	http://hdsdcbs.tmall.com

印 刷 者	上海市崇明县裕安印刷厂
开　　本	787 毫米×1092 毫米　1/16
印　　张	16
字　　数	364 千字
版　　次	2019 年 1 月第 1 版
印　　次	2024 年 11 月第 10 次
书　　号	ISBN 978-7-5675-7849-4
定　　价	48.00 元

出 版 人　王　焰

(如发现本版图书有印订质量问题,请寄回本社客服中心调换或电话 021-62865537 联系)